深度主动学习

Deep Active Learning

基于大学课堂的教学研究与实践

[日] 松下佳代 京都人学高等教育研究开发推进中心 / 编著
林杰 龚国钦 冯庚祥 等 / 译
蒋妍 李芒 / 审校

人民邮电出版社
北 京

图书在版编目（ＣＩＰ）数据

深度主动学习：基于大学课堂的教学研究与实践 / （日）松下佳代，日本京都大学高等教育研究开发推进中心编著；林杰等译. -- 北京：人民邮电出版社，2021.6（2022.3重印）
ISBN 978-7-115-55512-0

Ⅰ. ①深… Ⅱ. ①松… ②日… ③林… Ⅲ. ①课堂教学－教学研究－高等学校 Ⅳ. ①G642.421

中国版本图书馆CIP数据核字（2020）第245707号

版权声明

◆ 编　　著　[日]松下佳代
　　　　　　[日]京都大学高等教育研究开发推进中心
　　译　　　林　杰　龚国钦　冯庚祥　等
　　责任编辑　牟桂玲
　　责任印制　王　郁　彭志环
◆ 人民邮电出版社出版发行　　北京市丰台区成寿寺路 11 号
　　邮编　100164　　电子邮件　315@ptpress.com.cn
　　网址　https://www.ptpress.com.cn
　　涿州市京南印刷厂印刷
◆ 开本：690×970　1/16
　　印张：15　　　　　　　　2021 年 6 月第 1 版
　　字数：205 千字　　　　　2022 年 3 月河北第 2 次印刷
　　著作权合同登记号　图字：01-2020-4810 号

定价：89.00 元

读者服务热线：(010)81055410　印装质量热线：(010)81055316
反盗版热线：(010)81055315
广告经营许可证：京东市监广登字 20170147 号

本书致力于解决大学教育中"从教向学转变"的关键问题，阐释了重视学习质量与内容的"深度主动学习"。本书详细讨论了能生成深度主动学习的课程设置、课堂教学、评价与学习环境，为读者提供了提高大学教学质量的新视角、新理论、新方法。这对大学教师为适应社会发展而转变教学思维方式，树立正确的教学观、学习观具有启发意义，同时也对我国目前的高等教育教学创新实践、大学教师个体和群体发展具有积极的影响。

本书可作为各院校的教师培训教材，也可作为各学科一线教师教学方法改革的参考书。

内容提要

推荐序

2013 年 10 月，在蒋妍博士的大力推进下，我作为北京师范大学教师发展中心访日团成员，访问了日本京都大学高等教育研究开发推进中心，并与松下佳代教授初次见面。2014 年，我作为学校教师发展中心主任，邀请松下教授为当年新入职的青年教师进行了为期两天的岗前培训。2015 年暑假，我自费参加了京都大学暑期未来大学教师发展夏令营，再一次当面请教松下教授，并有幸获赠了这本具有前沿性和创新性的教育著作。这是一部呼吁转变大学教学理念的著作，是一部研究现代大学教学理论的著作，是一部讨论大学教学方式变革的著作。

我常年保持着一个习惯，在阅读文献时，总会在第一时间提出这样一个问题：作者为什么写这本书？每一个人的生存都离不开社会环境的影响，每一个人都会对眼前的社会变革形成自己的看法。当今世界正处于大发展、大变革、大调整时期，错综复杂的矛盾和冲突加剧，全球发展的不稳定性、不确定性、复杂性和模糊性等基本特性依然存在，世界多极化、经济全球化、社会信息化、文化多样化深入发展。人类面临着巨大的挑战，但同时也遇到了千载难逢的发展机遇。几乎所有教育者面对如此绚丽多姿、复杂多变的现代社会，心中都充满了大无畏的英雄主义豪情，以为人类追求美好未来做贡献为己任，希望能为人类社会培养卓越人才。未来，卓越人才的基本特征主要包括具有永不磨灭的好奇心、审辨式的思维能力、足够强大的勇气、良好的协作性、积极的创造性、极其丰富的想象力、明月入怀式的包容性以及过硬的基本功。为了找到培育英才的密钥，松下教授保持着日本学者细腻而深刻的学风，以敏锐的学术眼光，捕捉到了人类教育发展的基本脉络。本书绪论的第一句话就开宗明义地回答了我的问题："本书试图表达的核心思想是大学学习不仅应该是主动的，还应该是深度的。"

的确，主动学习（active learning）并不是一个新概念。长久以来，人们一直坚信主动学习是学生获得理想学习效果的必要前提，主动学习也被认为是一种实用的学习方式，如探究学习、基于问题的学习、翻转课堂、创客学习等，人们也认为主动学习能够有效地解决讲授型课堂教学存在的问题。于是，人们对主动学习进行了不懈的研究，邦威和埃森道出主动学习即"行所思，思所行"，也就是要在学习中不断反思；沟上慎一教授认为主动学习包含所有形式的能动性学习，是超越了"听课"（课堂中单方向的知识传达的学习）这种所谓的"被动学习"的有效方式。实践证明，学生采用不同的学习方式可以取得不同的学习效果，所有学生采用同一种学习方式，也会产生不同的学习效果。松下教授关注到在教学实践中，不同的学生进行主动学习所存在的各种问题。例如，学生希望教师给予指导，也希望可以在主动学习和讲授型课堂教学之间做出选择。还有学者认为，学生即便采用了主动学习方式，还是不能解决其学习质量存在差异的问题，而且出现了滥竽充数、小组讨论僵化、思考与活动分离等新的问题。在进行教学设计时，还会出现走两个极端的情况——要么是灌输式的教学，要么就是只关注外显活动而忽视了学生真实的知识获得，从而导致知识与活动的分离。此外，在主动学习之中，有的学生产生了被动性，还有的学生根本不喜欢进行主动学习。

面对以上问题，松下教授将深度学习引入主动学习之中，创造性地将二者有机结合起来，在学界率先提出了深度主动学习（deep active learning）的理论。这一理论充分发挥深度学习能够促进学生深度理解和深度参与的积极作用，有效地达成培养学生高阶能力和综合素养的目的，特别是在学生的技能提升以及思考力、判断力、表现力、与外界的互动能力的培养等方面可以发挥重要作用，它为大学教师提供了一项新的教学选择。深度主动学习之要旨在于强调思想的活跃，而不只是身体的活跃，思想活跃的重要性甚于身体活跃。因此，大学教师不仅应该重视学生外显活动的主动性，还特别应该重视其内在思考活动的主动性，强调增强学习成果的深刻性，实现学生内外活动的高度统一，以针对教学创新过程中不讲实效、只做表面文章、为改而改、不论教学的具体情境和条件如何都非要生搬硬套等形式化和教条化的现象提出解决方案。松下教授认为，深度主动学习是学生在与他人交往的同时，深刻理解世界，将已有知识、经验与今后的人生连接起来的一种学习方式。这一定义首先强调了现代学习活动中的互动性要素，主要包括纵向互动（即师生间的互动）和横向互动（即学生与学生间的互动），进而指出深度主动学习最重要的目的是理解世界（主要包括自然与人类社会），并且必须与已有知识和经验相联系，发挥基础性学习要素的作用，这样才能对未来发展起到积极作用。

本书是由多名国际知名教育学者共同完成的作品，为读者提供了观察大学教学的新视角、分析教学问题的新理论和解决教学问题的新方法，特别是对大学教师为适应社会发展而转变教学思维方式，树立正确的教学观、学习观具有启发意义。为此，北京师范大学教师发展中心决定翻译这部著作，以飨读者。

李芒

2019 年 9 月 10 日

目录 Contents

绪论　对深度主动学习的释义

作者：松下佳代　译者：蒋妍

本书试图表达的核心思想是大学学习不仅应该是主动的，还应该是深度的。那么，为什么大学学习不仅要主动，还必须具有深度？所谓"深度"的含义是什么？加上修饰词"深度"的"主动学习"又有什么不同？本绪论将在解答这些问题的同时，为您打开深度主动学习的大门。

1. 什么是主动学习

美国教育学者邦威与埃森（Bonwell & Eison）合著的《主动学习：创造积极课堂》（*Active Learning : Creating Excitement in the Classroom*）是论述主动学习的先驱性著作，也是迄今为止在相关领域被引用频度最高的论著之一。本书将主动学习的一般特征表述如下。

（1）学生不仅要"听"课，还必须深入参与其中。

（2）教学重心在于培养学生技能，而不仅是传递信息。

（3）学生能够进行高阶思维（分析、综合、评价）活动。

（4）学生主动参与教学活动，如阅读、讨论、书写。

（5）学生把学习重心放在形成自己的态度和价值观上。

在此基础上，二人将主动学习定义为"行所思，思所行"。也就是说，参与某种学习活动，并在活动中不断反思的学习过程才是主动学习。本书的作者之一、哈佛大学的物理学家埃里克·马祖尔（Eric Mazur[1]）说："只在电视前观看马拉松比赛，成不了马拉松运动员。同理，在科学领域，你必须亲身体验'实践科学'（doing science）的思考过程，而不是仅仅观察老师的示范"[1]。他所强调的是，在学习科学思维方式的过程中，亲身实践以及实践活动完成之后的认知（行动及反思）非常重要。

2012 年 8 月，日本发布了教育审议会报告《以构筑崭新未来的大学教育质性转换为目标——建设培养终身学习及主动思考能力的大学》（以下简称为《质性转换报告》）。基于该报告，日本开展了"大学教育再生加速项目（Acceleration Program for University Education Rebuilding）"。由此，"主动学习"开始成为"官方推广的教育方法"，并迅速普及开来。在《质性转换报告》中，主动学习被定义为"与教师单方向的讲授型教学不同，主动学习是能够促进学习者主动参与学习的教授及学习方法的总称"。据此，"要力求培养学生的通用能力，包含认知、道德、社会化能力、教养、知识以及经验等"。类比邦威与埃森梳理的 5 个特征，该定义强调了其中的前 3 个特征，并明确将其与"教师单方向的讲授型教学"相对立。

此外，沟上慎一（本书第 1 章的作者）将主动学习定义为"包含了所有形式的能动性学习，尤其是超越了'听课'（课堂中单方向的知识传达的学习）这种所谓的'被动学习'"。在主动学习中，伴随书写、表述、报告等对学习活动的参与，以及由此产生的认知过程的外化"。此定义在描述主动学习特征的同时，强调"认知过程的外化"。

第 1 章对主动学习的综合定义，沿用了邦威与埃森的说法。同时，在第 1～5 项特征的基础上，添加了第 6 项特征：伴随认知过程的外化。基于该定义和特征描述，下文将论述为什么大学学习不仅应该是主动的，还应该是深度的。

---

❶ 本书译者之一是 Eric Mazur 教授提倡的同伴教学法（Peer Instruction）的日语入门指南的译者。本人多次访问该教授研究室，拿到的教授中文名片上标示为"马艾瑞克"。后查到该教授的中文版译作《同伴教学法》中作者名标示为"埃里克·马祖尔"，为符合学术图书编写习惯，本书中 Eric Mazur 教授的中文名采用后者。——译者注

2. 主动学习所存在的问题

（1）来自调查和实践。

主动学习，是在大学国际化以及对"学士力"[1]"社会人基础力"[2]等各种新能力的要求不断提高的背景下，从以单方向、灌输式、被动教学方式为主流的大学课堂教学，向以学习者为中心的范式转换，并且得到普及和推广的教学方式。但是，主动学习并不是大学课堂教学改革的万能"解药"。实际上，主动学习并未像人们期待的那样行之有效，有些证据甚至显示它带来了与预期完全相反的效果。

① 倍乐生（Benesse）公司对日本 5000 名大学生展开的"第二次大学生学习及生活实际状况调查"（Benesse，2013）结果显示，近年来，虽然导入小组学习、讨论、报告等主动学习方式的课堂教学实践在数量上呈现递增趋势，但相对应的是持"即使很难拿到学分，还是要坚持选择自己感兴趣的科目"，以及"对科目本身的兴趣不重要，只要学分好拿就行"观点的学生从 48.9%（2008 年）上升到了 54.8%（2012 年）。另外，在学生生活方面，比起"全靠自主性"，抱有"希望获得大学教师的指导和支持"想法的学生从 15.3% 骤增到了 30.0%。于是大学中出现了主动学习方式在课堂教学中运用得越普遍，学生在学习及生活中越被动的讽刺现象。

② 麻省理工学院（MIT）的主动学习教室[2)]（Technology-Enabled Active Learning，TEAL），以运用科学技术打造适宜主动学习的学习环境而为人所知，对以日本东京大学驹场校区的主动学习教室（Komaba Active Learning Studio，KALS）为代表的学习环境设计产生了很大影响（参见本书第 1 章）。在 TEAL 教室中，有 13 张能容纳 9 人的大圆桌，学生使用白板、计算机、网络、课堂应答系统（clicker）、多面显示屏等进行互动、合作式的主动学习。

---

❶ "学士力"是 2008 年日本的文部科学省提出的一个概念，是要求各个大学明确对学生进行本科四年教育之后所要取得的教育成果。——译者注

❷ "社会人基础力"是 2006 年日本的经济产业省提出的一个概念，包括行动力、思考力和团队合作能力等概念。——译者注

然而，并不是所有学生都接受 TEAL 的教学方式[3]。《纽约时报》在介绍 TEAL 时，称其掀起了"支持"与"反对"的舆论风潮，其中更多人持如下观点："大学应该提供主动学习和讲授型教学两种选择。相较于注意力分散、环境喧闹的主动式学习环境，也有学生偏好在安静的环境中接受资深教师的指导、进行独立思考学习。对任何人而言都行之有效的方式是按照自己的节奏进行学习，在自己喜欢的、适应的环境中学习"[4]。

事实上，MIT 的 TEAL，不仅开设采用主动学习方式的科目，而且还有结合讲授型教学和练习的科目，以及理论难度很高、以讲授为主要教学方式的科目[5]。

③ 学习研究方面的专家森朋子（本书第 1 章的专栏的作者）基于自己对各类主动学习型课堂教学的听课经验指出，即便采用了主动学习的方式，在讲授型课堂中常见的"学生的学习质量存在差距"这类问题非但没有解决，反而产生了滥竽充数、小组讨论僵化、思考与活动分离等新的问题。而这一点，作者在自己的课堂教学和观摩其他老师的教学时也深有同感。

（2）传统设计中的两个误区。

那么，为什么会发生这样的情况呢？美国的教育学者威金斯与麦克泰格（Wiggins & McTighe，2005）在其所著的图书中，把"灌输式的教学设计"和"活动导向的教学设计"统称为"传统设计中的两个误区"。前者把课本及教案中涉及的内容毫无遗漏地灌输给学生，后者让学生除了听讲以外，通过参与各种学习活动进行学习。

如前文所述，主动学习是作为讲授型的教学，换句话说，是作为"灌输式的教学设计"的对立面登场的。但是，那个对立的摆针在现实中摆向了"活动导向的教学设计"一方[1]。而正如"传统设计中的两个误区"指明的，无论"灌输式的教学设计"还是"活动导向的教学设计"，都不能引发有效学习。

即便使用了主动学习方式，也不能解决讲授型课堂教学中存在的问题，

---

❶ 松下教授在此是在批判日本现今的主动学习教学过于重视外显活动。——译者注

以及主动学习课堂教学中产生的新问题，其原因可以总结为以下几点。

① 知识（内容）与活动的分离。

课堂教学中若采用主动学习方式，大部分教学时间就会被各种学习活动占用，用于知识（内容）讲授的时间就会相应减少。而提升学生的高阶思维能力，必然需要以相关的知识（内容）为基础。如何将知识与活动关联起来，兼顾二者关系，是值得探讨的大问题。

② 以主动学习为目标的教学带来学生学习的被动性。

在主动学习中，活动被结构化、被预先设计，学生被要求参与活动，反倒忽略了学生参加活动的自我意愿。另外，主动学习常以小组活动的形式进行，每个学生在小组活动中承担的责任变得比较微妙。为了实现主动学习所预想的主动性，哪些要素是必不可少的，值得深究。

③ 对应学习方式的多样性。

在"主动学习型教学比讲授型教学优越"的教学观念的影响下，不喜欢主动学习的学生反而不太容易转变一直以来的学习观念和习惯，或者不愿意将自己的时间和精力投入学习中（Cf.Cain，2012）。主动学习是否能够体现、涵盖学生学习方式的多样性也是当今大学教师面临的一大问题。

在上述问题中，深度主动学习，以"知识（内容）与活动的分离"为中心，试图重构主动学习。关于对这一尝试的阐述，我们从反思主动学习的基本理论和观点开始。

3. 知识与活动的关系 [6]

（1）学习活动的构成。

在众多的学习理论中，有一种观点认为，学习 [7] 由"学习者（自我）""对象世界""他人"3 个要素及其相互关系构成。例如，佐藤学提出"学习的三位一体论"，把学习定义为"学习者与对象世界、学习者与他人、学习者与其自身（自我）3 种关系的交织"（佐藤，1995）。

芬兰赫尔辛基大学的恩格斯托姆（Engeström，Y.）以活动理论为基础开展学习理论的研究。他把上述三者称为"主体""对象""共同体"，并把联结彼此的媒介称为"道具""分工""规则"，还提出了活动系统模型（activity system model）（Engeström，1987，1994）。"道具"不仅包括物质的外在道具，还包括语言、符号、知识等象征性的内在道具。"分工"是指共同体成员之间的工作、职能分配和权利关系。"规则"是指主体行为及共同体相互之间的行为（互动）存在的明确或潜在的规则、规范、惯例等。主体通过道具作用于对象，导向结果；同时，主体与共同体其他成员分担工作、分配职能，共同遵守规则，并且参与共同体活动。整个活动流程就是学习过程（见图 0-1）。

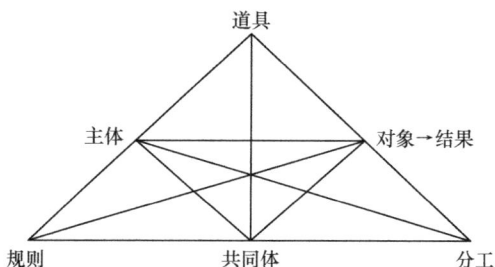

图 0-1　活动系统模型
注：该图根据 Engeström（1987，日文译本 p.79）改编。

用这个活动系统模型可以对讲授型教学与主动学习进行对比。在讲授型教学中，教师是活动主体，对象是学生。教师使用教科书及黑板等道具向学生讲授知识，以考试或小报告的形式对学习成果进行评价。教师和学生大多每周见一次面[1]，只存在"形式"上的共同体。教师和学生之间，形成了教师授课、写板书和学生听讲、记笔记的分工。而关于出勤率、课堂纪律等课堂管理的规则、规定，有的是教师直接、明确传达的，有的则是在上课过程中教师无意提出、约定俗成的。

相比之下，在主动学习中，学生处于主体地位。课堂教学更加重视学生做什么以及做到了（能做）什么。例如，在问题式学习（Problem-Based Learning，PBL)中，"对象"就是要解决的问题，是学生认为具有操作价值和现实意义的问题（参见本书第 8 章）。"道具"是指解决问题所需的知识，

---

❶　日本的大学中，各科目一般是 1 周上 1 次课，共上 15 周。——译者注

由学生在课外自主学习中查询、积累，或者由教师在课堂教学中讲授。另外，PBL 课堂教学的进程，既包括教师引导、学生小组学习，也包括学生课外自主学习，分工方式明确规则化；学生如果能在教师的支持下解决问题，教学目标也就达成了。因此，相较于传统的教授型教学，在 PBL 模式中共同度过一学期的学生和教师，更容易形成实质性的共同体，从而取得更好的教学效果。需要注意的是，这样的结果是以主动学习顺利进行为前提的，虽然小组活动能够促进个体学习，但有时也可能阻碍个体学习。例如，有的小组可能会抱着"差不多就行"的态度完成学习任务；组内分工可能出现不均等的状况，甚至默许有人滥竽充数；还有可能出现没有充分积累道具知识就直接作用于问题对象，花费了时间却没有得到实质性进展的惨淡结果。

综上所述，如果使用活动系统模型，就更容易把握主动学习的特征及容易出现的问题。

（2）学习活动的过程。

以上是从理论层面讨论学习活动的构成，那么，又该如何看待学习活动的过程呢？这里继续引用芬兰学者恩格斯托姆的理论。因为该理论包含了瑞典心理学家马飞龙（Marton et al.，1976）等人提出的深度学习理论，所以它与深度主动学习最具融合性。

恩格斯托姆把学习活动的过程以"学习环"（learning cycle）的形式加以描绘，该环由 6 个环节构成（Engestrom，1994），如图 0-2 所示。

学习动机—定向—内化—外化—批判—检查

图 0-2　学习环的 6 个环节

"学习环"的出发点是学习者遇到的问题与既有知识和经验之间产生的矛盾（学习动机），也就是说，学习者会遇到运用自己既有的知识和经验不能处理眼前问题的情况。在此情况下，学习者为了解决问题而开始学习活动（定向），并为此修习所需要的知识（内化），接着运用修习所得的知识尝试解决问题（外化）。在多数情况下，这种尝试不是仅仅停留在简单的知识应用层面，而是在应用知识的过程中能够发现其使用条件和极限，从而进行必要的重构（批判）。最后，学习者回顾整个过程，根据自己的需要做进一步的修正，并迈向下一步的学习（检查）。

① 内化和外化。

该学习活动的过程，呈现出了主动学习的特征以及容易出现的问题。其中一个就是内化与外化的问题。

如前所述，"伴随认知过程的外化"是主动学习的特征。在"单方向的讲授型教学"中，课堂教学的大半时间被用于知识的内化，外化不过是在考试中将既有的知识呈现出来。与之相对的，主动学习将"认知过程的外化"定位于学习活动中，这是主动学习的特点和优势。

但是，与"没有外化的内化"不能很好地发挥作用一样，"没有内化的外化"也不能很好地发挥作用。"没有外化的内化"会变得空洞，"没有内化的外化"则会变得盲从。当前人们对主动学习的理解，存在过分批判讲授型教学内化的问题。本绪论开篇提及的邦威与埃森对主动学习的定义是"行所思，思所行"，正好与"学习环"中的"外化"与"检查"两个环节相对应。

在深度主动学习中，怎样将内化和外化相结合成为亟须解决的问题。实际上，本书所列举的深度主动学习的事例，如翻转课堂（参见第1章的专栏）、同伴教学法（参见第5章）、问题式学习（参见第8章），都以综合课外知识习得和课内问题解决的形式，将学习过程的内化和外化相结合。

实际上，内化和外化的关系，并不是单向的从内化到外化的过程。知识一旦被内化，或用于问题解决，或用于与他人的口头、书面交流，通过这些外化活动得以重构，便实现了深层的理解（内化的深化）。在知识内化的阶段，知识是活动系统中的对象。例如，"理解透视法"，"透视法"就成为理解的对象。但是，在外化的阶段，知识就处于工具的位置。例如，说到"用透视法的观点来分析艺术作品"，"透视法"就成为分析的工具。而且，当知识（透视法）作为工具使用时，学生对"透视法"的理解也会进一步深化。

②"学习环"的时间跨度。

"学习环"在不同的时间跨度中存在，它可以是一个课时的教学，也可以是一个科目一学期的课程，甚至是4年的本科教育。例如，在一节课的教学设计中，一开始先提出问题，在知识讲授之后，再运用知识进行相关问题的讨论或报告。在一个科目的教学设计中，如美国大学常用的方法，一周内进行3次50分钟的课堂教学，其中包含讲授型教学、小组讨论以及讨论课等多种形式，内化与外化就很自然地结合起来了。延展到4年的本科教育，在日本很多大学或学院内，最后一年都设有毕业论文或毕业研究，包含论文写作、报告、答辩等各种形式的外化活动。在这样的教学设计中，为实现高质量的外化，不可或缺的是学生对知识的深度理解，而这就需要讲授型教学及学生在自学过程中的高质量内化。

如此一来，"学习环"就可以具体落到课堂教学层面、学期科目层面和本科教育层面。需要注意的是，不仅是教师，学生也应该意识到这种"学习环"。例如，有理工科教师主张，要做出好的毕业设计，学生必须从低学年开始打好数学和物理学的基础，这就意味着教师是从4年这个跨度来看待"学习环"的，但学生未必具有这种长远的眼光。为了使学生也意识到这个"学习环"，比较有效的方法是引导他们使用课程地图，或者开设经验交流会，让他们与经历过毕业设计或硕士研究、理解基础学习的重要性的学长们进行交流。更有效的方法是，把"学习环"以更小的时间跨度单位编入4年的大学学习中，让学生自己在每一节课、每一学期的学习中反复体验"学习环"，领悟学习方法。例如，立教大学[1]经营学院将领导力主题的科目与专业选修科目平行设置，领导力和专业知识就像自行车的两个车轮一样相辅相成（河合塾，2014；参见本书第9章）。再如，新潟大学的口腔学院，以PBL为中心设置相关的讲授型科目与讨论课，让学生反复体验"学习环"（参见本书第8章）。

---

❶ 立教大学是本部位于日本东京的一所具有较强实力和较好口碑的私立大学，也是本书第9章作者的原任职学校。——译者注

4. 有关"深度"的理论学说

那么,"深度主动学习"中的"深度",到底指什么?下文将对深度主动学习的基础——学生学习的"深度"理论学说进行梳理。

(1)深度学习。

"深度主动学习"这一概念是以"深度学习(deep learning)"[1] "深度学习方式"等理论为基础(松下,2009),由瑞典歌特堡大学的马飞龙(Marton,F.)和英国爱丁堡大学的恩特维斯托(Entwistle,N.)提出,并在英国、北欧各国及澳大利亚等地的大学教育实践中广泛应用。

① 深度学习方式。

"深度学习方式"的研究先行者是瑞典的马飞龙和萨尔乔(Marton & Säljö,1976)。他们进行了一次实验,要求学生阅读一篇文章,并在开始阅读前告知学生阅读完成后将会针对文章进行提问。于是,学生中间明显出现了两种不同的学习方式:有的学生把关注焦点放在文章主题上,深入理解和反思;有的学生则把关注焦点放在有可能作为测试题目出现的碎片化信息上,尝试记忆全文。马飞龙把前者的学习方式称为"深度学习方式",把后者的学习方式称为"表层学习方式"(见表 0-1)。

表 0-1 学习方式的特征

追求意义	深度学习方式
意图: 理解概念	
通过做……	把概念与既有知识或经验相关联 探寻相通的模式或基本原理 确认依据,并把它与结论相关联 全面且批判性地检验逻辑与观点 根据需要进行记诵
其结果是……	随着理解的加深,意识到自己 对教学内容变得更感兴趣

---

❶ 此处及本书提及的深度学习为教育学用语,非计算机领域用语。——译者注

复制	表层学习方式
意图: 完成课堂教学要求	
通过做……	把教学内容看作不相关的知识碎片 死记硬背知识, 生搬硬套做法 不考虑学习目的和学习策略, 只一味学习
其结果是……	难以理解新概念或找到新意义 感受不到教学内容与课题的价值或意义 因学习产生过度的压力或担心

注: 该表根据参考文献 [11] (Entwistle, 2009, p.36) 翻译。

他们在后期的研究中发现, 采用深度学习方式的学习主体又分为"整体论者 (holist)"和"序列论者 (serialist)"。前者试图一边总结主题, 一边发掘整体结构和原理; 后者则一边梳理论据, 一边整合论述逻辑。

此外, 学习成效相对较好的学习方式, 除深度学习方式以外, 还有"策略型学习方式 (strategic approach)"[与之相对的概念是"冷漠型学习方式" (apathetic approach)]。与"深度学习方式"关注内容以及意义的特征不同,"策略型学习方式"的特征是有意识地进行元认知学习及学习的自我调整。恩特维斯托对这些研究观点进行了整理, 如图 0-3 所示 (Entwistle, 2000)。

但是, 该图也有未能表达出来的内容, 如策略型学习方式不仅会与深度学习产生关联, 也会与表层学习方式产生关联。例如, 虽然对内容理解不够充分, 但在考试对策上下功夫的学生就是在使用"表层策略型学习方式"。

②对于学习评价的影响。

学习方式不同于学习风格。所谓学习风格, 是指在学习时获取、处理信息的特征性样式, 包含先天性因素, 并且很难发生改变 (青木, 2005)。而学习方式, 则是指学生处于某种学习情境中, 采用某种方法、方式的倾向, 是学生与学习情境相互作用的结果。

当学习评价针对概念理解时,"深度策略型学习方式"一般容易带来好的学习成果。而当学习评价不针对概念理解时, 反倒是采用"表层策略型学习方式"的学生更容易取得好成绩。但是，从学生长期发展的角度来看，"表层策略型学习方式"并不利于学生获得高质量的学习成果。由此可知，为了促进学生采用深度学习方式，教师不仅要在课程和课堂教学中采用相关的教学方法，还应该转变相应的评价方式。澳大利亚的教育心理学家比格斯（Biggs，J.）把需要学生掌握的学习成果、教学方法以及评价方式的联动称为"一致性建构模式"（constructive alignment）（Biggs et al.，2011；加藤，2013），该观点也是基于深度学习方式提出的。

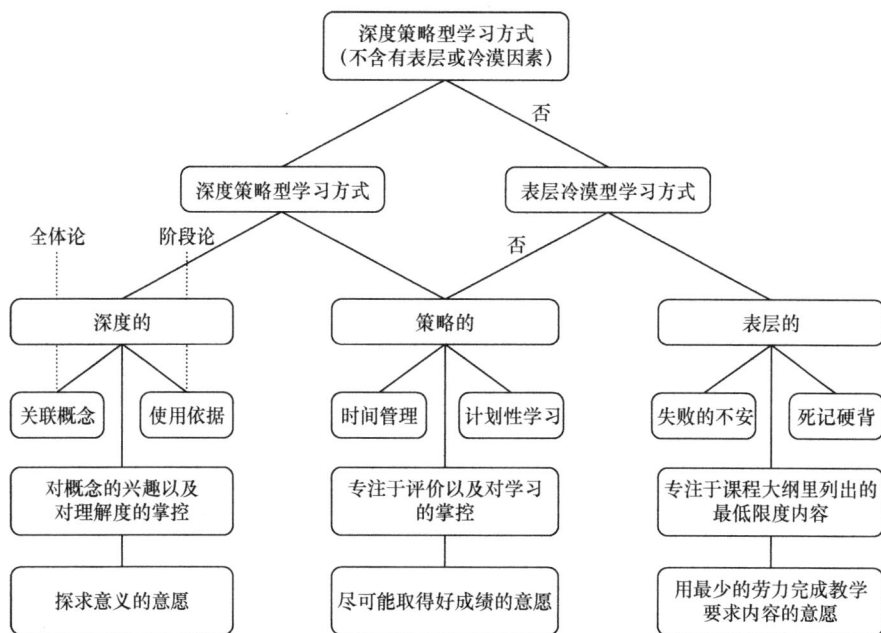

图 0-3　学习方式

注：该图根据参考文献［10］（Entwistle, 2000，p.4）翻译。

③学习对象与变异理论。

与恩特维斯托一起构建了"深度主动学习"理论的马飞龙，近年来在深度学习方面的研究重点是学习对象（参见本书第3章）。首先，他将学习对象分为"预期的学习对象""实施的学习对象""实际的学习对象"3类，分别对应学习目标、学习空间和学习成效；从教育的视角，分别对应目标、教学和评价。

马飞龙试图将学习内容与学习能力统合为"学习对象"的子概念，即把学习内容作为"直接的学习对象"，而把学习能力作为"间接的学习对象"。如在下列的学习目标（预期的学习对象）——"能解出二次方程""能理解光合作用""能发现不同政体的异同""能依据凝聚程度发现不同宗教的区别"中，"二次方程""光合作用""政体""宗教"就属于"直接的学习对象"，而"能解出""能理解""能发现""能依据凝聚程度发现"就是"间接的学习对象"。这样一来，学习对象就可以从"预期的—实施的—实际的"与"直接—间接"两个维度来理解。

该理论中马飞龙想要强调的是，即便是同样的学习内容，如果选择的学习方式不同，"实际的学习对象"也会发生变化。与之不同的是，本书所阐明的变异理论，把焦点放在了直接的学习对象上，试图通过展示直接的学习对象所发生的变异来阐明对学习对象的理解和认识。也就是说，马飞龙把目光投向了"预期的学习对象"及"实施的学习对象"，试图构筑新的教学理论。

在与澳大利亚皇家墨尔本理工大学（RMIT University）的鲍登（Bowden, J.）合著的《学习型大学：超越素质与胜任力》（*The University of Learning: Beyond Quality and Competence*）一书中，马飞龙为以能力为基础的高等教育改革敲响了警钟。马飞龙指出在无法预测未来的新时代中，人们除了需要掌握通用能力外，还需要掌握明确认识、把握对象的能力（Bowden et al., 1998）。

（2）深度理解。

第二个与学生学习"深度"相关的理论概念，则是"深度理解"。"理解"是深度学习的特征，"深度学习论"与"深度理解论"有重合的部分，在此将其单独列出，是想强调理解的"深度"。

以著作 *Understanding by Design*[1] 而为人所关注的美国课程研究者威金斯

---

❶ 到目前为止共发现该书的两个中文版本，《理解力培养与课程设计——一种教学和评价的新实践》（么加利译，中国轻工业出版社，2003 年版）以及《追求理解的教学设计》（闫寒冰、宋雪莲与赖平译，华东师范大学出版社，2017 年版）——译者注

与麦克泰格提出了"知识构造",如图0-4所示(Wiggins et al., 2004)。该知识构造有两个特点:①明示"理解深度"的维度;②明示知识构造与知识应用的关系。

【教材】第二次世界大战(美国史)

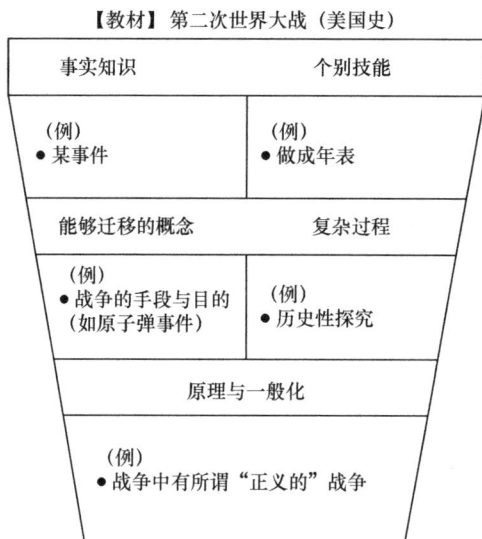

图0-4　知识构造

注:该图基于McTighe & Wiggins(2000, p.66),由松下佳代制作。

位于最表层的是"事实知识与个别技能",然后是"能够迁移的概念以及复杂过程",最深层的是"原理与一般化"。"能够迁移的概念""复杂过程""原理与一般化"构成了"持久理解"。而所谓的"持久理解"是对"教师想让学生理解什么,在学生忘记了具体知识细节后,这种理解还能持续几年?"的问题的回答,这种"持久理解"是位于"学问中心、能够迁移到新情境中的"(Wiggins et al., 2005)。

需要注意的是,威金斯和麦克泰格对"理解"的定义。他们所认为的"理解"是综合了以下6个要素的复合概念:解释、阐明、应用、洞察(批判性的、透彻性的观点)、同理心(感受别人的情感和世界观的能力)和自知(了解自己的"无知"的智慧,清楚自己的思维模式与行为方式如何促进或妨碍了认知)。

这种对"理解"的认识,与主动学习理论中的"理解"有所不同。许多主动学习理论以美国心理学家布鲁姆的教育目标分类（Bloom's Taxonomy）[8] 为依据，对认知领域以"知识—理解—应用—分析—统合—评价"的层次加以建构。例如，本绪论开头邦威与埃森提出的"高阶思维（分析、综合、评价）活动"，正是布鲁姆教育目标分类中的高阶认知过程；而"知识"与"理解"，在布鲁姆的分类中属于低阶认知过程。这也许就是在主动学习理论中，"知识"与"理解"不被重视的原因。但是，如今布鲁姆的教育目标分类本身也在不断修订，知识作为"知识维度"，独立于"认知过程维度"，在整个层次建构中确立了新的地位（石井，2011，第三章）。

威金斯和麦克泰格的"理解（understanding）"与布鲁姆分类中的"理解（comprehension）"不同，它涵盖了"解释""运用"等高阶部分，同时包括"概念知识""程序知识""元认知的知识"。

综上所述，深度主动学习中的"理解"在内化与外化的反复中得以深化。威金斯和麦克泰格所界定的"理解"概念可以作为深度主动学习的理论基础。

（3）深度参与。

第三个与学生学习"深度"相关的理论阐述是学生参与（student engagement）的深度。学生参与在大学教育领域受到关注始于 20 世纪 90 年代初（Pascarella et al., 1991），而这个概念在北美得到迅速推广则源于 1999 年兴起的"全美大学生学习参与度调查"（National Survey of Student Engagement，NSSE）。这项调查关注的是学生利用大学资源与课内外学习机会的情况，如参与教学、留学、服务学习等学习项目，或者参加体育、社团等课外活动，在这些活动中投入了多少时间和精力、取得了多少进步和成长。简而言之，就是调查大学为学生提供的学习资源和机会，是否真正对学生的学习与成长产生了积极影响[9]。

"全美大学生学习参与度调查"调查的是学生参与及涉足课内外活动的情况，而本书主要关注的是课内活动。美国山麓学院（Foothill College）的实践型教育学者巴克利（Barkley，E. F.）把大学课堂中学生的参与定义为"学生参与是一个过程，也是一个连续体，是学习动机和主动学习协同作用下的体验和产物"（参见本书第 2 章）。巴克利使用由学习动机与主动学习构成的"双螺旋模型"形象地描绘了这个概念。

需要注意的是，我们要把"学生参与"作为连续体看待。也就是说，可以根据参与的深度，进行"参与"和"不参与"、"表层参与"和"深度参与"的程度划分。这里的"深度参与"，与从事幸福与创造性研究而闻名的心理学家契克森米哈（Csikszentmihalyi，M.）所提出的"心流"的概念很接近，也就是专注、投入、忘我的状态。在大学课堂教学中，也许学生参与无法达到那样的程度，但是很多人都有过"今天的课很有意思，上课时间过得很快"的体验，这种主观的时间加速感就是参与深度的一个参考指标。

巴克利认为，学生参与是学习动机与主动学习相互作用的产物，而且进一步把动机看作期待（这件事自己做得到吗？）与价值（这个课题有做的价值吗？）的相互作用，把主动学习看作"思维的主动参与"，隐含在深度学习以及深度理解背后的动机在这里得到了特别的重视。由此，关注点向"深度"的情感侧面转移。另外，值得关注的是，巴克利不是从身体的活跃（hands-on），而是从思维的活跃（minds-on）去认识主动学习的。巴克利本人是合作学习方面的专家，曾经出版过关于合作学习方法指南的书（Barkley et al.，2005），因此她的"重视思维活跃胜过身体活跃"的立场更加需要被重视。

（4）深度主动学习的含义。

基于上述对"深度学习""深度理解""深度参与"等与"深度"相关的理论的探讨，我们认为"主动学习"中的"主动性"应该也可以从"内在活动的主动性"与"外显活动的主动性"两个维度进行概念上的区别，如图 0-5 所示（松下，2009）。

巴克利的定义——思维的主动参与（mind is actively engaged），针对容易把主动学习

图 0-5 学习的主动性

局限于身体活动的情况，强调内在活动的主动性（A或B）。也就是说，"深度参与"是表现内在活动深度的词语。另外，威金斯和麦克泰格指出的"活动导向型教学设计"，会导致外显活动积极而内在活动不积极的学习（C）。而"灌输式教学设计"仅仅把目光停留在内容灌输上，有可能带来外显活动和内在活动都不积极的学习（D）。这两种教学设计都不能带来"内在的主动性"，所以是传统教学设计上的两个误区。

所谓的深度主动学习是不仅重视外显活动的主动性，而且重视内在活动的主动性的学习（A）。冠以"深度"这个词，含有对现有的主动学习型教学过于重视"外显活动主动性"而轻视"内在活动主动性"的批判意味。

因此，深度主动学习并不是一个新的理论或实践，而是基于主动学习的理论和实践，从"深度"这个维度出发进行了新的探讨，以求引起大家的反思和深入研究。

5. 各章内容导引

本书主要分为两大部分。第1部分是"深度主动学习的理论基础"，包括第1～4章，主要从构成深度主动学习基础的理论角度进行探讨，汇集了相关文章。其中，第1章"主动学习的现状——从主动学习论的视角解析深度主动学习"（作者：沟上慎一）梳理了关于主动学习的理论以及实践动向，在此基础上探讨了不应仅停留于"深度学习"，而应进行"深度主动学习"的必要性，同时通过梳理从超越传统的教授范式的主动学习（结构A）向积极实现学生的学习与成长的主动学习（结构B）的转换，为我们提供了一个把握主动学习现状的框架。在第1章中，作为提高主动学习质量的实践动向，列举了以下关键内容：①把握课外学习时间；②逆向设计和评价；③课程开发；④一周多次课；⑤构建适合主动学习的学习环境；⑥翻转课堂。其中，近几年得到迅速推广应用的是翻转课堂。在第1章的"翻转课堂——与知识理解相联系的促进主动学习的课堂教学框架"专栏中，首先把现在进行的翻转课堂分为"知识习得型"和"高阶能力培养型"，并指出翻转课堂应引起人们对主动学习中知识的重要性的关注，提出了一个一般性的学习模型，即要从个人的"想要理解"，通过与他人的协同合作转变为"理解了"。而这种与知识理解相连的主动学习，正好与本书所讨论的"深度主动学习"相契合。

第 2 章"学生参与的重要性——理解和促进当代大学课堂里的学生参与"（作者：伊丽莎白·巴克利）与第 3 章"聚焦于学习对象——走向教学的学习理论"（作者：马飞龙）的很多内容，已经在上一章中有所涉及，这里从其他角度进行简要介绍。巴克利是一名从事音乐教育的实践型学者，现任职于两年制社区大学——山麓学院，该学院位于美国硅谷，以高教育水准而闻名。在第 2 章中，她基于神经科学和认知心理学等学科，对大学课堂中学生的参与进行了理论探讨。在此，需要补充的是，该研究成果是作者在常年与不同种族、拥有丰富经历的学生交往的情况下，在教学实践中加以验证所得出的结论。马飞龙早在 1970 年左右，就开创了"深度学习"研究的先河。"学习的深度方式"是对学习者一方变异的记述及分析的研究。而第 3 章中的"变异学习理论"，则阐述了让学生感知学习对象变与不变的重要性。从表面上看，该理论似乎是由回归概念形成的本源性探讨，但深入分析则可知它为现代大学教育敲响了警钟，即过于强调间接学习对象的"能力"，而忽视了直接学习对象的"内容"。巴克利提出了 3 个能促进学生深度参与的条件：①任务的挑战性必须是适当的；②共同体的意识；③为学生整体学习而教。第 4 章"合作学习与学生成长——基于合作的高活动性的课堂教学设计"（作者：安永悟），着眼于共同体的意识，通过具体实践案例，介绍了不停留于小组学习技巧层面，而是与构建学习共同体相关的合作学习的方法。安永悟本人也是巴克利的一本关于合作学习著作的日语译者。该章探讨了本绪论中"深度"里没有涉及的"深度变化成长"，这是一个非常重要的研究视角。

第 2 部分为"各种领域的实践"，从不同学科领域的实践中，集结了具有深度主动学习特点的实践，其中涉及物理学、哲学、教师培养、牙科医学、经营学（领导力）等，实践的关注点也纷繁多样。第 5 章"物理学入门——理解抑或记诵：我们教的是否正确"（作者：埃里克·马祖尔）讲述的是在开发同伴教学法时，世界各国各学科领域的事例。如今同伴教学法因为综合了答题器和学生间的互动，作为一种在讲授型大课中也可以实现主动学习的教学法而被认知。阅读第 5 章，可以了解该教学法最初的目的是把物理学入门教学的重心从数理计算转移到对概念的"深度理解"。如果在课堂中加入学生间的互动，部分教学时间就会被讨论占用，从而产生教学内容不能按教学计划顺利讲授的弊端。为此，埃里克·马祖尔把基础必修知识的习得放到了课前，从而保证了课内为理解概念而进行的同伴教学法具有充足的实施时间。这种方法与翻转课堂是相通的。实际上在英语版本的维基百科（Wikipedia）对翻转课堂（Flipped Classroom）的发展历史的阐述中，就提到了埃里克·马祖尔的同伴教学法。可以说，同伴教学法是翻转课堂的先驱性实践。

第 6 章"哲学——在哲学入门科目上尝试使用概念图的深度学习"（作者：田口真奈，松下佳代）介绍了一般认为与"主动学习"无缘的哲学入门科目中的研究性实践。很多大学都在进行讲授型教学的轮流授课，在此实践中，多在最后一次教学中使用概念图。该实践研究表明，概念图不仅可以作为深度主动学习的学习工具，也能用作评价工具；同时，该实践在评价学生所画概念图时使用了量规。本章还涉及对学生学习成果的评价以及制作量规的过程。

第 7 章"教师培养——意识到有意义的学习的重要性的课堂教学设计"（作者：关田一彦，三津村正和）分为两个部分，即关田撰写的实践篇和三津村撰写的验证篇，是实践报告与实践性质研究的组合。在该章中，作为深度主动学习的一种学习形态，"有意义学习"这个概念被提出，即具有以下特点的学习：①认识到现在的学习与自己的关系（意义）；②想要运用或尝试所学内容；③认识到所学内容与自己的成长具有相关性（通过学习，自己有所成长）。本章还介绍了能促进"有意义的学习"产生的各种设计方法。

第 5 章到第 7 章都是以一门科目为对象，第 8 章"牙科医学——联结教室和临床的 PBL：以作为学习的评价为中心"（作者：小野和宏，松下佳代），着眼于口腔学院的本科教育的整体课程，聚焦于作为课程核心的问题式学习（Problem-Based Learning，PBL）的实践。问题式学习常面临以下问题：①如何平衡知识与问题解决；②如何进行评价。对于第一个问题，与埃里克一样，问题式学习或让学生在课外或通过课外加课堂教学的方式，由学生自主习得解决问题所需知识，并在课内通过小组共同解决问题的过程进一步深化习得的知识。对于第二个问题，开发并实践了改良版"三级跳评价法"，并分析了其产生的效果，可以说是统合了"目标—课程—教学—评价"的"一致性建构模式"（Biggs et al.，2011）的范例。

第9章"领导力教育——新的领导力教育和深度主动学习"（作者：日向野干也），介绍了立教大学经营学院的商业领导力项目（Business Leadership Program，BLP）实践成果背后的故事，提出了日向野的领导力教育论。该项目因被收入《保证学习质量的主动学习的事例》一书（河合塾，2014）而闻名。根据日向野的理论，"（无关职权）展现结果性目标并带动他人"就是领导力。据此理论，我们可以把主动学习重新定义为"学生发挥领导力的学习"。另外，作者把是否达到深度学习的指标设定为学生在课外、大学校外以及毕业后是否能够不依赖教师的支持（辅助轮）自己组织学习。如前所述，立教大学经营学院的课程，通过"领导力学习（经由 BLP）"及"专业知识学习（经由专业科目）"，就像自行车的两个车轮一样相辅相成，教师需要通过卸掉辅助轮让学生自己掌握领导力。口腔学与经营学看起来相距甚远，但在平衡"习得知识"与"解决问题"的问题上，问题式学习（PBL）和商业领导力项目（BLP）是类似的，都是旨在实现深度主动学习的课堂教学形式。

*　　　　*

综合本书各章内容，我们可以对深度主动学习进行如下定义："深度主动学习是指，学生在与他人互动的同时，深度理解对象世界，既能联接已有知识、经验，也能将其经验融入以后人生的学习。"本书各章所描述的深度学习的方式形态多样，但相通的是，面对当前主动学习迅速普及的形势和出现的新问题，都试图增添其在"深度"方面的内涵。

希望本书扩展延伸的各种理论与实践，能够帮助您理解深度主动学习。

绪论小结

■ 主动学习，即"行所思，思所行"。在日本的大学教育中，主动学习在教育政策的鼓舞推进下，作为应对大学教育大众化以及能力（技能）培养新要求的教育方法，得到迅速普及。

■ 主动学习原本是作为单方向的知识传授型大课教学的对立面出现的，但存在过度批判"灌输式的教学设计"的问题，与主动学习所对应的"活动导向的教学设计"也现出了新问题。

■ 掌握"活动系统模型"以及"学习环"的理论，有助于把握主动学习的特征、解决其易产生的问题。学生进行高阶思维活动，或进行认知过程的外化，是主动学习原本就应该具有的特征。因此，知识的习得和理解（内化）是学生主动学习不可或缺的前提条件。讲授型教学与主动学习型教学并不是完全对立的，两者在学习环中，体现为"内化与外化"及"知识习得与运用知识进行高阶思维活动"的密切关系，只是所关注的重心不同而已。学习环能够具体到一节课的学习、一个学期的科目以及本科四年的课程，教师和学生都有必要意识到这种"学习环"。

■ 深度主动学习把焦点放在学习的"深度"上。此外，关于"深度"的理论探讨，相关的概念有"深度学习方式""深度理解""学生参与"等。如果从"内在活动的主动性"以及"外显活动的主动性"的两个维度去探讨主动学习的主动性，那么深度主动学习就是外显活动和内在活动的主动性并重的学习。

注[1]：

1）出自 2009 年 1 月 12 日《纽约时报》文章。

2）除了 Enabled，有时会看到 Enhanced 这个词。

3）我在 2013 年 3 月，访问了 MIT 与哈佛大学，观摩了 TEAL 的教学、

---

❶ 此处"注"为原书中松下老师的注解。——译者注

哈佛大学里的讲授型课堂以及由埃里克教授主持的基于项目的学习的教学。至少在观摩的课堂中，TEAL 的学生的学习态度不如设想中的积极。

4）来自读者感想的标注。

5）关于 MIT 面向一年级学生开设的物理课程的详情，可参阅 MIT 官方网页。

6）本绪论中，对松下和田口（2012）论文中的"1-2 怎样看待学习"进行了大幅度修正。

7）佐藤（1995）没有使用"学习"一词，而是使用了"学び"[1]。本绪论中虽然沿袭佐藤暗含的批判意味，但是为了避免歧义，将二者通用。

8）布鲁姆教育目标分类学是指由布鲁姆（Bloom, B. S.）所开发的"教育目标分类学"。该分类原本是为了建构大学教育中考试的概念框架而开发的。布鲁姆将教育目标分为 3 个领域：认知领域（1956 年公开）、感情领域（1956 年公开）和精神运动领域（未结束）。其中，最具影响力且与主动学习直接相关的是认知领域的分类。后来，认知领域的分类引入了认知心理学的研究成果，由布鲁姆的弟子及其他研究者共同修订 *Revised Bloom's Taxonomy*。修订版最突出的特征是，将原版中位于低阶认知的"知识"，作为独立于"认知过程"的维度重新定位。此外，修订版中还对"认知过程"维度的内容进行了修订，即从"知识—理解—应用—分析—统合—评价"修订为"记诵—理解—应用—分析—评价—创新"。

9）调查对象为大学一年级和四年级学生，各个大学收集了本科教育课程中学生的成长数据以及同类大学的比较数据，用于大学评价。

参考文献

❶ 青木久美子（2005）「学習スタイルの概念と理論—欧米の研究から学ぶ—」『メディア教育

---

❷ 日语里表示学习的词语有"学び""勉強""学習""学修"，根据学者不同或情境不同，用词会不同。有的学者不会精细区分，但也有学者会区分得很细，如佐藤就是其中一位。——译者注

022

研究』2巻1号, 197-212.

② ベネッセ（2013）「第2回大学生の学習・生活実態調査」.

③ Biggs, J., & Tang, C. (2011). *Teaching for quality learning at university* (4th ed.). Berkshire: The Society for Research into Higher Education & Open University Press.

④ Bonwell, C. C., & Eison, J. A. (1991). *Active learning: Creating excitement in the classroom.* ASHE-ERIC Higher Education Report No.1.

⑤ Bowden, J., & Marton, F. (1998). *The university of learning: Beyond quality and competence.* London: Kogan Page.

⑥ Cain, S. (2012). *Quiet: The power of introverts in a world that can't stop talking.* New York: Broadway Books. S. ケイン（2013）『内向型人間の時代—社会を変える静かな人の力—』（古草秀子訳）講談社.

⑦ 中央教育審議会（2012）「新たな未来を築くための大学教育の質的転換に向けて—生涯学び続け，主体的に考える力を育成する大学へ—（答申）」.

⑧ Engeström, Y. (1987). *Learning by expanding: An activity-theoretical approach to developmental research.* Helsinki: Orienta-Konsultit. Y. エンゲストローム（1999）『拡張による学習—活動理論からのアプローチ—』（山住勝広・松下佳代・百合草禎二他訳）新曜社.

⑨ Engeström, Y. (1994). *Training for change: New approach to instruction and learning in working life.* Paris: International Labour Office. Y. エンゲストローム（2010）『変革を生む研修のデザイン—仕事を教える人への活動理論—』（松下佳代・三輪建二監訳）鳳書房.

⑩ Entwistle, N. (2000). Promoting deep learning through teaching and assessment: Conceptual frameworks and educational contexts. Paper to be presented at TLRP Conference, Leicester, November, 2000.

⑪ Entwistle, N. (2009). *Teaching for understanding at university: Deep approaches and distinctive ways of thinking.* New York: Palgrave Macmillan. N. エントウィスル（2010）『学生の理解を重視する大学授業』（山口栄一訳）玉川大学出版部.

⑫ 石井英真（2011）『現代アメリカにおける学力形成論の展開—スタンダード論に基づくカリキュラムの設計—』東信堂.

⑬ 加藤かおり（2013）「学習者中心の大学教育における学習をどう捉えるか—深いアプローチを手掛かりに—」『大学教育学会誌』35巻1号, 57-61.

⑭ 河合塾（編著）（2014）『「学び」の質を保証するアクティブラーニング—3年間の全国大学調査から—』東信堂.

⑮ Marton, F. & Säljö, R. (1976). On qualitative differences in learning: I Outcome and process. *British Journal of Educational Psychology, 46,* 4-11.

⑯ 松下佳代（2009）「主体的な学び」の原点—学習論の視座から—」『大学教育学会誌』31巻1号, 14-18.

⑰ 松下佳代・田口真奈（2012）「大学授業」京都大学高等教育研究開発推進センター（編）『生成する大学教育学』（p.77-109）ナカニシヤ出版.

⑱ 松下佳代・大山牧子・畑野快・蔣妍（2014）「ハーバード・MIT訪問調査報告」『京都大学高等教育叢書』33, 366-385.

⑲ McTighe, J., & Wiggins, G. (2004). *Understanding by design: Professional development workbook.* Alexandria, VA: Association for Supervision and Curriculum Development.

⑳ Pascarella, E., & Terenzini, P. (1991). *How college affects students*. San Francisco: Jossey-Bass.

㉑ 佐藤学（1995）「学びの対話的実践へ」佐伯胖・藤田英典・佐藤学（編）『学びへの誘い（シリーズ 学びと文化①）』(p. 49-91), 東京大学出版会.

㉒ Wiggins, G., & McTighe, J. (2005). *Understanding by design* (Expanded 2nd ed.). Alexandria, VA: Association for Supervision and Curriculum Development. G. ウィギンズ・J. マクタイ（2012）『理解をもたらすカリキュラム設計―「逆向き設計」の理論と方法―』（西岡加名恵訳）日本標準.

第1部分　深度主动学习的理论基础

第1章

主动学习的现状——从主动学习论的视角解析深度主动学习

作者：沟上慎一　译者：蒋妍

本章将作为"深度主动学习"词源的"主动学习"定义为"包含了所有形式的能动性学习，超越了'听课'（课堂中单方向的知识传达的学习）这种所谓的'被动学习'；在主动学习中，伴随书写、表述、报告等对学习活动的参与，以及由此产生的认知过程的外化"[1]。本章先概述它的含义，即主动学习超越了传统的教授范式结构 A，转换为志向于促进学生学习与成长的结构 B，接着对这种转换进行阐释。之后，在本章的中间部分，即提高主动学习质量的实践动向部分，主要介绍以下内容：①把握课外学习时间；②逆向设计和评价；③课程开发[2]；④一周多次课；⑤构建适合主动学习的学习环境；⑥翻转课堂。最后，从主动学习论的角度探讨为什么深度主动学习是必要的。

---

❶ 沟上老师被认为是日本进行主动学习研究的第一人。目前日本学术界关于主动学习的定义，常被引用的就是文部科学省的定义和沟上老师的定义。——译者注

❷ 松下老师和沟上老师都主张在谈教学设计时分 3 个层级：课堂层级，即 1 节课的教学；科目层级，在日本一般由 15 次课（每周 1 次，共 15 周）构成 1 个科目，即国内所说的 1 门课；课程层级，即某个学科授予学生学士学位时要求学生修习的所有科目的总和。——译者注

1.1 | 什么是主动学习

1.1.1 主动学习的定义

主动学习是一个概括性的用语，目前还没有一个能够让所有领域的研究者、一线实践者都接受的定义。这里对主动学习的定义如下。

> 主动学习包含了所有形式的能动性学习，它超越了"听课"（课堂中单方向的知识传达的学习）这种所谓的"被动学习"。在主动学习中，伴随书写、表述、报告等对学习活动的参与，以及由此产生的认知过程的外化。

在日本，邦威和埃森被认为是对主动学习进行定义的先驱，且为日本学术界所熟知，他们在自己的著作《主动学习》（Bonwell & Eison, 1991）的开头就指出对"主动"一词进行定义存在困难。同时，邦威和埃森举出了传统保守派教师对主动学习的批判意见。虽然是批判，但这些批判反倒有利于对该用语的理解。

① 被动学习到底是什么？

② 认真听讲难道不是主动学习吗？

这里以回应这两条批判的形式，阐释笔者所做定义的含义。

首先，关于批判意见①，美国学者迈耶斯和琼斯（Meyers & Jones，1993, p.20）在假定"学习本身是主动的过程"的基础上，提出了主动学习。但是在这条批判意见中，学习被看作"行为"（action）本身。也就是说，行动（act）的名词是 action，形容词是 active，在把学习看作行为的时候，学习应该天然就是主动的[1]。首先对不行动的状态（静）进行定位，那么"行动"（学习）是一种从静到动的动作，可以试着想象那一瞬间，也就是说，这种动作（学习）

---

❶ 该处的日语描述比较绕口，文中采用了忠实于日语原文的直译，但参照英文版，沟上老师想要表述的是，该批判的前提是把学习当作行为，那么据此逻辑，行为是主动的，所以学习是主动的，而批判者同时又提出"被动学习"，该提法本身就存在逻辑矛盾。——译者注

是行动且是主动的。因此，在此意义上，被动学习这个说法本身的逻辑就是矛盾的，批判意见①也就不能成立。

但是，邦威和埃森的定义只揭示了行为本身的性质，却始终没有描述"怎样学习"，即行为的相对特征。而人具有从某种基准出发，通过相对比较去描述某种行为的倾向，因此，描述"学习"这种行为的一组词语是"主动 / 被动"。也就是说，主动学习、被动学习的"主动 / 被动"并不是指代行为本身的词语，而是从某种基准出发看到的行为的相对特征，即将其理解为"更主动""更被动"更为恰当。

笔者把此基准在定义的前半部分用"'听课'（课堂中单方向的知识传达的学习）"='被动学习'"表述了出来（cf. Biggs et al., 2011; Meyers et al., 1993; Prince, 2004）。如果单纯从上文提到的行为性质的观点来理解，就容易产生以下认识：因为"听"是行为的一种，所以"听"本身就带有主动性。但是，笔者把"听"操作性地定义为"被动学习"，这一操作也可以看作描述学习的相对特征的基准化活动。通过这样的活动，从被动学习的基准来看，终于能够主动辨识清楚某种学习究竟是被动还是主动。而且，有了基准后，哪怕某种学习方式仅显示出一点点的主动特征，也可以说它是主动学习。

那么，把"听课（课堂中单方向的知识传达的学习）"看作被动学习的根据是什么呢？笔者对此的回答是"从教到学"的范式转换（Barr et al., 1995; Tagg, 2003）。也就是说，把一直以来的单方面的知识传达型的讲授型教学（教授范式）中的听讲看作被动学习；与此相对，才有了主动学习，即非听讲式的、带有主动特征的、支持学习范式的学习。

但是，在定义的前半部分，即"超越了'听课'（课堂中单方向的知识传达的学习）这种所谓的'被动学习'的陈述中，并没有阐释什么是主动学习。因此在定义的后半部分，笔者加入了"伴随书写、表述、报告等对学习活动的参与，以及由此产生的认知过程的外化"，以此阐释笔者认为的主动学习的要点。书写、表述、报告等是超越单方向的知识传达型教学中"听"这一行为的具体活动，这里就从活动层面阐述了从教授范式向学习范式转换的含义。而且，在学习活动中导入书写、表述及报告等活动，并使学生参与这些活动，对学生来说，这意味着可以启动听讲时没有发挥作用的认知机能，并将其过程外化。

要进行书写、表述、报告等活动，就意味着同时需要进行认知过程的外化。但是，有很多主动学习的实践仅仅停留在活动层面，并没有关注认知机能与知识是如何结合起来共同发挥作用的。主动学习作为对社会发展的顺应之举，其中包含了培养认知机能，也就是培养技能、认知能力等课题。基于此，笔者在定义里强调了对活动的参与以及与活动相关的认知过程的外化这两者间的充分配合。而且，定义中的"认知过程"参照了认知心理学的框架，指作为心理表象的信息处理过程，这些心理表象包括知觉、记忆、语言、思考（逻辑性 / 批判性 / 创造性思考、推论、判断、决定、问题解决等）等（cf. 楠见，2010）。在学习时，大脑中就会产生这样的信息处理过程。

所以，关于"从被动学习的基准来看，具有主动特征的学习是什么"这个问题，其答案就是超越了"听课"（课堂中单方向的知识传达的学习）这种所谓的"被动学习"，伴随书写、表述、报告等对学习活动的参与，以及由此产生的认知过程的外化的学习。稍微具有这样的特征的学习就可以称为"主动学习"。

接着，关于批判意见②，根据以上理解，至少可以明确的是，"认真听讲"不是本书所指的主动学习。不管是"认真听讲"还是"听讲时走神"，在把"听讲"当作问题时，指的就是教授范式中的学习。也就是说，它是被动学习。对主动学习中的"主动"，无基准地、仅仅从字面上的意思进行理解，往往会产生类似于②的疑问。但是，主动学习并不仅是字面上意思的"主动地学习"，而是一个操作性定义。邦威和埃森认为，类似于批判意见②源于对主动学习的表面理解。

1.1.2　从结构 A 到结构 B 的转换

对主动学习的高度关注，与高等教育的大众化[1]、学生的多样化等因素密

---

❶ 大众化的说法源自美国的教育学者马丁·特罗，这种说法在日本大学教育领域基本属于常识。——译者注

切相关。但是，采用学习范式以及采用主动学习，不仅是因为高等教育的大众化、学生的多样化，而是因为其有更积极的意义，并由此产生了推动学习范式及主动学习的动向。不仅邦威和埃森的定义如此，美国学者芬克（Fink，2003）提出的"有意义的学习经验论"也在邦威和埃森的理论基础之上，以理想的教学观为基础，阐述了积极的学习范式及主动学习。基于前面的定义，换种表达方式，即"从结构 A 到结构 B 的转换"。所谓结构 A，是指超越了被动学习的主动学习，结构 B 则不仅指超越了被动学习，还指进一步对"主动"的要点进行积极的、具体化的学习。

自 20 世纪 90 年代后期开始，日本慢慢地出现了采用主动学习的实践。那时，在讲授型课堂上，教师们不仅要求学生听讲，而且要求学生在课堂的最后写一些感想与意见，借此让学生参与到课堂中来。现在看来，这还只是超越被动学习程度的采用主动学习的实践，并没有积极地去具体化"主动"的要点。但是，正如日本的《质性转换报告》中所提到的那样，今天的很多实践就是在积极地具体化主动学习中"主动"的要点。在该报告中，"主动"的要点是与培养通用能力相关的，这些通用能力又涵盖了认知、道德、社会化能力、教养、知识、经验等。

对于这种主动学习的内涵的变化及现在的发展状况的转换，如果使用力学的"定位"概念，就很容易理解。所谓"定位"，就是某物（包含物象和人）对于其他事物的相对位置（沟上慎一，2008）[1]，也可以说是描述立足于某个点（位置）时所看到的世界的一个概念。

如果使用这个"定位"概念，就可以知道，主动学习在力学上至少包含了 A 和 B 这两个完全不同的结构（见图 1-1）。结构 A 定位于传统的、由教师到学生的单方向的知识传达型教学的被动学习来探讨主动学习。在此种结构中，因为仅仅是处在超越被动学习阶段，所以相关的教学法也只是停留于稍微超越单方向的知识传达型教学的程度，比如导入意见表、一分钟反馈表、

---

❶ "定位"也是沟上老师的学术成果之一。——译者注

小测验、课堂评价问卷等，让学生在课堂中不只是听讲，还能参与到其中。正如前面多次提到的，结构 A 中的主动学习，仅仅是稍微带有超越被动学习的意义。

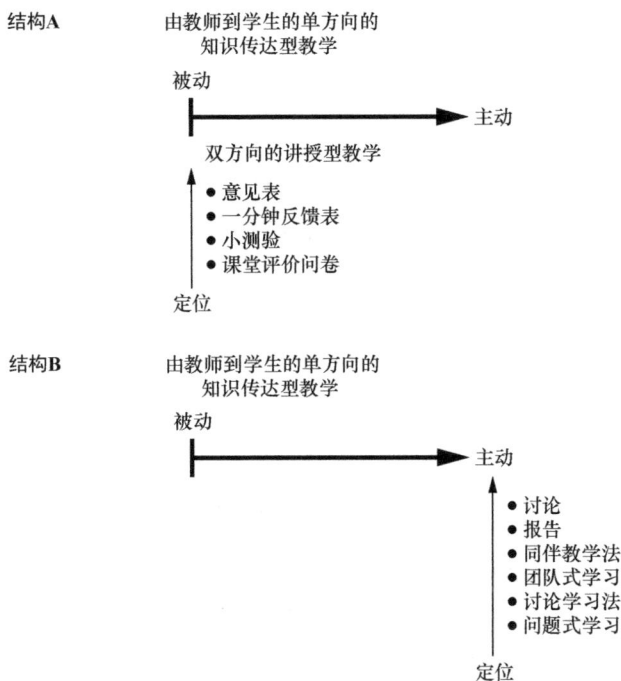

图 1-1　用"定位"理论分析主动学习的结构转换

　　但是，如果对结构 A 进行定位，那么这种定位最终要向结构 B 转换（当然，也有不转换的情况）。在结构 B 中，超越被动学习似乎已经是理所当然的，并且在进一步积极地试图具体化主动学习的要点。《质性转换报告》中所提到的实现培养认知、道德、社会化能力、教养、知识、经验等通用能力的目标，可以理解为与结构 B 是一致的。

　　积极地具体化主动学习中的"主动"要点的结构 B，或者说，主动学习以及基于学习范式的所有活动，都可以理解为学生成长的一环。这一结构并非源于高等教育大众化、学生多样化或学生不再认真听讲等现象，而是源于大学教育的一些真实的课题动向。这些课题包括通过让学生积极地参与学习以及广义的课内外活动（学生参与）培养学生的知识、技能、认知能力等举措，也可以作为"学生的学习与成长范式"来理解。

在芬克提出的"有意义的学习经验论"中，学生以习得基础知识、应用、统合、人文维度、产生兴趣、学会学习为目标，该目标超越了知识的习得、技能与认知能力的开发，甚至可以作为涵盖了学生的学习与成长的系统的概括性理论来理解。而且，哪怕名称里没有出现"主动学习"，那些符合学习范式的、试图培育学生的教学设计和教学法，都是符合结构 B 的。可以说，一旦主动学习发展到了此阶段，就没有必要再特地使用"主动学习"这个叫法了。

1.2 有关提高主动学习质量的实践动向

基于结构 B 的主动学习型教学（导入主动学习的课堂教学），发展到一定阶段就需要进一步乃至再进一步去提高其教学质量，也就是说在导入主动学习的同时，还要以深刻理解学习内容为目的，深度主动学习就是其中的目的之一。关于深度主动学习，后文将做详细说明，此处不再赘述，下面仅对后文没有涵盖的内容进行解释。

1.2.1 把握课外学习时间

在策略性很强的由学生主导的主动学习型教学中，教师常常需要将课堂内的学习和课堂外的学习结合起来进行设计（cf. Fink，2003）。在哈佛大学教授埃里克·马祖尔（Mazur，1997）提倡的同伴教学法中，课堂教学开展的基础是预习教材。此外，无论是讨论学习法（Learning Through Discussion，LTD）（安永，2006，2012），还是问题式学习（Albanese et al.，1993；Barrows et al.，1980）等教学法，可以毫不夸张地说，都没有局限于课堂内。但这并不意味着课外学习时间越长越好，而是说课外学习时间太短或完全不进行课外学习都是问题。所以把握学生的课外学习时间，能更好地改善学生的课外学习状况。

课外学习一般包含了预习、复习、完成作业和课题等内容，是学生自身为充分理解学习内容而进行的学习活动。主动学习型教学的策略性越强，就表示课堂时间被分割得越细，教师会连续不断地给出课题或指示，让学生进行活动（小组学习及讨论等），结果就会使学生在课堂上用于思考及充分理解内容的时间变得不够。从这点上看，对学生来说，课外学习就不仅仅是预习、复习及完成作业，还需要确认自己是否理解了课堂内容，并且需要把新学的内容与已有的知识及经验联系起来，查找课堂中出现的不懂的词语及知识点，这是积极地提高对学习内容的理解质量的"个人学习时间及空间"。此外，教师必须在课堂内对学生的上述课外学习进行相关指导。可以说，如果能把握学生课外学习的实际情况，教师就能够知道学生课外学习的质量，进而采取行动促进学生主动学习。

1.2.2　逆向设计和评价

提高主动学习型教学质量的第二个手段，就是依照威金斯和麦克泰格（Wiggins & McTighe，2005）提倡的"逆向设计（backward design）"进行课堂教学及科目设计，同时使用与之契合的多角度评价。

所谓逆向设计，是指真实评价论（authentic assessment）（不是封闭于学校的评价，而是对在工作与市民生活等现实社会中也通用的表现性课题和活动进行的评价）所倡导的，用于课堂教学及科目设计的方法。例如，用于一学期 15 课时的科目教学设计以及每课时的课堂教学设计。其具体的设计步骤如下：①确定预期结果目标（identify desired results）；②确定合适的评估依据（determine acceptable evidence）；③设计学习体验和教学（plan learning experiences and instruction）。[1]

逆向设计与传统的课堂及科目教学设计在方向上有极大的不同。传统的

---

❶ 本处没有根据原日文表达进行直译，而是参阅了本章的英文译文后找到威金斯和麦克泰格的著作，在步骤的表述中加入了原英文表述，同时在中文译法方面参考了《理解力培养与课程设计—— 一种教学和评价的新实践》（么加利 译，中国轻工业出版社，2003 年版）以及《追求理解的教学设计》（闫寒冰，宋雪莲，赖平 译，东北师范大学出版社，2017 年版）。——译者注

课堂与科目教学设计先考虑教什么以及怎么教，再在此基础上进行教学设计。在主动学习导入以前的、传统的、从教师到学生的单方向的知识传达型教学中进行教学设计时，很少关注"怎么教"，常常仅着眼于"教什么"。与此相对的，逆向设计就如其字面意思表达的那样，从"目标"开始反过来（逆向）进行教学设计，属于成果聚焦（results-focused）型的设计。具体来讲，就是先定好教学结束后学生需要达到的学习目标，然后确定使用怎样的方法及依据去评价学生是否达到了此目标，再在此基础上思考每次课堂教学怎么进行，怎么促进学生学习，等等。逆向设计就是从确定教学目标（终点）开始，反过来设计具体的课堂教学及评价方法。

另外，关于评价，学校一直以来多采用在学期的最后进行考试或提交小报告的形式，甚至教师们也多是在学期快结束时才考虑考试内容及小报告的题目。但是，在逆向设计中，教师要先确定评价的方法及依据，在此基础上再去安排课堂教学活动（内容和方法）及学生的学习活动。

逆向设计最初并不是为实现更高质量的主动学习这个目的而产生的。但随着大学教育从"教授范式"到"学习范式"的转换，以及在以知识为基础的信息社会中，对信息及知识素养要求的提高，大学中的教与学的成果已不单单局限于传统的知识理解。其中，所谓的"教授范式"具有"从教师到学生""知识是由教师传授的"等特征，"学习范式"具有"学习要以学生为中心""学习是生成性活动""知识是主动建构、创造以及获得的""过程""变化"等特征，信息及知识素养包括了"信息的知识化""活用知识""知识共享及社会化""知识的结构化及管理"等。而逆向设计正是致力于带领学生以取得多级别的、多元化的学习成果为目标，在确定了评价方法（如量规、档案袋评价等）后再进行课堂及科目教学的设计。

1.2.3　课程开发

下面要介绍的是大学及学院针对提高主动学习的质量，从课程（科目间的关联及其在学年中的设置等）观点出发进行的组织性开发。

主动学习一般指一堂课中的教学。之所以这样说，是因为主动学习是描述一堂课中的学习形式的概念。但是，大学的教学不只包括学习形式，在很多情况下，一旦决定采用主动学习型课堂教学[1]，在试图为达成学习目标而设计课堂教学内容的过程中，很快就会出现科目设计的问题。如果将科目设计继续展开，则必然会发展成为课程设计的问题。在日本中央教育审议会上发布的《我国高等教育的前景图（报告）》（2005 年 1 月 28 日）中首次提出了 3 项方针（入学选拔方针、课程设置方针和学位授予方针）[2]，该报告甚至没有特别提及要根据学位授予方针制定课程，因为近些年的课程改革在着眼于教育的质量保证、毕业时应取得的学习成果的同时，已经在进行基于成果的设计了。至于个别科目的学习目标，也是一边与毕业时应取得的学习成果相关联，一边被嵌入课程设置里。

个别科目、毕业时应取得的成果以及它们与课程设计的关系，若从质量保证的角度去促进本科课程教育的构建，就可以分解为上述的 3 项方针。虽然主动学习与此没有直接关系，但学士力的构成要素不仅包括知识、理解，还涵盖技能、认知能力（通用技能 / 态度、志向性 / 综合性的学习经验及创造性思维）。就如大家所知道的，本科课程教育不能止步于知识的习得。那么，接下来的问题就在于毕业时应取得的学习成果——知识、技能、认知能力等的培养，该怎样落实于 4 年（或 6 年）的本科教育课程中？这时就要将之与主动学习关联起来了。这样一来，作为一堂课、一门科目的层级而被考虑的主动学习，也必须从课程的层级进行考虑，即立足于课程层级的一堂课、一门科目的再设计，这正是提高主动学习型课堂教学质量的有效方法。

---

❶ 沟上老师在相关著作中对"主动学习"和"主动学习型课堂教学"进行了更细致的区分。他主张主动学习是一个学习概念，对象是学生，而主动学习型教学才是一个形容教师的教学模式的贴切的说法，是学界教师们日常讨论时应该使用的概念。在此章中他没有做详细阐释，译者也不深究，在翻译时忠实于他的日语表述。——译者注

❷ 入学选拔方针、课程设置方针和学位授予方针常被简称为 AP、CP 和 DP，英文全称分别为 Admission Policy、Curriculum Policy 和 Diploma Policy。——译者注

1.2.4 一周多次课

浏览一下美国大学的以讲授型教学为主的科目设置就可以发现，其一门科目的教学多是在一周内分多次进行的，而且即使是以讲授型教学为主的科目，也并不会局限于一种教学形式。例如，一周进行 2 ~ 3 次讲授型教学，在周一、周三或周一、周三和周五进行；与此同时，配合由助教（Teaching Assistant，TA）主导的讨论课。例如，将讨论课安排在周五或周六，这样就相当于一门科目一周上 3 ~ 4 次课。而日本的一门科目大多数是每周上一次课，并且多数被归于讲授型科目或讨论型科目群，在此前提下开展教学。[1]

从主动学习的观点来看，每周进行多次教学且以"讲授型＋讨论型"的科目形式呈现是非常有意义的，这或许能成为日后教学改革的新视角。一般两次课之间的间隔时间不长，对于学生，这种设置有利于他们集中进行预习、复习等学习活动；对于教师，他们能够有时间布置一些比较有深度的学习课题，在确认学生的既有知识与理解度的同时，进行学习进度的安排，并对课题进行追加及修正等。像日本这样，在一周一次、每次 90 分钟的情况下，平行开展且平衡讲授型和讨论型教学（主动学习）的设置实际上是相当困难的。如果能采用一周多次教学及"讲授型＋讨论型"的教学形式，主动学习型教学就会相对容易开展。当然，仅是科目形式的改革并不能解决主动学习型教学中出现的各种问题，但至少，这对于在讲授型科目中有策略地推进主动学习型教学具有非常重要的意义。

1.2.5 构建适合主动学习的学习环境

为了提高主动学习型课堂教学的质量，需要构建适合主动学习的学习环境。时任东京大学教养学院助教的林一雅指出了以下活动对于支持主动学习的重要性：①主动学习的空间设置；②学习共享空间；③创造有交流空间

---

❶ 根据日本的《大学设置基准》，科目形式被分为讲授、讨论和实验这 3 种类型。——译者注

的学习环境。此处以①和②为例进行简单说明。关于①中主动的学习空间设置的实践，林一雅在文章中介绍了麻省理工学院的用于促进主动学习的教室（Technology-Enabled Active Learning，TEAL）。该教室使用圆桌，形成了一个便于讨论的空间；同时，教室里配有投影幕布、电子显示屏、答题器等电子设备，营造了一个便于个人及小组进行思考与讨论的学习环境。林一雅还介绍了东京大学驹场校区的主动学习教室（Komaba Active Learning Studio，KALS）、嘉悦大学的主动学习教室（Kaetu Active Learning Classroom，KALC）等例子。[1] 但这并不是说不具备上述学习环境就不能有效地开展主动学习（或主动学习型课堂教学），而是说如果具备这样的环境，就能更好地使学生开展各种形式的主动学习，课堂设计的灵活度也会更高。对于大学教师来说，这也能成为他们在所就职的大学或学院里有组织地推进主动学习的"催化剂"，继而带动主动学习型课堂教学质量的提高。

林一雅举出的第二种学习环境，是学习共享空间。所谓学习共享空间，是统合图书馆、信息技术及其他学术支持的，具备机能性和空间性的一个场所，其中的工作人员具有专业的知识与技能，能为学习者提供诸如介绍适合开展学习活动的学习场所等一系列服务。学习者可以在此开展咨询、讨论与调研等学习活动，学习共享空间是非常适合学习者学习的场所（McMullen, 2008）。

如美国的图书管理员萨默维尔与哈伦（Somerille & Harlan, 2008）叙述的那样，所谓的学习共享空间，是与从"教授范式"向"学习范式"转换的大学教育中新的学习形式有关，同时也改变了图书馆机能中原有的共享空间概念，从而创造出新的学习环境。对于此处的"共享空间"，既可以理解为图书馆内机能的扩张，也可以看作延伸到图书馆以外的学习空间——一个综合性的促进学习的地方。在大学和学院里，图书馆以外的场所中不乏可供学生进行小组学习或项目学习的房间及空间，只是有的房间及空间并没有使用

---

❶ 东京大学的一个校园在驹场，在日语中，其罗马拼音为 Komaba，所以该名称的第一个单词为校园名称。嘉悦大学中的"嘉悦"的罗马拼音为 Kaetu。——译者注

学习共享空间这个名字。为了促进学生的学习，大学和学院需要充分发挥包含这些设施在内的学习共享空间的机能。充实基于学习范式的学习共享空间的机能，有利于提高学生主动学习的质量，进而提高主动学习型课堂教学的质量。

1.2.6 翻转课堂

关于提高主动学习型课堂教学的质量的方法，最后要介绍的是翻转课堂。近两年，翻转课堂在日本迅速普及。所谓翻转课堂，是指把一直以来在教室中进行的学习活动（课堂教学）的一部分放到课外进行，而课外进行的学习活动则移到课堂中进行，即所谓的"翻转"式的教学形式（Lage et al.，2000）。在课堂中，学生以课外学到的内容为基础，进行知识的确认、巩固、运用及合作学习等，也就是开展主动学习。而这样的学习得以实现的基础，是计算机及网络等在学校和家庭中的普及，像在 YouTube[1] 上发布视频那样，教材在网络上也实现共有化。如果只看高等教育，目前有开放式课程（Open Course Ware，OCW）及由 Coursera 和 edX 等提供的"慕课"（Massive Open Online Course，MOOC）（重田胜介，2014）。这些线上教材在课外被作为预习教材使用，替代了一直以来在教室内进行的知识传授。笔者认为可以把翻转课堂当作主动学习型教学的一种形式，之所以这样说，是因为翻转课堂把传统的"讲授"（知识传授）部分放到课外学习中，这样教师在课堂上就能对主动学习进行充分设计。结合 1.1.2 节中列举的结构 A 和结构 B 的例子来看，翻转课堂不是超越了被动学习的结构 A 的主动学习，而是实现了具体化"主动"要点的结构 B 的主动学习。而且比起涵盖讲授型课堂的一般化的结构 B 的主动学习型教学，翻转课堂能够给予主动学习充足的时间。从这点上来讲，如果能对"主动"的要点进行充分的目的化设计，并且配合足够时间的课外学习，那么比起一般化的结构 B 的主动学习，翻转

---

❶ 视频内容提供平台，相当于国内的优酷。——译者注

课堂能实现非常彻底的主动学习型课堂教学，这自然有利于提高主动学习的质量。

1.3 | 深度主动学习的必然性

从主动学习的理论来看，深度主动学习以深刻理解学习内容为目标，试图提高主动学习的质量。从这个意义上来讲，该内容应该在 1.2 节"有关提高主动学习质量的实践动向"里进行介绍。但是，关于主动学习及深度主动学习的分界线，笔者认为有必要从别的观点出发进行一些说明，再加上本书的主题是深度主动学习，所以单独成节对其进行阐释。

1.3.1 深度学习方式

"深度学习方式"这一概念可以回溯到瑞典的马飞龙和萨尔乔（Marton & Säljö，1976）。在一次实验中他们首先让学生阅读教科书中的某一章及报纸中的一篇报道，然后询问学生是如何进行阅读的。接着，他们将学生对教科书某章和报道的理解，以及 5 ～ 6 周后的记忆情况作为对学习效果进行分析的依据，指出阅读方式与学习成果的关系大致可以分为两种类型。一种是不试图理解教科书及报纸中的报道，只是发现问题，着眼于文章的某一个侧面的阅读方式，采用这种方式的学生呈现出的学习效果并不是很好。另一种是着眼于作者的意图、报道的要点及结论，试图抓住教科书或报道的整体意义的阅读方式，采用这种方式的学生的学习效果普遍比较好。

这样的差异，在后来作为基于不同的学习意图而产生的学习方式上的差异广为传播（Entwistle et al.，2010）。也就是说，"深度学习方式"指的是追求意义的学习；"表层学习方式"是着眼于个别的用语及事实，学生并没有完全投入课题中，只是停留于完成课题这样表层的目的的学习。因此，它们有时也会被简称为"深度学习"和"表层学习"。其各自的特征如

表 1-1 所示。

表 1-1 深度学习方式和表层学习方式的特征

类型	特征
深度学习方式	与既有知识或经验相关联
	探寻相通的模式或基本原理
	确认依据，并将它与结论相关联
	全面且批判性地检验逻辑与观点
	在学习的过程中意识到理解的加深
	对教学内容变得更感兴趣
表层学习方式	把教学内容看作不相关的知识碎片
	死记硬背知识，生搬硬套做法
	难以理解新观点
	感受不到教学内容与课题的价值或意义
	不考虑学习目的或学习策略
	因学习产生过度的压力及担心

注：本表出自参考文献 [7]。

比格斯和唐（Biggs & Tang, 2011）把学习的深度方式与表层方式的特征，用表述学习活动的"动词"进行了总结，如表 1-2 所示。深度学习方式以运用高阶认知机能来处理问题为特征，包括对学习课题的"反思""应用：解决长远问题""假设""联系原理"等。与此相对的，表层学习方式是以反复的非反思式的记忆方法、形式性的问题解决为特征，包括"记忆""识别，命名""理解文章""释义""描述"等。从表 1-2 中可以看出，深度学习方式并没有回避使用表层学习方式中的动词，而是使用了表中所有与学习活动相关的动词。所以，我们可以看到，即使是深度学习方式，还是会要求学生根据学习情境进行"记忆""理解文章""释义"等学习活动。因此，可以说表层学习方式的不足，在于欠缺"反思"应用：解决长远问题""假设""联系原理"等运用高阶认知机能来处理问题的学习活动。

表 1-2　从表述学习活动的"动词"角度看深度学习方式与表层学习方式的特征

学习活动	深度学习方式	表层学习方式
反思 应用：解决长远问题 假设 联系原理 应用：解决当前问题 解释 论述 关联 理解主要观点 描述 释义 理解文章 识别，命名 记忆	↕	↕

1.3.2　不是学习风格，而是学习方式

比格斯（Biggs, 2003）指出，深度学习方式和表层学习方式都依赖于教学环境，并提醒我们不能将其与学生个人的学习风格（Pask, 1976）混为一谈。确实，学生会有采用深度或表层学习方式的倾向及喜好，也就是所谓的学习风格，可是在课堂教学实践中，创建鼓励学生采用深度学习方式的教学环境很重要。但在教学中，这个学生是深度风格，所以是被允许的；那个学生是表层风格，所以要被禁止，诸如此类的标签化做法是没有意义的。教学环境如果仅仅要求采用表层学习方式，即传统的讲授型教学，那么即使是具有深度方式的学习风格的学生，也不得不采用表层学习方式；如果是策略型的主动学习型教学，那么即使是具有表层方式的学习风格的学生，也不得不采用深度学习方式。

让我们以学习方式的观点来回顾一下表 1-2，其中包含了许多如果教师不用心进行教学设计，学生就不会自发开展的学习活动。例如，"解释"和"论述"是以他人为对象所进行的学习活动，这和仅听教师讲课，在自己脑海中进行的"联系原理"及"关联（已有知识）"等学习活动是完全不同的。在课

堂中，如果不对"解释""论述"等学习活动和时间好好进行设计，那么在课外几乎没有学生会自发进行"解释"和"论述"。类似的还有"应用：解决长远问题""应用：解决当前问题"等学习活动，也需要教师精心设计。

综上所述，阐释学习方式特征的表 1-2，涵盖了传统讲授型教学也能引发的学习活动，以及非周到设计的策略性很强的主动学习型教学所不能引发的多种多样的学习活动。我们仅仅是把深度学习（深度学习方式）这个概念未能完全传达出的深度主动学习的必然性，在这里提了出来。

本章小结

■ 主动学习是"包含了所有形式的能动性学习，尤其是超越了'听课'（单方向的知识传达的学习）这种所谓的'被动学习'。在主动学习中，伴随书写、表述、报告等对学习活动的参与，以及由此产生的认知过程的外化"。

■ 对主动学习的关注，与高等教育的大众化、学生的多样化紧密相关。但是，学习形态以及是否导入主动学习，不仅要从高等教育的大众化、学生的多样化等理由出发，还要看到更积极的层面，也就是"学习范式"推动了"主动学习"的普及。因此，本章对超越传统教授范式的结构 A 的主动学习向积极的、志向于推进学生学习与成长的结构 B 的转换进行了说明。

■ 作为提高主动学习质量的实践动向，本章列举了几个例子：①把握课外学习时间；②逆向设计和评价；③课程开发；④一周多次课；⑤构建适合主动学习的学习环境；⑥翻转课堂。

■ 基于比格斯和唐把学习活动中的深度学习、表层学习方式的特征用"动词"进行表述的理论，表层学习方式的问题在于欠缺了如"反思""应用：解决长远问题""假设""联系原理"等动词所表述的运用高阶认知机能来处理问题的学习活动。这些动词所表述的学习活动中，包含只有进行了周到设计的策略性强的主动学习型课堂教学才能充分引发的学习活动。由此我们可以理解深度学习（深度学习方式）这一概念未能完全传达出的"深度主动学习"的必然性。

参考文献

① Albanese, M. A., & Mitchell, S. (1993). Problem-based learning: A review of literature on its outcomes and implementation issues. *Academic Medicine*, 68 (1), 52-81.

② Barr, R. B., & Tagg, J. (1995). From teaching to learning: A new paradigm for undergraduate education. *Change*, 27 (6), 12-25.

③ Barrows, H. S., & Tanblyn, R. M. (1980). *Problem-based learning: An approach to medical education*. New York: Springer.

④ Biggs, J. (2003). *Teaching for quality learning at university*. (2nd ed.). The Society for Research into Higher Education & Open University Press.

⑤ Biggs, J., & Tang, C. (2011). *Teaching for quality learning at university*. (4th ed.). Berkshire: The Society for Research into Higher Education & Open University Press.

⑥ Bonwell, C. C., & Eison, J. A. (1991). *Active learning: Creating excitement in the classroom*. ASHE-ERIC Higher Education Report No.1.

⑦ Entwistle, N., McCune V., & Walker, P. (2010). Conceptions, styles, and approaches within higher education: Analytic abstractions and everyday experience. In R. J. Sternberg, & L. F. Zhang (Eds.), *Perspectives on thinking, learning, and cognitive styles* (p.103-136). New York: Routledge.

⑧ Fink, L. D. (2003). *Creating significant learning experiences: An integrated approach to designing college courses*. San Francisco, CA: Jossey-Bass.

⑨ 林一雅（2011）「世界のアクティブラーニングと東京大学 KALS の取り組み」河合塾（編）『アクティブラーニングでなぜ学生が成長するのか－経済系・工学系の全国大学調査からみえてきたこと－』（p.231-250）東信堂 .

⑩ 楠見孝（編）（2010）『思考と言語（現代の認知心理学 3）』北大路書房 .

⑪ Lage, M. J., Platt, G. J., & Treglia, M. (2000). Inverting the classroom: A gateway to creating an inclusive learning environment. *Journal of Economic Education*, 31 (1), 30-43.

⑫ Marton, F., & Säljö, R. (1976). On qualitative differences in learning I: Outcome and process. *British Journal of Educational Psychology*, 46, 4-11.

⑬ Mazur, E. (1997). *Peer instruction: A user's manual*. New Jersey: Prentice Hall.

⑭ McMullen, S. (2008). US academic libraries: Today's learning commons model. *Librarian Publications*, Paper 14.

⑮ Meyers, C., & Jones, T. B. (1993). *Promoting active learning: Strategies for the college classroom*. San Francisco, CA: Jossy-Bass.

⑯ 溝上慎一（2008）『自己形成の心理学－他者の森をかけ抜けて自己になる－』世界思想社 .

⑰ Pask, G. (1976). Styles and strategies of learning. *British Journal of Educational Psychology*, 46 (2), 128-148.

⑱ Prince, M. (2004). Does active learning work?: A review of the research. *Journal of Engineering Education*, 93 (3), 223-231.

⑲ 重田勝介（2014）「反転授業－ ICT による教育改革の進展－」『情報管理』56 巻 10 号，

677-684.

⑳ Somerville, M. M., & Harlan, S. (2008). From information commons to learning commons and learning spaces: An evolutionary context. In B. Schader (Ed.), *Learning commons: Evolution and collaborative essentials* (p.1-36). Oxford: Chandos Publishing.

㉑ Tagg, J. (2003). *The learning paradigm college*. Bolton, MA: Anker.

㉒ Wiggins, G., & McTighe, J. (2005). *Understanding by design*. (Expanded 2nd ed.). Upper Saddle River, NJ: Pearson Merrill Prentice Hall.

㉓ 安永悟（2006）『実践・LTD 話し合い学習法』ナカニシヤ出版.

㉔ 安永悟（2012）『活動性を高める授業づくり－協同学習のすすめ－』医学書院.

【专栏】翻转课堂——与知识理解相联系的促进主动学习的课堂教学框架

作者：森朋子

所谓"翻转课堂"

20 世纪后期诞生于美国，之后像野火一样迅速燎原的"翻转课堂"，通过把灌输知识的"讲授"部分电子化（e-learning），来促进学习者进行课前预习，同时在课堂中加入了讨论课题以及拓展学习内容等方式，致力于促进学习者对学习活动的理解及深化。近些年，翻转课程与慕课一起，成了教学改革的关键词。其能够迅速流行起来的一个原因是，通过翻转课堂，许多学习者对知识的理解都能得到深化（Bergmann et al.，2012；Fulton，2012；Khan，2012）。但是，这其中的学习过程及构造并没有被阐明，具体是什么因素引发了这样的效果，还需要今后的实践研究去证明。

主动学习与翻转课堂

翻转课堂，乍一看像是崭新的教育设计，但实际上并非如此。和其他的教育方法一样，教学者在实践中通过不停地试错来对它进行改善。在教育技术学中，它属于在线教育和课堂教学结合的混合型学习。此外，在此之前也有通过阅读作业等视频以外的教材来促进课外学习并间接带动课堂内主动学习的教育方法。事实上，在逐渐呈现出效果的翻转课堂的教学中，大多是以学习者之间互学互教的小组学习的形式开展的，其中呈现的学习者的活动与主动学习中的学习活动是一样的。也就是说，翻转课堂的成果来自主动学习的效果。

与其说翻转课堂是一个已完成的教育设计，不如说它是一个组合了多种活动的大框架。在传统的教学中更多地依赖学习者的主体性的课外学习部分，在翻转课堂的情境下也和课堂教学一样，能极大地反映教师的意图。那么，为了达成这样的教育目标，在课外学习及课堂教学部分，应该涵盖怎样的学习活动呢？笔者认为与此相关的支持活动要从课堂扩展到课外。

主动学习的现状

笔者并不是给最近在大学教育中"火"起来的主动学习泼冷水，正是因为对其效果非常期待，才多多少少对现状产生了一些危机感。在得到一些教师的首肯后，笔者观摩了许多主动学习型课堂教学，发现有很多本应在导入主动学习后就得到解决的问题依然存在，其中最令笔者担忧的是学生间的学习质量的差距。在讲授型教学形式中被诟病的是，认真听讲的学生和不认真听讲的学生之间的学习质量的两极分化。同样，在主动学习型课堂教学中，这样的差距也在扩大，具体来讲就是滥竽充数的学生的出现、小组活动不活跃、思考与活动的分离等。即使是主动学习型课堂教学，也很难让全体学生在理解的基础上产出多种学习经验，这需要教师有较强的教学技能。遗憾的是，即使通过教师发展（Faculty Development，FD）活动，也无法达到与其他教师共享这样的技能的效果。

那么，既能保证教育及学习的质量，同时又不依赖于个人教学技能的有效的主动学习究竟该如何开展呢？翻转课堂也许能给出部分答案。

翻转课堂的种类与实践

现在的翻转课堂大致包含两种含有主动学习的设计，此处先对这两种设计分别进行说明，再介绍 2013 年度岛根大学的两个相关实践实例。

知识习得型

第一种是被称为"知识习得型"的设计，是以听课者完全掌握某教育内容为目标，把在预习中学到的内容放到课堂的主动学习环节中对其进行巩固与发展的方法。这种方法的特点是，如果满足了某些条件，对教师个人技能的依赖性将会降低，比较容易实现推广应用。某些条件指：①通过课前微视频中的"教学"，学生达到"基本理解了"的水平；②通过面授课堂中的小组活动，动摇这种个人认为的"基本理解了"的状态；③使学生在迷茫和困惑中重构"理解"。这种方法在以知识积累为基础的自然科学领域进行了实践，并取得了很好的效果。下面结合实际的例子来看一看。

【示例 1】自然科学领域中基础水理学的教学

生物资源科学院的宗村广昭老师，在与水流有关的力学基础专业课"基础水理学"中采用了翻转课堂的形式。对于总是处于繁忙状态、时间不够用的教师来说，采用这一形式的最大的困难在于课前学习用的视频的制作。他使用了可以向教学幻灯片里一边录音一边添加手写笔记的软件，制作了时长大约为 15 分钟的视频；评价也以学习过程为重，不以最后一次的期末考试成绩为标准，而是计算 3 次小测验的总分。

知识习得型的课堂教学设计如表 1-3 所示。据调查，学生每次课前学习的平均时间大约是 2 小时。90 分钟的课堂教学中，在教师的导引部分结束后，学生会很快进入互助的小组学习部分，该小组学习以小组成员都能理解课前给出的讨论问题为目标。在这个过程中我们会看到，即使是在开始时稍显陌生且拘束的小组中，在课前学习阶段没有完全理解的学生也在努力地和其他成员讨论。而且，有时候能看到那些自认为已经理解的学生，在解答不理解的小组成员的疑问的过程中，突然意识到自己理解错误的场面。例如，有时候会出现以下对话。

学生 A："咦？为什么这里是这样计算的？"

学生 B："嗯，因为例题……"

（两个人一起计算）

学生 A："但是压力是一样的，难道不该是这样算吗？"

学生 B："哦，确实，是你那样算的。"

表 1-3　知识习得型的课堂教学设计

教育活动	学习活动
课前学习 1	观看教学视频
课前学习 2	相关内容的笔记制作
课前学习 3	解答思考题
小组活动（4 人 / 组的合作活动）	思考题解答的持续
	教师的个别确认
	对于思考题的解答及说明 / 讲授

在此过程中，教师和 1 名助教分别在各个小组之间巡视，查看学生的笔记并确认其理解度，同时进行适度指导。教师和助教在回答各小组提问的过程中不时会传来笑声，场面不像是课堂而像是答疑时间。在一节课结束前的最后 10 分钟，由教师以讲授的方式对思考题的答案进行解释。但因为这是在学生经过自己的思考活动之后的讲授，所以能看到学生听讲的样子格外专注。把通过翻转课堂取得的成绩与前一年度在讲授型教学形式下取得的成绩进行比较，可以发现学生的平均分提高了。可以说，是学习时间的确保以及课堂中的合作性活动带动了不擅长力学的学生的成绩的提高。

高阶能力培养型

第二种设计是"高阶能力培养型"。第一种"知识习得型"的目标是使学生在课前学习中学到的内容通过实际课堂的主动学习中的"重复"得到巩固；而"高阶能力培养型"的目标，是灵活使用在课前学习中获得的知识，在课堂中进行发展性活动。这种设计特别适合经常使用讨论课及调查案例分析方法的学科领域，此外也适用于采用主动学习课堂教学方法（如项目式学习）的学科领域。对作为活动基础的知识及共同认识的构建，可以通过视频学习的形式要求学生在课前完成，而教师则把时间和精力集中在课堂中的主动学习的活动部分，这也是该设计的魅力所在——对于以知识为前提的主动学习，其效果很好。但问题在于，这种类型的课堂的教学效果极大地取决于掌控课堂教学的教师的能力。根据教师的能力，前面所列举的主动学习的课题也适用于"高阶能力培养型"的设计。

下面来看看具体的例子吧。

【示例 2】信息领域"人类、计算机、互动"的教学

综合理工学院的平川正人老师在一门名为"人类、计算机、互动"的科目中导入了翻转课堂。该科目要学习构建易于使用的计算机系统的基础知识技能，内容涵盖理论及系统构建的动手操作，跨度很大。他把 15 次的课堂教学分为讲授部分和项目式学习部分，进行了张弛有度的教学设计。在讲授部分，他在以教学幻灯片为主的课前学习资料中配上语音说明，做成视频（时长约为 20 分钟）来指示学生进行课前学习。有的内容还会用到视频网站提供的视频来进行解释说明，同时他每次都会准备简单的小测验来确认学生的理解度。但这些小测验并不直接反映在成绩中，仅是为了促进理解而设置，同时他还将其设置为可以多次重复挑战的形式。一学期中，他总共开展了两次项目式学习，主题分别是"智能手机的'天气 App'企划"及"甄选不自由的界面"。在"天气 App"的学习中，学习活动是按以下流程展开的：①整理用户需求；②归纳用户体验；③以草稿形式总结解决对策（画面界面）；④汇集改进意见，并进行必要修正；⑤在报告中展示完成的作品，学生之间进行相互评价。

高阶能力培养型的课堂教学设计如表 1-4 所示。

表 1-4　高阶能力培养型的课堂教学设计

教育活动	学习活动
课前学习 1	观看教学视频
课前学习 2	小测验
小组活动（4 人 / 组的合作活动）	项目活动
	教师的个别确认
	学生汇报
	学生间的相互评价

重新思考"主动学习"

在当今这个知识社会，学生所需具备的能力及知识的表现方式都发生了很大变化。比起能够正确地运用已有的固定知识，我们需要的是能够顺应时代变化、把自己已有的知识与新信息联系后再重新构建的能力。就算学习得很深入，理解得很透彻，知识一旦固化，还是不能被运用于实际。个人先"基本理解了"，然后通过在与他人的相互作用中的摇摆与踌躇，重新构建自己的"理解了"的状态，这一过程正是在终身学习中适用的普遍学习模式。在大学教育这样一个大的框架中，通过翻转课堂掌握"学习方法的学习"对学生是极其有利的，因为在翻转课堂中，知识的重要性重新受到关注，想必在以后也会越来越被人们重视。而且，这样的学习不仅停留在课堂中，在今后的研修、工作坊、企业教育以及与慕课相关的终身学习等各种各样的学习情境中都会发生。翻转课堂正在向翻转学习转变，并为以知识为前提的主动学习提供新的设计框架。

第2章

学生参与的重要性——理解和促进当代大学课堂里的学生参与[1]

作者：伊丽莎白·巴克利　译者：龚国钦　审校：林杰

　　大约40年前，当我刚开始大学教职生涯的时候，我从未听说过"学生参与"这个词。如果有人告诉我，"学生参与"是一种期待在我的课堂教学里倡导的东西，我一定会非常吃惊。我的大多数同事和我都认为一个大学教师的工作就是讲授，一个大学学生的职责就是听讲、学习和考试。后来，我离开教学一线10年，成了一位管理者。当我在20世纪90年代中期重返课堂的时候，教学形势已经发生了变化，坐在我眼前的学生多半似乎并不想待在那儿。尽管我满腔热情地努力让他们参与到刺激的讨论中来，但是他们瞪着我，表情从十足的冷漠到彻底的敌视，不一而足。后来形势变得更糟糕，开学3周后，接替我之前的职位的院长把我叫进他的办公室。他读着便签簿上来自几个特别不高兴的学生的怨言，我听后目瞪口呆。

　　我曾经热切地期待着回归教学，但如今我感到困惑和羞辱。尽管10年前我还是一位既成功又得人心的教师，但如今很明显那些旧的方法再也不管用了，而我还年轻，离退休还早，如何使学生参与

---

❶ 日语版由松下佳代翻译，本文并非基于日语版，而是基于巴克利的英语论文进行翻译的。——编者注

到教学中成为我最关心的事。

我的体验不是特例。不管是在美国还是在其他国家，我们都常听到大学教师们控诉当前的教学形式真的很棘手。我们中的大多数人之所以选择学术，是因为热爱，学术职业的魅力之一在于有机会与他人分享我们的热爱，以及有可能引领和我们一样热爱那个领域的年轻人进入该领域。因此，朝教室望去，当看见学生们都懒得掩饰他们的厌烦和冷漠的时候，我很是心灰意冷。同样让人苦恼的是，有的学生过分关注成绩，但似乎一点也不关心成绩背后的学习。如果一些学生对学习我们所教学的内容不感兴趣的话，那他们为什么要费事地注册这门课呢？为什么有时候让学生们去思考、去关注、去参与会这么费劲呢？这些以及类似的让人不安的疑惑在如今关于"学生参与"的国际对话中，也成了话题的一部分。

对话的主题不尽相同，主要是因为当今的高等教育具有惊人的多样性。尽管当前的关注似乎集中在有着几百位学生的大课堂中的学生参与，但是在平均人数为12人的课堂里，学生参与也同样是一个挑战。在大学教师中，有一些教师正在寻找挑战学生高阶思维培养的途径，也有一些教师为让学生集中精力发展基本学术技能而煞费苦心，如为了设法让学生出勤而收走他们的手机、拿走他们的耳塞等。一些教师还设法让学生参与传统的面授教学，但是另一些教师却正在尝试让学生参与部分或完全在线的课程。

贯穿这一切的是"参与"，但什么是"学生参与"？答案仁者见仁，智者见智。美国学者波温（Bowen，2005，p.3）在《参与学习：我们是否意见一致》（*Engaged Learning: Are We All on the Same Page*）中指出，尽管人们现在对于参与特别重视，诸如力争创造参与的学习（engaged learning）和参与的学习者（engaged learners）的愿景陈述、战略计划、学习成果、改革运动日程等方面的数字都可以证明这一点，但是"当说到参与，我们确指什么含义，或者为什么它很重要

的时候，仍缺乏一个明确的共识"。本文的目的是构建一个用于理解
学生参与的概念框架，为此，需要先明确这个词语的产生背景，然
后提出一个基于教学的模型来解释其在大学课堂教学背景下的含义。

2.1 什么是学生参与

最早把参与和学习这两个术语连用的学者是美国学者帕斯卡雷拉
（Pascarella）和特朗兹尼（Terenzini）。他们在关于大学对学生的影响的论文
中陈述："或许这里能下的最肯定的结论是最不让人吃惊的。简单来说，学生
参与学术工作或大学的学术体验的程度越高，他（她）的知识习得水平和总
的认知发展就越好。"（Pascarella et al., 1991）10 年之后，对美国高等教育做
出重大贡献的鲁斯·埃杰顿（Russ Edgerton, 2001, p.32）在他富有影响力的
《高等教育白皮书》（*Higher Education White Paper*）中指出了学生"参与课题"
的必要性，并且这些"课题"的研究应由学科专家实施，通过这样的参与，
学生才能真正理解该学科领域的概念。同样在这篇论文中，埃杰顿提出了"参
与教学法"（pedagogies of engagement）："学习'内容'并不能让学生获得他
们在 21 世纪所需的能力和领悟。我们需要新的参与教学法，这种教学法将
培养出美国所需的富有创造力的、积极参与的劳动者和公民"（p.38）。在埃杰
顿和其他人研究的基础上，美国教育学者舒尔曼（Shulman, 2002, p.2）将参
与的基础放置在学习分类学之上："学习始于学生参与……"

在美国，有关学生参与的调查有"全美大学生学习参与度调查"和"社
区学院学生参与度调查"。这些调查将"参与"定义为学生参加有效的教育实
践活动的频率，发生在教室内外的、贯穿学生大学生涯的、多样的活动和交
往的参与形式。"学生参与有两个关键因素"，全美大学生学习参与度调查的
副主任基利安·金泽（Kinzie, 2008）解释道，"第一因素是学生在学习和其他
有助于学习成功的活动中所投入的时间和精力；第二因素是大学为了引导学

生参与学习活动所进行的分配资源、组织学习和提供服务的方式。"

所有这些对于"参与"的定义,从国家和大学层面的总趋势来看是行得通的,但是它们对于奋战在大学教学一线的、每天与学生打交道的大学教师来说并不是很有帮助。所以,让我们进一步来看看,放在大学课堂的情境下,学生参与应由什么组成。

2.2 基于课堂的学生参与模型

许多大学教师会用两种方式来描述学生参与,第一种方式诸如"参与的学生真正关心他们正在学的东西,他们想学习""当学生处于参与的状态时,他们超越了期望并且比被要求的做得更好""在我看来,描述学生参与的词语是激情和兴奋"(Barkley,2009)。

这类描述反映了参与根植于动机的一种观点,"参与(engage)"一词的词源为这种观点提供了线索。"engage"是一个古法语词,意思是以一个人的生命和荣誉起誓,也指诱惑或使一个人完全着迷而成为同盟者。这两个含义都与教师基于动机来看待学生参与的观点相契合:教师想跟学生分享自己对于学科的热爱,让学生发现教师的教学是如此引人入胜,使之心甘情愿地、充满热情且全心全意地投入学习的过程中。

第二种描述学生参与的方式是,"参与的学生努力理解他们正在学习的内容的意义",或者"参与的学生深入手头上的学术任务并且使用高阶思维技能,如分析信息或者解决难题"(Barkley,2009)。

这类教师把参与和主动学习相联系。他们认为学习是一个包括理解和通过已有知识来理解新信息的动态过程。本书多次提到的美国学者邦威和埃森(Bonwell & Eison,1991)简洁地把主动学习定义为"行所思,思所行"。

埃杰顿(Edgerton,2001,p.32)认为:"真正地去理解一个观点……一个学生必须能够将想法付诸实践……学生通过阅读和听讲来了解化学,但是要真正理解化学，学生需要参与化学家实施的课题研究。"他补充道，一些教学方式，如问题式学习（PBL）、协作学习（collaborative learning）和本科生科研（undergraduate research）也属于"参与教学法"，因为这些教学方式都要求学生在研究学科课题的时候主动学习。美国学者波温（Bowen，2005，p.4）指出，像这种评估这些教学法的调查，实际上应成为"参与"的实用性定义。

无论教师首先想到的是学生参与的动机还是主动学习的要素，他们很快就会意识到这两个要素都是必要的。就算教室里坐满热情且学习动机高的学生，但若是从结果上没有引发学习，在教育上就是没有意义的；相反，学生虽然"活跃地"学习了，但如果既不情愿又厌恶的话，那也不是参与学习。因此，学生参与是动机和主动学习的共同产物：它不是二者简单地相加，因为如果任何一个要素缺失，它都不会出现；它不是产生于一个要素，而是得益于动机和主动学习的相互作用（见图2-1）。

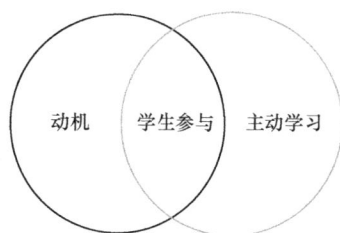

图 2-1　维恩学生参与模型

尽管动机和主动学习二者的结合能够促进学生参与，但一些教师想要更进一步：他们希望学生能够真正地被教育体验所转化。从定义上来说，虽然任何学习都能够导致某种程度的改变，但是"转化型学习"（transformative learning）是深入的和彻底的改变。美国学者克兰顿（Cranton，2006）把"转化型学习"定义为"先前未经批判而趋同的假设、信念、价值观和视角被质疑，并因此变得更开放、更能够融入和更合理的过程"（p.6）。它要求学习者"仔细地分析有问题的参考框架，让它们更包容、更有辨识力、更开放，更能发人深思和能够改变"，而且转化型学习能够"由单个事件引发……或者它能够随着时间的推移逐渐地、累加地发生"（p.36）。

转化型学习发生在学生受到强烈挑战的时候，产生出美国心理学家佩里（Perry，1998）所描述的智力和道德发展的上层水平的那种成长。在佩里的观察中，大多数大一新生入学时是二元论者，他们相信有清晰、客观、正确或错误的答案。大学教育的目标之一就是当学生在学习处理不确定性和相对主义时，帮助他们超越二元论思维从而进入更复杂的阶段。随着体验不断挑战他们的思考，学生开始明白真理是有情境的和相对的，没有唯一的正确答案，"每个人都有坚持己见的权利"。最终，他们认识到一个问题的答案可能有许多个，但并不是所有的答案都是相同的，并且特定的标准，如经验证据和逻辑一致性，可以帮助他们评估知识的有用性和有效性。在佩里提出的模型的第四阶段，也是最后阶段，学生开始认识到他们必须做出个人的选择，这些选择既需要客观的分析，又涉及个人的价值观。

当学生的思考成熟到这种精细的水平，才算完成了真正的转化。有趣的是，波温观察到学生常会抵抗教师推动转化型学习的尝试，因为它"必然会威胁学生当前的身份认同（identity）和世界观"。他引用了一项对精英文理学院学生的研究，该研究表明，学生中的大多数除非觉得已经为自己坚定认同的观点做好辩护准备，否则并不想参加讨论。一些教师认为转化型学习是参与学习的一个要素，但与其说它是必要元素，不如说是持续参与的结果，或者说是已经达到较高的人性强度（higher level of personal intensity）的参与的结果。

动机和主动学习协同作用，当二者交互作用时，它们将大大有助于提高参与度。从这个角度，用维恩图呈现显得各自影响有限，倒不如用双螺旋结构来表示更为贴切。在此结构中，动机和主动学习协同作用、紧密联系，创造出一个超过个体效果相加之和的、流动的、动态的效应（见图 2-2）。

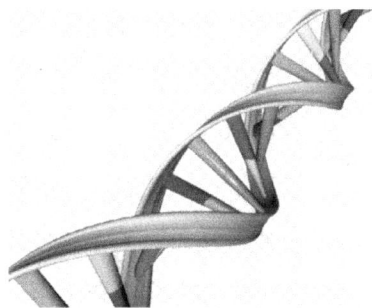

图 2-2　学生参与的双螺旋结构

像这样，参与发生在一个连续体中：它始于动机和主动学习的交叉处，但二者协同作用、联系紧密。在连续体的远端是充满变化的巅峰体验，这种体验是教育中宝贵的里程碑。尽管这些体验富有吸引力和感染力，但它们是不可持续的，会令人精疲力竭。作为大学教师，我们可以尽力提高深度参与的体验，减少漠不关心的情况，并且使用多种方式来调整教学方法以提高学习参与度。

在大学课堂的情境下，笔者提出如下定义：学生参与是一个过程，也是一个基于连续体的、源于动机和主动学习协同作用的体验和产物。理解关于动机和主动学习的研究和理论中提出的基本原则，能为如何促进学生参与提供见解。因此，让我们从双螺旋结构中的第一个要素开始我们的探索——动机。

2.3 │ 参与和动机

密歇根大学的杰里·布罗菲（Jere Brophy，2004，p.4）把课堂里的动机定义为热情的程度以及学生参与学习时的专注和努力的程度。首先与大家分享一下笔者个人激励学生的最初尝试——"好学生奖励（good student bonus）"。在学期一开始，笔者给学生这种奖励，并且列出他们为了保住奖励必须做出的行为。

① 对自己的学习负责。你进入大学的一个主要原因是你想受到好的教育。教师不能逼你学，你必须自己决定要学。

② 在向教师提问之前，看看大纲（syllabus）中是否已经回答了你的问题。

③ 管理好自己的时间，不要申请延期。

④ 仔细阅读作业要求，使用打分量规（grading rubrics）指导自己安排作业，然后尽力完成。这样你不仅学得多，而且会取得更好的成绩。

⑤ 不要讨要你的评分。

这种奖励方式用于奖赏笔者的大多数学生，他们是按照这些要求行动的"好学生"。当一个学生违背这些行为中的某一个——例如，询问大纲上已有清晰信息的问题时，笔者会回应说："我能为你回答这个问题，但是答案就在大纲中，你会因此丢掉好学生奖励。你还想让我回答你的问题吗？"笔者甚至发明了惩罚项目来减少笔者不喜欢的行为。例如，对于看起来是仓促完成的作业，笔者发明了一个"不努力惩罚"。这种惩罚项目包括如下说明：无视基本指示；作业的完成度没有达到大学水平；上交的作业中有许多语法和拼写错误等，这既是浪费教师的时间，也是浪费你的时间，你会受到扣除200点的惩罚。

笔者在教学中以奖励点值和惩罚点值的方式建立了奖惩体系，以此来激励学生努力和防止学生懒惰。笔者的奖惩策略根植于动机的行为主义模型，这种行为主义模型认为教师可以通过强化期待的学习行为来使受激励的学生得到成长。这些期望的学习行为带来了出色的学业表现（课堂专注、作业认真、讨论积极且富有见地），因而教师应鼓励学生继续强化这些行为。即使有的学生不能立即做到，但是如果正确的行为得到强化，并且通过非强化或者在必要时通过惩罚和压制来消除不正确的行为，他们也会逐渐得到提高。

许多教师跟笔者一样，发现直接激励学生参与学习的最简单方式是使用奖励策略。例如，笔者刚刚描述的奖励或者较高的分数、表扬、免除作业之类的激励（如分数达到 x 就不需要参加期末考试）、成就认可（"最好的3个项目是由学生 x、y、z 完成的"）等。这种策略的问题在于，它会导致学生仅关注获得奖励或如何逃避惩罚，从而丧失对学习本身的关注。美国学者科恩（Kohn，1999）在其颇有影响力的著作《奖励的恶果》中对此进行了批判。他认为，这些手段就像在"贿赂"学生，并把学生的关注从学习任务本身转移到完成学习任务这件事情上来。他借鉴相关研究成果后指出，如果你奖励人们去做他们本来就打算做的事情，你可能会降低他们的内部动机和表现质量，因为这会导致他们想尽办法花费最少的努力来为自己赢得最多的奖励。举个典型的例子，学生会为了维持高 GPA，挑选容易得 A 的科目而不是更有挑战性的科目。总之，尽管提供外部奖励的策略是提高动机的"快捷方式"，但是它们也许会阻碍教师帮助学生提高内部动机并真正参与学习。

20 世纪 60 年代，动机的认知模型开始取代行为主义模型，强调学习者的主观体验。认知模型认为强化仍然重要，但是强化的效果需要以学习者的认知为媒介。在众多认知模型中，需求模型首先得到了发展。这类模型，如马斯洛的需求层次理论，提出行为是对感受到的需求的回应，基本的生理需求

（如睡眠）必须先于高层次需求（如归属感）得到满足。放到课堂教学的情境中，这意味着在学生能够集中于大学水平的学习之前，其低层次的需求首先要得到满足。换句话说，学生如果因奔波于课堂之间而饥肠辘辘，因打工到深夜或者为考试熬夜而疲惫不堪，就会由于基本需求得不到满足而分心，自然不能专注于学业。另外举一个例子，在讨论中，学生如果担心会有同伴反对或者会被教授批评，那么对基本的安全感的欠缺会导致其打消参加讨论的念头，或是不说出自己的真实想法和感受。

行为主义者和需求理论都把动机描述为对压力的反应，它要么来自外部的奖励，要么来自内部的需求。理论家们逐渐开始承认人类不总是被推着向前或者被拉着向后的，而是有时候在行为上更加主动，这就催生了目标模型。目标理论认为学生是受目标激励的，体现为表现目标（保存自我认知或者有能力的个体的公共声誉）、学习目标（无论教师教得如何，学生都努力学习）或学业逃避目标（拒绝挑战难题，仅关注怎样让完成作业的时间和付出的努力最少）。目标理论和其他动机研究者做了大量关于情境特点的研究，这些研究揭示了学生趋向于在不同的成就情境中采纳不同的目标激励。

为了把目标理论运用到大学课堂，教师可能需要做如下努力：① 构建带有支持关系及合作性的学习体制，这种体制鼓励学生采纳学习目标而不是表现目标；② 减小使学生倾向于采纳表现目标或学业逃避目标的压力。当课堂里具备这些条件的时候，"学生能够把他们的精力聚焦到学习上，而不会因恐惧尴尬或失败而分心，不会因憎恶他们认为无目的或不合适的任务而分心"（Brophy，2004，p.9）。20 世纪 80 年代，内部动机理论与需求模型和目标模型的因素联系了起来。如自我决定理论（Deci et al.，1985，2002）认为，有时候我们参与一项行为只是因为我们想要这样做。促进内部动机的设置应满足 3 个内在需要：自主性（自主决定做什么和怎么做）、胜任力（开发和锻炼用于掌控环境的技能）和关联性（通过社会关系与他人建立连接）。如果课堂教学同时满足这 3 个需求，那么学生就容易受到内部激励。

当今关于动机的理论把需求模型和目标模型的因素联系起来，强调个体内部因素的重要性。美国教育心理学者布罗菲（Brophy, 2004）和科罗斯（Cross, 2001）认为，大量研究者的已有发现可以归纳到"期望 × 价值模型"中。该模型认为，人们愿意在一项任务上付出的努力取决于人们对能够成功执行该任务的期待程度（期望），以及参与完成任务过程中的成功机会（价值）的评估。正如参与模型是主动学习与动机相互作用的产物，而不是二者单纯地相加。动机也是期望与价值相互作用的产物。如果两个因素（期望或价值）中的任何一个缺失，人们都将不愿意付出努力。同样，如果知道自己能够成功完成某项任务，但如果不认同，认为没有价值，人们便不会付出努力。又或者，如果人们认为无论自己如何努力都不能成功，那么即使任务很有价值，他们也不愿意付出努力。总之，学生的动机受到两个因素的影响：他们认为什么重要（价值），以及是否能够完成（期望）。我们首先来探讨价值的构成。

2.3.1　价值

在教学中，价值包括两个方面：产物（我们想让学生学习什么）和过程（我们怎样设计学生学习的任务和方式）。在参与学习的理想条件下，学生既重视产物又重视过程。不幸的是，许多学生认为产物和过程都没有价值。例如，在笔者主持的调查中，大多数学生说他们之所以选这门课并不是因为他们感兴趣，而是因为这门课是毕业必须达到的一个要求。

美国心理学者切克森米哈赖（Csikszentmihalyi, 1993, 1997）关于"心流"的概念描述了深层的内部动机。该动机发生在自身高度重视自身所做的活动的时候，听起来非常像深度参与。切克森米哈赖提出，当我们体验的心流、行动和意识融合的时候，我们完全沉浸于手上的任务，无关的刺激从意识中消失，担心和忧虑暂时被搁置，我们忘记了时间，事实上，时间似乎过得更快了。这时，活动变得自成目标——本身就值得做。美国心理学家乌尔德科夫斯基（Wlodkowski, 2008, p.267-268）指出，帮助学生成功获得心流的感觉的可能性比许多教师认为的大得多，他认为以下特征便是促进因素：①清晰和相互兼容的目标，让学习者对困难的任务能集中精力；②随着活动的展开，给予及时的、持续的、相关的反馈，让学生清楚自己做得如何；③挑战的课题既能使学生获得知识技能，也能拓展其当前的能力。布罗菲（Brophy，2004，p.11）认为，尽管一些人似乎具有心流人格，他们寻求挑战并且在拓展自身极限的过程中获得了极大快乐，但是另一些人则很少体验心流，因为他们害怕失败、逃避挑战。因此，提高学生动机的核心策略是帮助他们认识到他们所学习的东西的价值。所以，在开始继续阅读本章之前，请暂停一下并思考：你或指导你的教师做了什么来帮助学生认识他们当下学习的价值？

2.3.2　期望

当代关于动机的理论提出除了价值，还需要高期望。所谓期望，简单而言就是指自己将会成功的信念。期望是复杂的，至少基于 3 个因素：过去的体验、自信和对任务难度的认知。美国伯克利大学的心理学者马丁·科温顿（Martin Convington）发现了 4 个关于学生期望的典型类型。

1. 成功导向型

这些学生是严肃的学习者，他们想要表现优异，并且通常也的确如此。他们倾向于参与并且在有挑战的任务中实现自我满足，因为他们习惯于成功，所以即使偶尔失败，也能够保持对自我价值的正确认知。

2. 过度努力型

这些学生也非常成功，并且愿意承担有挑战的任务，但因为他们过去有过一些不成功的体验，所以他们对自己的能力不是完全自信。他们通常会担心自己的成绩和表现，忧心新的学习任务可能会暴露自己较低的能力水平。他们或通过付出大量的努力来弥补，以确保能够成功，或对成绩判定表示不服，总是要求上调成绩。

3. 避免失败型

类似于过度努力型，避免失败型学生也在承受焦虑，但是因为他们在学校经常处于挣扎中（他们或许有学习障碍，或者是运动知觉学习者，在努力适应支持听觉—视觉学习者的系统），所以如果在一个特定的学习活动中失败，他们会苛责自己缺少取得成功的能力。为了维持自我价值感（sense of self-worth），他们会拒绝挑战性过高的任务，并且在学习中通常需要非常清楚的指导和期望。

4. 接受失败型

这类学生已经习惯于学业上的失败，并且感到无力，他们对学习任务的反应是冷淡甚至是敌对的。这类学生就是危机群体的学生，因为很难激发他们的动机，所以他们已经很长时间不参与学习的过程了。

回想一下你做学生的体验——你会怎样描述自己？

期望是复杂的。例如，它是取决于人的自尊呢，还是依据情境呢？我们都知道，有的学生对于自己学习某一个学科领域的能力有信心，但是换成另一个学科则不然。那么这是情境吗？如果是，它又包含哪些因素呢？再如，尽管一个学生对他学习数学的能力信心不足，但是当他遇到的教学方式是支持性的或者遇到与他的学习风格一致的教师时，可能会变得比较自信。在笔者自己的课上，远在笔者明白理论之前，笔者就已经开发了一个现在可以将其归于期望理论的策略。笔者会在学期开始之前给学生发送一封邮件，内容如下："谢谢你选修我的课，很高兴在课上见到你。过去一些年，成千上万的学生选修了这门课并且都成功通过，我有充分的理由相信你同样会取得成功。"与之相对的是，一些教授喜欢宣扬他们的课很难而只有少数人能够通过。这种做法可能对"成功导向型"的学生有效，但是很可能让一个"过度努力型"的学生感到害怕，或者使得"避免失败型""接受失败型"的学生的内心充满不安和绝望。所以，在继续阅读这一章之前，请暂停一下并思考：你或指导你的教师做了什么来帮助学生产生他们只要努力就会成功的期望？

2.3.3 价值与期望的交互作用

期望与价值二者中的任一因素都能帮助我们激发学生的学习动机，但是二者交互作用会更加有用——在理解和设计对危机群体学生的干预时尤其有用。例如，二者存在如下的交互作用。

1. 低价值 / 低期望

如果一个学生不期望成功也不重视任务，那他就很可能拒绝任务。即使进行尝试，但如果缺少认为自己能够成功的理由或缺少付出努力就能完成任务的自信，他也只会变得被动或者感到疏离。

2. 低价值 / 高期望

在对成功的期望很高但是对任务的价值认同很低的时候，学生会倾向于逃避。例如，学生相信自己能够完成任务，但是不知道这么做的理由是什么。于是，相较于执行学习任务，其更多的行动可能是空想、跟其他同学谈论与课程内容无关的话题，或者关心个人的生活，等等。

3. 高价值 / 低期望

当学生认识到任务的价值但是不知道该做什么、该怎么做，觉得自己没有能力完成的时候，就会"混"。他们会找借口，会否认困难，假装理解，或者采取其他行为来维护自尊，而不是去学习与任务有关的知识和技能。

4. 高价值 / 高期望

当学生既重视任务又相信自己付出相应的努力就能做到时，参与就发生了。很多情况下，我们可以通过以下两种方式来激发学生的学习动机：一种是提高学习对学生而言的价值，另一种是帮助学生对自己的胜任力保持积极期望。

动机是参与之门，理解动机的复杂性能够指导我们创设提高学生学习期望的条件。这意味着意识到动机是内在的和个人的，这一点是很重要的——我们做不到"激励学生"，但是我们可以创设一个能激励大部分学生的情境。笔者在课堂参与模型中提出，参与是通过动机和主动学习二者的协同交互作用而产生的，所以下面让我们把关注点转向课堂参与模型的另一个部分——主动学习。

2.4 参与和主动学习

尽管"教"和"学"通常连在一起使用，但是作为教的人——我们知道学生并不总是在学的。当笔者在教学生涯早期抱怨这个现象的时候，一个经验丰富的同事责备我："你这样说'教学生，学生就是不学'，就好比说'我卖车，但人们就是不买'。"如果说帮助学生学习是教师的首要目标，那么教师怎样才能更好地达成这个目标呢？最简单的回答可能是创造一些能够促进主动学习的条件。人们在将主动学习付诸实践前进行了超过半个世纪的研究，这些研究显示，如果要真正地学习，那么需要把想法、概念抑或问题的解决办法融入个人的知识和体验中，使其真正成为自己的一部分。

2.4.1 主动学习中的实际认知处理

主动学习已经成为各种教学方法的概括性术语，包括诸如合作学习、问题式学习、服务性学习和本科生科研等。主动学习容易与身体活动混淆。例如有这样的误解，即仅把一个班级分成多个小组，让更多的学生有机会参与教学就会产生更好的学习效果。再如，认识到合作学习教学法比其他教学法更有可能激励学生，就简单地得出结论——学生相互交谈就是在学习，而这并不可靠。又如，认为一些学生在听其他学生谈话的时候就是在学习，这样的判断同样是危险的。主动学习意味着大脑的积极参与，通常学生独立学习的时候，主动学习就会发生；甚至当他们坐着听课时，如果他们思考、加工，把新信息和已有的知识进行联系，主动学习也会发生。就像动机一样，潜藏在主动学习背后的实际认知处理过程中的工作量是庞大的，限于篇幅，在这里不便深入探讨。因此，这里只强调几个可能会有帮助的点。

1. 神经科学

神经科学家做出的惊人发现能帮助我们理解自身在学习时大脑内部发生了什么。为了更好地理解主动学习是如何发生的，了解基本的神经科学知识会很有帮助。有一些关于大脑运作的书既面向教育家，也面向普通读者，接下来就这些书（Wlodkowski，2008；Sousa，2006；Ratey，2002；Diamond et al.，1998）以及巴克利和科罗斯多次提到的信息进行概括性介绍。

大脑是由神经元组成的。神经元是一种细胞，一开始是圆形的细胞体，但之后每个细胞体生长出多达 100 000 个树突和 1 个轴突。神经元像小电池一样起作用，从树突处接受信息，以信号的形式把信息发送给轴突。在轴突处，一种被称为神经递质的化学物质产生冲动，穿过神经突触，被另一个神经元的树突接收。当神经递质进入相邻神经元的树突时，它会激起一系列的电化学反应，这些电化学反应使得受体的神经元也通过它的轴突产生冲动。这个过程和反应按序列持续进行着，直到各神经元互相连接并共生冲动。

在我们生命的每一个瞬间，成千上万这样的冲动创造出生活中的事件，神经元在数小时甚至数天内都处于一种准备状态。一方面，如果这种模式不被再次激活，神经网络就会退化，感知就会丢失。这样，我们的大脑才不会因无用的信息而杂乱。另一方面，如果该模式在这种待命阶段不断重复发生，并且相关的神经元网络一起产生冲动的话，那么这个连接网络就会变得更加固定。每一个神经元和它的成千上万的相邻神经元相互交织，形成一个极为复杂的相互连接的缠结，包括大约 1000 亿次不断变化的连接。通过重复，一些连接得以加强，我们就实现了"学习"；而当连接很少或者从不使用时就会被清除，我们就会"遗忘"。

因而，树突就是神经元获取信息（学）的主要途径，轴突就是神经元发出信息（教）的主要途径。我们知道和理解的一切会被我们大脑中的神经元网络保存。当成年人学习的时候，他们会建立或修正之前的学习和体验所创建的网络。如果新信息与旧信息很容易相融，那就是同化；如果新信息充分地挑战已知信息，那么现存的结构需要被修改，那就是顺应（Svinicki，2004b，p.11）。个人所拥有的能悬挂或者附着新信息的树突越多，学习和记住新信息就越容易；个体所拥有的基本神经元网络的数目越多，形成更加复杂的网络就越容易。因此，从神经科学的角度来看，学习是神经元和现存神经网络发生的长期而持久的变化。当我们倡导主动学习的时候，其实是在帮助学生培植树突，以激活和建设现存的神经网络。

2. 认知心理学

神经科学的发现与认知心理学家设想的大脑的工作模型并行不悖。认知心理学家假定了一个大脑结构，并称其为图式（schema，复数为 schemata）。"图式就是一个包含事实、观点和联系，并组织成一个有意义的关系系统的认知结构。人类有诸如事件、地点、过程和人物的图式。一个人对于一个地方的图式，如大学，可能会包含这些概念：地点、声望、学生群体特点、校园建筑的风格，甚至校园停车点的位置。因此，图式就是碎片化信息的系统的集合体，这些信息一起构建了个人关于大学的概念。当有人提到大学，我们'知道'那意味着什么，但是每个人大脑中浮现的图像可能因人而异。"（Cross，1999，p.8）在大学教过书或者上过大学的人的大脑中会有关于大学的"丰富"图式（如课堂、教室、教授等），这与仅听说过大学的人的相对单一的图式形成鲜明对比。当把一所大学与另一所名字相似的大学，或者与之同名的大学混淆在一起时，弄错或误解的可能性就会增大。

有关新手和专家学习差异的研究揭示了一个发展良好的图式的价值。专家（无关领域）能很快以可用的形式掌握新信息，因为新信息能与其现存知识建立联结。相比之下，新手的学习是吃力而缓慢的，不是因为新手没有专家聪明，而是因为新信息与已存在的图式之间的联系是松散的。没有"钩子"来悬挂新信息，大脑就无法组织它（Cross，1999，p.8；de Groot，1966）。新的事件经过感知过滤后进入图式，在与已有结构联结并被体系化的过程中产生意义，因此，各个图示在不停地改变和成长。像这样，新信息只有在与学习者大脑中的已有信息联结起来的时候，才会产生学习意义，产生表征我们理解的神经网络的变化。

2.4.2 主动学习中的迁移

当为理解新事物而激活之前的学习时，大脑会从过去的学习中搜寻所有与新学习类似的或者有关的旧知识。如果有过学习体验，相应的神经网络或者图式就会被激活，强化已有的信息，同时协助诠释并给新信息赋予意义。美国心理学者斯维尼奇（Svinicki，2004，p.99）认为在文献中讨论的多种类型的迁移中，有两类最有指导意义。第一类是正迁移相对于负迁移。如果联结是准确的，正迁移的搜寻结果就能帮助学习者理解和诠释新的知识。反之，如果一些联结不准确，其结果就是负迁移，就会产生混淆和错误。例如，当给以英语为母语的人教授拉丁系语言的时候，教师会频繁地遇到正迁移（例如，muncho 在西班牙语中听起来像英语中的 much）和负迁移（librairie 在法语中听起来像英语的 library，但实际含义是书店）（Sousa，2006，p.138-139）。

第二类迁移是近迁移与远迁移。这种区别与任务的类型有关：近迁移任务是那些看起来很相似并且遵循同样回应规则的任务，而远迁移任务尽管会运用同样的规则，但是会被迁移到一个不同的情境中。"远迁移"要求学习者有更多的思考。斯维尼奇（Svinicki，p.100-101）列举了一个驾驶自动挡轿车的例子：如果你已经驾驶过一辆，那么你可以轻松地驾驶另外任何一辆，因为方向盘、换挡、挡风刮水器和方向灯都是看起来相似并且在同样的位置的。另一方面，如果你换了一辆完全不同的轿车（如敞篷或手动挡的跑车），那么你平常的驾驶反应不能立刻被激活，你不得不停下来弄清楚这些操作位置都在哪儿。规则是一样的，但是车看起来不同——在不同的自动挡轿车之间变动是近迁移任务，而从自动挡轿车转向手动挡跑车变动是远迁移任务。

影响迁移质量的因素还有许多，例如相似与差异、关联以及初始学习的情境和程度。

1. 相似与差异

先前遇到的情境与新情境的相似程度会影响迁移质量。有趣的是，大脑似乎通常会将包含相似的特点或关联的新信息存入网络，却通过识别新信息与网络中其他单元的不同来掘取信息。例如，我们把认识的人的外观储存在人类相貌（如躯干、头、两只手臂、两条腿）的网络之中，但是如果我们试图寻找人群中认识的一个人，我们就会寻找他们与人群中其他人相区别的特点（如面部特征、身高、声音等）。很明显，当相似到几乎没有差别的时候，区别二者就会变得更加困难（Sousa，p.143）。因此，当概念、原则、数据或该信息的标签相似时，负迁移的可能性就会变高。例如在音乐中，"全音"和"全音符"听起来很相似，但是这两个术语代表着完全不同的概念（全音是两个音高之间的特定距离，而全音符是单音高的节奏持续时间）。

2. 关联

一起学习两个术语以致二者结合或者产生关联也会影响迁移质量。当一个术语被回想起来时，另一个也会被自动记起。当我们听见或者读到"罗密欧"时，我们会下意识地加上"与朱丽叶"；当我们想到商标，例如金拱门（麦当劳）或者缺了一块的苹果标志时，我们会立刻想起与之相关的产品（Sousa，2006，p.145）。因为我们知道和理解的一切都是以相关联的网络形式保存的，所以我们做出的关联越多，我们附着新信息的潜在位置的数量就越多，学习和保存某个信息就越容易。简单来说，学习和保存的信息越多，学习和保存的能力就越强。

3. 初始学习的情境与程度

情绪常常比认知先控制我们的注意力，因此情感关联对迁移质量有特别大的影响，诸如折磨和恐怖等字眼经常能唤起人们强烈的情感反应。数学焦虑（一些学生在演算或者解决数学问题时产生的恐惧和紧张）就是负面情绪与学习内容相关联的例子。有数学焦虑的学生会努力避免接触数学，为的是使自己从与之相关的负面情绪中抽离出来。与此相对，人们会在爱好上花费数小时，因为他们能够从这些活动中获得快乐和满足（Sousa，p.145）。

初始学习的质量也会强烈影响新学习的迁移质量，这并不奇怪。如果初始学习全面、深入并且准确，那它将会比浅层的初始学习有更强的建构作用。在大学里，教师无法控制学生在 K12（从幼儿园到高中）阶段的学习，只能控制学生在大学（尤其是院系／学位层面）的学习，所以教师应该格外用心地帮助学生将积极情绪与新学习联结起来，并确保教好基础知识，因为学生从这些课中学到的一切都会成为进一步迁移的基础。

2.4.3 主动学习中的记忆

一旦学生学习某些东西，教师就想让他们记住。当前有几个不同的描述记忆的模型，但其中一种基本和广为接受的模型是把记忆分成两个主要类型——短时记忆与长时记忆。

1. 短时记忆与长时记忆

短时记忆能够从一个瞬间持续到下一个瞬间，保存我们当时处理的信息，允许我们每天执行成百上千个任务，但是完成之后我们就会遗忘这些信息，这样我们的大脑才有空间关注其他事情。短时记忆是大脑处理新信息的地方，它决定是否以及在哪里永久储存信息。短时记忆得到短暂神经网络的支持，起暂时储存的作用，而长时记忆则能保存更长时间——几天、几十年，甚至终身。它在结构上不同于短时记忆，由分布在整个大脑的神经元连接创造出永久的细胞变化，从而维持长期记忆。教师总想让学生长期记住重要的新知识，那么短时记忆是怎么成为长时记忆的呢？研究表明，这种过渡发生在一段特殊的时间：神经元合成"长时程增强"（Long-Term Potentiation，LTP）必需蛋白质所需的时间。初始刺激引起两个神经元的突触之间发生传导，进一步的刺激引起细胞产生关键的蛋白质，这些关键的蛋白质与突触结合，以此固定记忆的位置。如果想要记忆某些东西超过若干小时，这些蛋白质就需要与特定的突触结合并且切实改变细胞结构。

2. 理解和意义对于长时记忆的重要性

决定短时记忆是否能够保存为长时记忆的标准是复杂的。有关生存的信息或者有强烈情感要素的信息被永久储存的可能性很高。在课堂里，如果这两个要素极小或者缺失，那么其他因素就会起作用。 个重要因素是信息是否"可以理解"——它是否与学生已知的世界运转方式相吻合。当学生说他们不理解的时候，这意味着他们无法给正在学习的东西赋予意义，因而很可能记不住它。另一个重要因素是信息是否"有意义"——学生是否有理由记住它们。

虽然一些信息对我们意义不大，但是只要能理解，我们就能记住（好比人们在做填字游戏或者问答游戏时可能会回想起的那些信息）；我们也会记住那些虽然不理解，但是对我们有意义的信息（如我们为了通过考试而记忆的信息）。在这两个因素中，意义更重要。打个比方，一个学生被告知其所在的大学需要 x 个学分才能拿到学位，而在另一个大学需要拿到 y 个学分。那么，该学生更有可能记住其所在大学的学分标准，因为这对其自身的教育计划更有意义。大脑扫描已经表明，当新的知识易于被理解（它说得通）并且能够与过去的体验相关联（它有意义）时，记忆力会大大提高（Sousa，p.49-51）。

3. 记忆的保持

长时记忆保存知识的过程是定位、识别和在将来准确地回忆，这被称作"保持"。保持受到很多因素的影响，其中一个关键的因素是充分处理和再处理信息的时间，这使它能够从短时记忆迁移到长时记忆。从短时记忆到长时记忆的编码过程需要花费时间，并且通常发生在深度睡眠的时候。关于保持的研究表明，新获得的信息或技能在学习后的 18～24 小时最容易丢失，如果一个学生能够在24小时之后记住信息，则它很有可能已经处于长时记忆中。反之，如果一个学生在那段时间之后没有记住信息，那它就不太可能被永久地储存，也不会被记住。

学习是一个动态的过程。在这个过程中，学生通过不停地建立和改变新知与"旧知"的联系以建构自己的思维。当建立的联系导致新的神经网络形成时，深度的、长期的学习就发生了。虽然我们（通常是学生）总是认为教师可以简单地把知识转移到学生的脑子里，但这其实是不可能的，学生需要为之付出努力。结束本章的阅读之前，请思考一下：作为教师的你怎么做才能够帮助学生积极地参与他们自己的学习，并以参与学习要求的水平去"建构"自己的认知？

2.5 促进深度参与的 3 个条件

在笔者的学生参与模型中，动机和主动学习是协同运作的双螺旋结构。如何才能促进这种协同呢？笔者认为，课堂的条件就像双螺旋两边之间的"阶梯"，正是这些条件整合了动机和主动学习这两个因素，因而它们能互相促进，产生协同作用，从而提高参与水平。

2.5.1 条件 1：任务的挑战性必须是适当的

一个基本的学习原则是任务必须具有足够大的难度以形成挑战，但又没有困难到会毁掉学生尝试的意愿，在最理想的挑战水平下，二者能发挥协同作用。因为从主动学习的角度来看，做我们已经知道如何做的事情是重复和练习（这强化了学习），但它不是新的学习；努力做一些太难而不可能完成的事情会造成失败和沮丧，这也不是学习。从动机的角度来看，当我们的学生面对有挑战性的任务但不认为自己能成功时，他们会感到焦虑；当（能做到的）期望很高但是任务本身没有价值或者没有挑战性的时候，学生会觉得无聊；当挑战性和期望水平都不高的时候，学生会变得冷漠。焦虑、无聊和冷漠将破坏动机，减少参与。

在笔者的课堂上，笔者运用的一个形成适当挑战的策略是"分化"，它是一个由弗吉尼亚大学卡洛尔·安·汤姆林森（Carol Ann Tomlison）开发的教学策略。在"分化"的教室里，教师努力去理解、欣赏学生的差异，在认同学生差异的基础上，教师设计教学内容鼓励所有学生在适合自己的挑战水平上去努力，以期实现个人的最大发展和成功。例如，在笔者的课堂上，笔者分化出了以下两个核心要素。

① 教材：把教学内容分成许多模块，然后激励那些已理解部分模块内容的学生挑战新的模块。

② 传授：采用传统的面授教学和在线教学相结合的方式，同时鼓励学生选择最适合个人学习风格的方式。

以上只是当我们设计如何分化一门课程时需要考虑的诸多变量中的一小部分，大家可以去查阅汤姆林森和她同事的著作，这些著作在如何根据分化原则组织一门课程方面提供了理论与实践指导。

2.5.2 条件2：共同体意识

创设学生作为学习共同体成员进行互动的条件也能促进学生参与，强化动机和主动学习的协同作用。从动机的角度来看，它满足了每个人成为社会共同体一部分的基本需求；从主动学习的角度来看，它鼓励学生在合作建构、建立以及重建理解的同时积极主动地学习。此外，我们只要观察一下那些使用手机的学生，就会知道共同体对今天的学生而言是多么重要，"团队导向"已是现代大学生的核心特征之一。

笔者在课程中秉持的策略之一是不扮演权威的角色，因为在真正的学习共同体中，教师和学生是学习过程中的伙伴。尽管笔者并没有准备完全转换在教学中和学生们互动的方式，但是笔者在与学生交流的方式上已经做出微调，以便促进一种共同体意识的形成。例如，笔者努力避免在教学大纲或布置作业中使用严厉的、命令的语气，而是对学生示以尊重。尽管这只是语气上的微小转变，却已经对学生提高课堂参与度产生了显著影响。

2.5.3 条件3：为学生整体学习而教

作为大学教授、管理者和工作人员，我们的"思维"非常活跃，因为要理解大学学习，我们就必须理解抽象思维。布鲁姆的认知分类学把学习行为划分为知识习得和综合等一系列等级，成为许多教师在设计和开发课程时的指南。但是，学习不只包含理性思考，今天的神经科学扩展了我们对学习的看法：学习远远不止逻辑思维。哈佛大学临床心理学家约翰·拉蒂（John Ratey）观察到人类身心的整体性，认为我们不能把情绪、认知和身体割裂开。事实上，将这些功能割裂，"很快会被认为是荒谬的"。笔者认识的很多数学教师告诉笔者，在辅导班上，他们不得不花费大量时间处理学生的学习焦虑情绪，然后才能让学生真正开始学习。

为整体学习而教，至少要把认知和情绪整合起来，如果可能以及条件合适的话，也可以考虑将运动、心理动力领域甚至道德领域协同起来，这将有助于主动学习（学生总是思其所行，行其所思），也有助于提高学习动机（一些学生发现跨领域的学习活动更加有趣和快乐，另一些学生发现跨领域的学习活动是成为更成功的学习者的必经之路）。

例如，在课堂上，笔者努力使用多样化的信息处理方式来教学。我们大多数人习惯于听讲，然而讲授型教学却不如主动学习那么有效。研究表明，记忆量与学生主动参与学习活动的状态相关。例如，在讲授型教学中，学生被动地坐着，注意力主要集中于听教师讲，并将言语信息加工转化成书面笔记。如果教师辅之以视觉信息（如使用幻灯片）或演示（使用肢体动作），学生既处理言语信息又处理视觉信息，那么其记忆效果就会提升。因此，笔者在课堂中尽可能使用幻灯片、视频、音乐、演示和表演等多种信息处理方式，学生们不仅喜闻乐见，而且他们的记忆力也大大提高了，这也与苏萨（Sousa，2006）以及其他学者关于多元教学法对记忆影响的研究成果一致。

我们再次停下来反思，你或指导你的教师是否做了些什么去帮助学生达成以下的学习目的：①进行适度的学习挑战；②感觉是学习共同体的重要一员；③整体学习。

总而言之，笔者认为大学教师可以通过创造学习动机与主动学习交互作用的条件，来促进学生对课堂教学的参与。推动这种交互作用的 3 个条件是：设计挑战性适度的任务；创建学习共同体；为整体学习而教。学生参与是复杂的，我的学生参与模型仅是对当下关于学生参与大讨论的一个小贡献。学生参与意味着什么？我们作为大学教师能做些什么来促进学生参与？随着这个话题在日本和全世界范围内的传播，我们的认识将继续发展和深化。

本章小结

■ 现今的高等教育中，教室内外的"学生参与"受到重视，但是其定义还没有得到统一。本章把大学课堂里的学生参与定义为"学生参与是一个过程，也是一个基于连续体的、源于动机和主动学习协同作用的体验和产物"，并通过动机与主动学习构成的"双螺旋结构"，展示了课堂内的学生参与模型。

■ 根据先行研究，动机可以通过"期望 × 价值模型"得到系统化。其中，"期望"（能否完成课题）包括过去的体验、自信与课题难度；"价值"（该课题是否有做的价值）由产物（学到什么）与过程（怎样学习）构成。

■ 主动学习容易与身体活动混淆，而其真正的意义在于"思维的主动参与"。与此相关的有神经科学和认知心理学的见解，所谓学习，就是神经系统（神经科学）与图式（认知心理学）所积聚的既有知识与新信息结合，建构理解和意义的动态过程。因此，帮助学生将能成为迁移基础的"知"与积极的感情联结起来对建构新知识很重要。

■ 促进动机与主动学习的协同作用，即学生参与的条件有以下 3 个：任务的挑战性必须是适当的；共同体意识；为学生整体学习而教。

参考文献

❶ Barkley, E. F. (2010). *Student engagement techniques: A handbook for college professors.* San Francisco, CA: Jossey-Bass.

❷ Barkley, E.F. (2009). Teachers talk: Perspectives on student engagement. Web page on Student Engagement Techniques.

❸ Barkley, E.F. (2008). Defining student engagement (faculty and student perspectives: Feedback from the International Society for the Scholarship of Teaching and Learning (ISSOTL) Special Interest Group on Student Engagement. Compiled by E. Barkley from e-mail responses and conversations with faculty, and posted on.

④ Barkley, E.F. (2006a). Capturing Change: A tale of two portfolios.

⑤ Barkley, E.F. (2006b). Crossroads: Finding the intersections between learning goals and outcomes.

⑥ Barkley, E.F. (2006c). Honoring student voices, offering students choices: Empowering students as architects of their own learning. *The National Teaching & Learning Forum*. 15 (3), 1-6.

⑦ Barkley, E. F., K. P. Cross & Major, C. H. (2005). *Collaborative learning techniques: a handbook for college faculty*. San Francisco, CA: Jossey-Bass.

⑧ Bonwell, C. C., & J. A. Eison (1991). Active learning: creating excitement in the classroom. Washington, DC: School of Education and Human Development, George Washington University.

⑨ Bowen, S. (2005). Engaged learning: Are we all on the same page? *Peer Review*, 7 (2), 4-7.

⑩ Brophy, J.E. (2010). *Motivating students to learn*. Mahwah, NJ: Lawrence Erlbaum Associates.

⑪ Cranton, P. (2006). *Understanding and promoting transformative learning: A guide for educators of adults*. (2nd ed.) San Francisco, CA: Jossey-Bass.

⑫ Cross, K. P. (2001). *Motivation: er...will that be on the test?* Mission Viejo, CA: League for Innovation in the Community College.

⑬ Cross, K. P. (1999). *Learning is about making connections*. Mission Viejo. CA: League for Innovation in the Community College.

⑭ Csikszentmihalyi, M. (1997). Intrinsic motivation and effective teaching: A flow analysis. In J. Bess (Ed.), *Teaching well and liking it: Motivating faculty* (p.72-89). Baltimore: The Johns Hopkins Press.

⑮ Csikszentmihalyi, M. (1993). *The evolving self: A psychology for the third millennium*. New York: Harper Collins.

⑯ Deci, E., & Ryan, R. (Eds.). (2002). *Handbook of self-determination research*. Rochester, NY: University of Rochester Press.

⑰ Deci, E., Koestner, R., & Ryan, R. (1999). A meta-analytic review of experiments examining the effects of extrinsic rewards on intrinsic motivation. *Psychological Bulletin*, 125, 627-668.

⑱ Deci, E., & Ryan, R. (1985). *Intrinsic motivation and self-determination in human behavior*. New York: Plenum.

⑲ Diamond, M., & Hopson, J. (1998). *Magic trees of the mind*. New York: Dutton.

⑳ de Groot, A. (1966). Perception and memory versus thought: Some old ideas and recent findings. In B. Kleinmuntz (Ed.), *Problem solving*. New York: John Wiley.

㉑ Edgerton, R. (2001). *Higher education white paper*. Unpublished paper prepared for the Pew Charitable Trusts.

㉒ Kinzie, J. (October 21, 2008). Private e-mail correspondence.

㉓ Kohn, A. (1993) *Punished by rewards*. Boston, MA: Houghton Mifflin.

㉔ Perry, W.G. (1998). *Forms of ethical and intellectual development in the college years: A Scheme*. San Francisco, CA: Jossey-Bass.

㉕ Perry Model of Intellectual and Cognitive Development, The. Retrieved 4-24-07.

㉖ Ratey, J. J. (2002). *A user's guide to the brain: Perception, attention, and the four theaters of the brain*. New York: Pantheon Books.

㉗ Shulman, L. S. (2002). Making differences: A table of learning. *Change*. 34(6), 36-44.

㉘ Sousa, D. A. (2006). *How the brain learns*. Thousand Oaks, CA: Corwin Press.

㉙ Svinicki, M. D. (2004a). Authentic assessment: testing in reality. In M. V. Achacoso & Svinicki, M. D. (Eds.), *Alternative strategies for evaluating student learning*. San Francisco, CA: Jossey-Bass.

㉚ Svinicki, M. D. (2004b). *Learning and motivation in the postsecondary classroom*. Bolton, MA: Anker.

㉛ Tomlinson, C. A., & Strickland, C. A. (2005). *Differentiation in practice: A resource guide for differentiating curriculum*. Alexandria, VA: Association for Supervision and Curriculum Development.

㉜ Tomlinson, C. A., & Eidson, C. C. (2003). *Differentiation in practice: A resource guide for differentiating curriculum, grades K-5*. Alexandria, VA: Association for Supervision and Curriculum Development.

㉝ Tomlinson, C. A. (2001). *How to differentiate instruction in mixed-ability classrooms*. Alexandria, VA: Association for Supervision and Curriculum Development.

㉞ Tomlinson, C. A. (1999). *The differentiated classroom: Responding to the needs of all learner*s. Alexandria, VA: Association for Supervision and Curriculum Development.

㉟ Wlodkowski, R. J. (2008). *Enhancing adult motivation to learn: A comprehensive guide for teaching all adults*. San Francisco, CA: Jossey-Bass.

第3章

聚焦于学习对象——走向教学的学习理论

作者：马飞龙　译者：林杰

本章描述还处于早期发展阶段的学习理论，提供不同于支撑当下教学和学习的理论的另类视角。该理论并不是专门针对高等教育的，实际上它起源于基础教育。但是，该学习理论能广泛应用于大学的教与学中，并且已有一些实证案例。由于该学习理论仍处于发展阶段，严格来说还不能被称为"理论"，所以可以将其看作一个"框架"，一种在教育情境中的关于学习的思考方式。其价值体现在它把教师的注意力引向学习对象（object of learning）——学生真正学到的内容。该理论还提出了使学习成为可能的条件，即一种被称为变异理论（variation theory）的教学论。至于为什么会有此称谓，将在下面的内容中揭晓。

3.1 | 学习对象变异的重要性

该理论的基础为现象图析学（phenomenographic research），即阐述学生在学习中看待并理解重要概念、原理或现象的不同方式的学说（Marton et al.，1997）。笼统来讲，就是通过对受访学生的调查，发现了5种以上典型的概念（conceptions）。但这些研究囿于描述性，并没有将发现的观念转化为教师直接可用的原则。对此，新理论将通过不同的现象、层面和类型帮助我们理解身处的世界。新理论描绘了我们如何通过不同的方式学习、看待世界，是对现象图析学及其他学习理论的补充。新理论将促使教师对以下问题进行批判性思考：教师怎样展示教学主题，以及如何确保学生能够比较容易地学到所教内容。

关于学习的传统观念的其中一个问题在于，人类的记忆被看作一个机械过程，拥有许多不同的"储存间"，可以将短时记忆编码并转化为长时记忆。人们以"意识"（awareness）的形式去认知，即记忆会根据新的体验不断进行重组，修改对于过去事件的印象。因此，我们的理论始于探索和认识新的现象或问题所涉及的意识的本质，然后导向一个问题，即如何采取有效的方式应对新的形势。而做到有效应对新形势，则表示首先要以有效的方式去认识，然后审辨其关键特征并同时在思维中进行整合，最后获取其整体形象。为了辨析事物的关键特征，我们必须掌握学习对象变与不变的模式。例如，一个医学专业的学生，必须听诊许多病人的心脏，才能分辨得出其中细微的差别。再如，我们需要品尝许多红酒，才能对红酒的口味产生一定的感觉。

这个新理论的实践意义是随学习对象而变化的，认为学习的本质是认识不同的事物。一种教学理论，要变得切实有效，必须重视学习内容，这也正是变异理论所倡导的。该理论的重点是体验（experience）学习对象的变化，没有这种体验就想要理解事物，从逻辑上看是不可能的。例如，要学习民主的意义，学生们必须体验变与不变的情境。他们必须熟悉民主之外的其他政体，以及民主政体的多种形式。此外，想要产生共鸣，也需要体验变与不变，学生们要努力从不同视角看待同一事物，或从同一视角看待不同事物。例如，要理解数学的证明，至少要让学生见识两种证明方式。我们的目标是，为分析在特定情境下达成特定学习目标所必需的条件提供理论工具。然后，这些工具也可被用作创建实现学习目标的必要条件。

教育机构中关于学习和教学的讨论常常涉及对学习有利或不利的一般条件，变异理论却非如此。一般而言，谈及学生学习成败（学得好或不好）的原因时，常会隐含一个前提——学生学到了教师所传授的知识。然而，实践证明，这种情况极少发生。如果学生从未亲历问题，在教师不给学生支招的情况下，学生便不会学会如何解决新的问题。如果学生们之前仅就一种情境进行写作，那么他们便不会针对不同的情境调整写作与表达方式。如果教师在黑板上仅仅写出勾股定理的证明，而没有对数学证明与一个特殊命题的简单证明之间的差异做出区分，那么学生还是不能理解"证明数学命题"的含义。为了使学生理解，至少需要使用两种不同的证明方式，让学生能够意识到同一命题可能有不同的证明方式。

3.2 ▍学习与审辨

学会审辨问题、概念或情境的关键特征，是高等教育阶段一种至关重要的学习方式，但也是各学科中许多学生感到较难掌握的一种能力。学会审辨、区分和分析差异，换种说法，就是学会从另一个更有启发的视角来"认识"。常人对一个观念或问题进行审辨或聚焦的能力是很有限的，能同时审辨或聚焦事物的方面也是有限的，不同人看到的突出的方面往往不同。所谓"认识"的方式，能通过同时被审辨且聚焦的方面进行定义，由此，人们就有可能拥有相同的或不同的观念（perception）。

变异理论就是倡导从新的视角看事物，当然，学习还有很多重要的方式。我们不仅要学会审辨颜色的差异，还要能正确地命名颜色；我们不仅要理解民主的概念，也要能记住不同国家的民主形式。我们想要记住勾股定理，仅仅理解其数学证明的原理是不够的，还需要会拼写"pythagoras theorem"（勾股定理）。教育包括学习事实与细节，但这里我们关注的是能改变我们对身处世界的重要角度的认知的学习。

3.3 ▍变异与同时性

为了能辨识出差异，我们必须首先体验变异。然而，我们必须同时将不同情况放在一起进行比较，才能体验变异。要区分红与绿的差异，那我们就要通过意识呈现出所有的颜色。如果在特定时间只关注一种颜色，而没有意识到或记住另一种颜色，那就永远不会体验到任何差异或变异。如果我们感觉一位女士很高，那就意味着我们是将她与潜藏在我们意识里的所有见过的女士进行了对比。这种我们体验到的"同时性"，就像我们听歌曲必须在意识中同时呈现不同的音符，否则，我们听到的就只是一个个单独的音符，那将会曲不成调。

因此，同时性也是我们审辨事物时所必需的。当事物有许多特征需要审辨时，我们得找到方法聚焦，同时性要求我们在同一时间体验事物的不同方面。这种同时性是同一时间（in time），而非随时间变化（over time）。如果两个人观察同一事物，并且审辨出相同的关键特征，但其中一人是同时关注所有特征，而另一人则是依次关注，那这两人就使用了不同的方式。

3.4 学习对象与学习空间

学习要有内容才称其为学习。学习的内容就是学习对象，且学习对象也常常会以内容的形式来呈现，如二次方程、光合作用、政体的形式等。但我们必须注意，在课堂中，学习对象还有不同的含义。

学习内容一般被看作"学习的直接对象"，但教师常常期待学生能学会运用所学或学有所用。如果学生们关注的是教师期待他们学习的内容，那么教师还要注重培养学生的能力。教师期待学生能利用学到的东西做些什么，这种被期待的能力即"学习的间接对象"（indirect object of learning）。因此，整体而言，学习对象包括直接对象与间接对象，这就是现象图析学中的学什么和怎样学（Marton et al.，1997）。学习对象这一概念将学习能力与学习内容整合在一起，如"能解出二次方程""能理解光合作用""能发现不同政体的异同"。这里的"能解出""能理解""能发现"就是学习的间接对象。

在这个阶段，学习对象源于教师的视角，即预期的学习对象（intended object of learning）。然而，预期学习目标（intended learning objective）需要在实践中实现。学习对象不仅包括必须学习的内容，也包括在课堂上能够学到的内容。尽管近来越来越注重学习对象的细化或设定可预期的学习成果（intended learning outcomes），但实际影响学生的并不是学习对象。对学生产生实际影响的是授课或辅导等教学活动及学习活动中，学习对象如何被呈现、如何贴近生活。这些学生所面对的正是能让学习成为可能的事物，我们称其为"实施的学习对象"（enacted object），它是由师生在教学和学习活动中共同构建的。教师与学生通过活动共同创建了学习发生的空间，这在《课堂讲座和学习空间》（Marton et al.，2004）一书中有详细的描述。

为了探索学习的有效方法，研究者首先要明确必须学习的内容是什么，发现适应不同类型的学习的相关条件。只有当教师能够正确理解学生的学习意愿，明确他们在这些条件下实际学习的内容以及在某种条件下学习的原因，教学才能成为人类理性的活动。换言之，教师只有更善于分析、更具系统性（思维），才能创建保证学生学习的那些条件。为此，根据一种理论来描述实施的学习对象就显得十分重要，这种理论必须能够让学生清楚什么值得关注，什么不值得关注。

因此，所谓实施的学习对象就是在既定条件下付诸学习的具体对象。根据前面的讨论，每一个学习对象都包含变与不变的要素，学生为了有效学习，必须体验这些要素。但这并不意味着这是引发学习的唯一必要条件，因为教师和学生作为教学活动的双方，相互负有责任。还有一个必要条件就是学生要积极关注学习对象。这两个条件是相互联系的：如果学习对象对于学生适宜、有意义，那么学生自然会将注意力转移到学习对象上来。然而，我们接下来将集中论述引发学习的必要非充分条件——变异的类型。

至此，基于理论视角，从观摩课堂教学情境的外部观察者的角度，本书对既定学习对象进行了描述。然而，我们必须从学生的立场出发来理解学习对象到底是什么，换句话说，就是"实际的学习对象"（lived object of learning）是什么。如果我们想要探索如何培养学生"认识"问题的方式，那么就必须思考学生同时在审辨与聚焦学习对象的哪些方面。换言之，即研究者要使用理论工具描述学生对学习对象的体验（如学生们同时审辨并聚焦的对象是什么）。

如上所述，学生如果体验到学习对象某个方面的变化，就能审辨出学习对象的这一方面。只有在特定的情境中，学生审辨并聚焦于学习对象的这些本质特征，他们的实际学习对象与既定学习对象才能匹配。但这种情况并不经常发生，因为学生们不一定能充分利用现实提供的所有可能条件。

我们提出 3 种不同形式的学习对象以及对应的同义词：

预期的学习对象——学习目标；

实施的学习对象——学习空间；

实际的学习对象——学习效果。

当然，没有"学习对象"这一概念也能工作，但这里想要强调我们需要与同一事物的 3 种不同形式打交道。何谓"同一事物"？学习对象原则上包括所有可能被辨识的维度，但我们永远也不可能具体描述出认识事物的所有方式，"学习对象"是容纳了部分方式的理论概念。

3.5 | 学生学习的关键是什么

有关教学的讨论一般都围绕着如何组织学习的问题开展：讲授型教学、小组合作、个体学习等最好的方式是什么？研究项目、问题式学习怎样才有效？现在问题的答案清楚了。首先，并不存在一种适合所有学习形态、所有学习目的的学习组织形式。其次，如何教授学习内容很重要。以问题式学习（PBL）为例，即使学习目标一致，但如果设定的问题质量有差异，就会导致学生最后的学习效果相差很大。其他的教学形式，如讲授型教学也是如此：授课内容相同，但方法不同，学生最后的学习效果可能完全不同。

自 1998 年起，我们在香港的一些学校进行了大量的研究（Chik et al., 2004; Marton et al., 2004）。在所有的项目中，我们研究同样的学习对象在不同课堂上是如何被对待的。在大部分项目中，我们观察学习效果，并在不同课堂间做比较，以期发现差异所在。在每一项研究中，我们都设法在学习对象的处理方式与学生的学习效果，也就是学习的既定对象与实际对象之间建立密切的关联。在一些课堂上，当学生能够适应学习对象时，他们就能取得较高的学习价值。我们在对那些学习对象相同但"学习价值"不同的课程进行比较时发现，若教学内容或科目的教育维度发生变化，最终会造成学习效果的变化。因此，不能从绝对意义上断言一门课比另一门课好，但可以从特定的学习目标出发，认为一门课优于另一门课。

尽管大多数运用变异理论的研究工作是在基础教育阶段进行的，但我们仍然找到两项来自高等教育阶段的研究。第一项研究源自医学教育，第二项研究是一篇针对大学会计学教育的差异性的博士论文。

3.5.1　医学教育

这项研究并未依据变异理论本身，而是所用方法与变异理论的方法相关，即对学习对象的本质特征进行比较与对照。

加拿大学者哈塔拉等人（Hatala et al., 2003）比较了两种心电图解释技巧的学习方法。研究者相继呈现了 3 种心电图诊断类型（心肌梗死、心室肥大和传导阻滞），每种情况讲授了两个例子，之后要求两组学生在两种不同的条件下进行诊断练习。一组使用"非比较"法：一次集中讨论一种诊断类型，每种类型有 4 个例子，合计 12 个例子。另一组使用"比较"法：12 个例子混在一起，教师鼓励学生对这些例子进行比较。在非比较组，学生们最关注的是每种诊断类型的共同特征，而在比较组，学生最关注的是各种诊断类型之间的差异。在后来的测验中，学生需要诊断 6 个新的病例，结果比较组学生的成绩明显优于非比较法组。

在比较组，学生被鼓励去比较、对比不同诊断类型之间的差异性特征，这有助于学生认识不同类型的诊断情况，并在病例情况相近时做出正确审辨。比较法对于那些将审辨特征作为重要学习任务，或者诊断相对困难的学习科目而言也较为适用（Hatala et al.，2003，p.23-24）。

3.5.2 会计学教育

第二项研究能更为直接地运用变异理论来理解。此研究关注的是教学主题的呈现形式对于学生理解教学主题内容的影响。

瑞典学者罗维奥－约翰逊（Rovio-Johansson，1999）研究了大学会计学的 3 次课堂教学，3 次教学分别为 3 个主题，每次持续 2 个小时，并对其进行了录像。每次教学后，约翰逊分别采访 5 名学生，了解他们对教学主题的理解方式。通过对这些数据的分析，约翰逊总结出 3 位教师的教学模式特点。如鲍登和马飞龙（Bowden & Marton，1998）在这项研究的早期阶段中提到的，第一位教师的目标是让学生形成解决某一类型问题的能力，教学主题具体化，偏向技术性，可提前设定。第二位教师的目标是让学生理解概念与原理，因此教学主题是在一定的理论框架下呈现的。第三位教师的目标是培养学生进行理性经济决策的能力，因此教学主题是阐述原理并举例。

可以通过教学中的第一个主题——生产中的限制性因素来阐释他们之间的区别。所谓生产中的限制性因素，是指在生产过程中，是什么因素限制了总产量的提高（假定有相对重要的资源供应以及其他相关因素）。3 位教师在一起商讨了教学计划。在各自的教学中，在导入部分之后，教师将问题提出来并据此展开。讨论主要由教师主导，最后是教学的总结。在这个主题的案例中，限制性因素——机器可用时间被审辨出来。那么，如何通过购买成品（而非自己生产）来减少对机器可用时间的需求？这就需要进行决策。决策结果必须符合利润最大化的原则。

即使教学内容是设定好的，事先也一起商讨了教学计划，采用了同一主题，但 3 位教师之间还是显现出了明显的差别。此外，虽然教学内容很初级、直白，但三者之间的差异还是很显著的。

第一位教师边解说问题，边在黑板上给出解法，把问题独立出来。他结合问题中所描述的现实生产过程与解决问题的办法展开了教学，其教学关注的是问题解决的过程，而不是根据特定情境来提供解决方法。

第二位教师在导入部分介绍了变异中多种维度的存在，不仅涉及实际要解决的问题，还提及了各种成本的概念。另外，这位教师还谈到了根据生产过程的不同环节进行成本分配决策的不同方法，指出会计系统自身的相对性：不同的系统会提供不同的信息。因此，他通过向学生介绍根据测算结果建立会计系统的方法的多样性来展示变异的不同维度。

第三位教师举了不同公司的许多例子（这也体现了变异思维）以及确定成本的相应方法。像第二位教师一样，他也列举了不同的成本概念，而不仅仅限于现有案例中用到的成本概念。此外，他指出除了计算，还有其他设定价格的方法，并且每一个案例的适用方法各不相同。

如上所述，从 3 位教师的差异中，我们发现有些可以看作理所当然，有些则可以作为变异的维度。这些差异也体现在与学生的访谈中。经历第一位教师教学的 5 名学生中的 4 名都将注意力集中在教师所提的问题上，只讨论限制性因素——机器可用时间。相比之下，其他两位教师的学生则能从普遍性视角看待这一问题。此外，通过访谈还发现，学生对如何解决限制性因素的问题的看法也存在显著差异。审辨出限制性因素对产量与利润关系的影响是解决这一问题的关键环节，不同教师的学生的着眼点大有不同。第一位教师的学生从限制性因素对生产过程与利润率之间关系的影响角度出发，第二位教师的学生专注于限制性因素对于成本或费用（如变动费用和边际成本）与利润关系的影响，第三位教师的学生则关注限制性因素对成本、价格与利润之间的关系的影响（Rovio-Johansson，1999）。

通过这个例子，我们可以看出教学内容组织形式而非教学组织形式（讲授型教学、项目式学习等）对学生的学习所起的决定性作用。然而，我们并不认为某种教学内容组织形式在普遍意义上优于其他组织形式（变与不变的模式），也不认为变比不变好。我们的观点是变与不变是组织教学内容最重

要的方面，而教学内容如何组织决定了学习能否发生。（相关学习理论详见
Bowden et al., 1998; Marton et al., 2004）

3.6 条件间差异与个体间差异

为了验证变异理论，我们在学校的课堂里精心创设条件并进行了研究。
通过研究发现，实验组中并非所有学生都能有效学习，而根据变异理论，应
该"不能学习"的对照组，却出现了个别能有效学习的学生。这个结果虽然
并不意外，但好像不太符合变异理论。不过，我们说的"不能学习"是指"不
能审辨"，"不能审辨"意味着"在特殊条件下学生对本应能体验及审辨的东西，
实际上却不能进行审辨"。当然，一些学生完全有可能已经能审辨出特殊条件
下不变的特征。例如，之前见过不同颜色的学生可以在完全没有任何颜色对
比的房间里发现所有东西都是绿色的，因为其之前的体验在当下的意识里被
用来对所有绿色进行甄别。

一个学生有可能审辨从未见过或者在现实条件下不可能审辨的事物。例
如，让我们试着从最基础的层次来考虑学习对象——"理解数学证明"。显然，
这至少需要举出两个例子才能将数学证明与学生以前理解的其他证明区分开
来。如果一次教学仅呈现了一种证明，那么学生是不可能区分"数学证明"
和实际的证明过程的。再假设一个学生只见过一道数学证明题，那他就没有
"数学证明"这个意识。如果现在这个学生见到另一个实例，并且这个例子能
令他意识到自己之前见过的数学证明，他就会瞬间明白证明过程本身与"数
学证明"之间的区别。这个例子也许过于简单了，但却揭示了一条有趣的互
补性原理，即学生体验中已有的变异与他们在某种条件下能够体验到的变异
互为补充。如果学生在课堂教学之后能够审辨出学习对象的某个关键特征，
可能是由于以下因素中的某一个：以前就已经能够审辨；通过教学学会了审
辨；以前的体验和教学中的体验结合，从而创造了（学习发生的）必要条件。

3.7 让学习成为可能

如果我们能够知道在什么条件下学习是可能的，那么我们就能创造这种让学习成为可能的条件。这意味着要将理论付诸实践。一些学者做过一些研究并取得了满意的结果。这些研究（Holmqvist et al.，2005；Lo et al.，2005；Marton et al.，2006）表明：首先，当学生有机会体验学习必需的变异模式时，他们就远比那些没有体验机会的学生更易获得好的学习效果。这听起来好像有点同义反复，但它的确说明：首先，所有的学习对象都存在一个学生需要知悉的变异模式；其次，每一个个案中都存在合适的变异模式。

这一理论适用于我们所讨论的所有学习对象。然而，这一理论的含义因学习对象的不同而不同，要根据每个个案与每个学习对象做出不同的理解。为此，授课教师应该根据不同的学习对象，亲自参与寻找合适的变异模式的活动。

类似的研究还有日本的"课例研究"（lesson study）。美国学者斯蒂格勒等人（Stiegler et al.，1999）针对日本学生在数学和科学领域取得较好的成绩一事进行了探究。该研究采用了课例研究形式，引起了国际关注。"课例研究"在日本是教师在职培训的一种传统形式：教授同一学科的教师，在确定某一学习对象后通力合作，努力探寻帮助学生学习的最佳方法。他们共同设计一节课或者几节课的教学方案，然后，某位教师在自己的课上付诸实施，其他教师则在课堂上观察，之后一起分析、讨论并对教学方案进行修订。之后再由另一位教师实施，其他教师做观察员，再进行分析和讨论，如此往复。这样做的目的是让每位教师都能从同事那里受益。即使有外部专家加入教研组，课例研究工作也必须扎根于教师的体验而非理论。此外，课例研究还有一条原则：不需要外部评估的介入。

学者柯林斯等人（Collins et al.，1992）基于科学实验（一个因素作为变量，其他因素作为常量）无法检验教学设计的前提，引入了"设计实验"的理念，因为教学中的要素是无法被分解的。在课程设计中，有一系列相互作用的因素。我们可以通过比较各种课程设计以及教学体验的积累来验证一种课程设计的效果。课程设计实验是基于理论，对指向教学实践复杂条件的理论假设进行检验的方法。

有一个新的教学理论，将上文提到的课例研究与设计实验的理念结合起来，即"学习研究"（learning study）（Lo et al., 2005），它是由一组教师与一个研究者实行的，目的在于达成一定的教学目的或学习目标。这个研究小组试图按照课例研究的模式，通过循环来找到达成教学目的或学习目标的有效方法。但该研究与课例研究不同的是，它是基于特定理论的。再进一步说就是教学之前先测验学生已经掌握的知识，之后再对学生实际学到的知识进行测验。这与"设计实验"类似，区别在于前者基本是教师们自主实施的研究，他们选择学习对象与教学方法，在理论的指导与研究者的支持下开展研究。

当然，不同的课程，其操作方法也不同。实施的学习对象的变化与实际的学习对象即学生的学习效果是相关的。研究最后会得到一份对教师教学实践以及后续研究都有用的研究成果。每一项研究都是对理论假设的验证，这些尝试都是以实验为基础进行的。

学习研究对相关的三方都产生了积极影响：学生较好地掌握了学习对象，教师理解了教学的实施方法，研究者们能够发现理论如何应用于具体的实践。学习研究无法根据特定的学习对象或理论加以界定，但它包含了一些对象与理论。变异理论的优点在于它会随着学习对象的变化而变化，如果它能以足够清晰且综合的方式被阐述出来，就能为教师（也包括研究者）对待各种变化的学习对象提供丰富的资源。

学习研究在高等教育阶段尚缺乏研究成果，但在美国的威斯康星大学，课例研究的理念目前已作为促进学习与教学质量的主要工具在使用。此外，我们认为在高等教育阶段，课例研究或者学习研究对学生学习能产生显著影响，并且是有充分依据的。如果教学内容是制约学习效果的最重要的因素，那么让大学教师树立起"以不同的方法处理教学内容"的观念是非常有益的。为了让教师认识到这种观念的重要性，就必须让他们看到用不同的方法处理相同的教学内容产生的结果。当大学教师开始注意到他们的同事是如何处理他们教授过的教学内容时，就会引发他们的讨论，这是促进大学教学和学生学习效果提高的关键步骤，而课例研究与学习研究正是让这一切得以实现的两种方法。

3.8 ┃ 变异理论

正如本章开头所述，变异理论旨在为教师提供理论工具。理论并非是对现实的永久性概括，而是出于特定目的应对现实的工具。在其他条件都相同的情况下，有理论比没有理论更为有利。变异理论旨在让这种学习形式成为可能：学习意味着发展出崭新而有力的认识现象、审辨条件的方法。这种学习形式主要是让人们认识不同事物发展与变化的含义。然而，本章所举的例子都是与这种学习形式相关的吗？

认识事物在于审辨其关键特征，同时在意识中对这些特征进行整合。这种意识并非我们对世界体验的总和，但对达成学习目标至关重要。审辨关键特征既是区别不同事物的有效方法，也是甄别同一事物的原则。变异理论不像现象学那样，试图获取体验世界的丰富性，也不像认知心理学那样致力于探索人类智力的结构与运作。变异理论受教学知识兴趣的驱动，关注的问题是为何一些人学习失败，而另一些人却能成功。其原因可能是遗传基因、已有知识、动机等，但变异理论要描述的是实现特殊学习目标所需的条件。我们认为，这些条件不一定是最重要的，但是不可或缺的。无论这些条件已有、将有或正在生成，它们对于基础教育或高等教育的教师都具有核心要义（Carlgren et al., 2000）。

此外，变异理论是关于人与人之间的能力差异以及个体自身的能力差异。

我们认为，能力的差异与人们审辨所在世界的变化特征的机会相关，差异就体现在这些特征上。这就是香港学者彭明辉（Pang，2002）所提的"变异的两面性"。他认为变异理论一方面描述了人们体验周边世界不同的特征变化的形式，另一方面包含了人们体验世界的不同方法。这一理论源于现象图析学的研究项目，其对人们观察与体验世界的方式的变化进行了描述。像这样，将现象图析学中严格的描述性研究上升为理论，就可以对早期的研究结果进行解释，这意味着我们正在向形成学习的教学理论迈进。这一理论令师生都受益：鼓励教师间通过合作来探索核心概念的关键特征，促进学生弄清这些特征的变化，提高学习质量。

本章小结

■ 在新情境中，为了进行有效应对，人们首先要对其情境进行有效认知，也就是要辨识出本质特征，同时进行思考。为此，就有了体验学习对象的变与不变的模式。例如，要学习民主的意义，就必须体验民主的各种形式（变异），以及它们相通的、与其他政治形式的不同之处（不变）。

■ 学习对象可以分为以下3种形式：预期的学习对象、实施的学习对象和实际的学习对象。它们分别对应学习目标、学习空间和学习效果。另外，学习对象可以从直接、间接的角度进行分类，直接的学习对象指学习内容（学了什么），间接的学习对象对应能力（如何学习）。例如，说到"理解光合作用"，"光合作用"就属于学习的直接对象，而"理解"就是学习的间接对象。也就是说，学习对象这个概念统合了学习能力与内容。

■ 变异理论是关于学习对象的变与不变的理论。能否让学生体验变与不变，是决定学习是否发生的必要条件，也是进行系统教学的重点。本来，教师并不能完全控制学生体验的变异。学生过去体验的变异与教师创造的变异之间是互补的关系，学生的学习效果由这二者决定。

■ 通过结合课例研究与设计实验，我们提出了"学习研究"的方法，现在正处于通过学习研究的累积，把变异理论发展为有关学习的教学理论的阶段。

参考文献

❶ Bowden, J., & Marton, F. (1998). *The university of learning.* London: Routledge Falmer.

❷ Brown, A. L. (1992). Design experiments: Theoretical and methodological challenges in creating complex interventions in classroom settings. *Journal of the Learning Sciences,* 2, 141-178.

❸ Carlgren, I., & Marton, F. (2000). *Lärare av imorgon.* Stockholm: Lärarförbundet.

❹ Chik, P. P. M., & Lo, M. L. (2004). Simultaneity and the enacted object of learning. In F. Marton & B. M. Tsui (Eds.), *Classroom discourse and the space of learning* (p. 89-110). Mahwah, NJ: Lawrence Erlbaum.

❺ Collins, A. (1992). Toward a design science of education. In E. Scandlon & T. O. Shea (Eds.), *New directions in educational technology* (p. 15-22). Berlin: Springer.

❻ Hatala, R. M., Brooks, L. R., & Norman, G. R. (2003). Practice makes perfect: The critical role of mixed practice in the acquisition of ECG interpretation skills. *Advances in Health Sciences Education,* 8, 17-26.

❼ Holmqvist, M., Gustavsson, L., & Wernberg, A. (2005). *Learning patterns.* Paper presented at the 11th biennal Conference of the European Association for research on Learning and Instruction, Nicosia, Cyprus, August 23-27.

❽ Lo, M. L., Pong, W. Y., & Chik, P. P. M. (Eds.). (2005). *For each and everyone: Catering for individual differences through learning studies.* Hong Kong: Hong Kong University Press.

❾ Marton, F., & Booth, S. (1997). *Learning and awareness.* Mahwah, NJ: Lawrence Erlbaum.

❿ Marton, F., & Pang, M. F. (2006). On some necessary conditions of learning. *Journal of the Learning Sciences,* 15, 193-220.

⓫ Marton, F. & Tsui, A. (Eds.). (2004). *Classroom discourse and the space of learning.* Mahwah, NJ: Lawrence Earlbaum.

⓬ Pang, M. F. (2002). Two faces of variation. *Scandinavian Journal of Educational Research,* 47, 145-156.

⓭ Rovio-Johansson, A. (1999). *Being good at teaching: Exploring different ways of handling the same subject in Higher Education.* Göteborg: Acta Universitatis Gothoburgensis.

⓮ Stiegler, J., & Hiebert, J. (1999). *The teaching gap: Best ideas from the world's teachers for improving education in the classroom.* New York: Free Press.

第4章

合作学习与学生成长——基于合作的
高活动性的课堂教学设计

作者：安永悟　译者：周静

　　近年来，伴随大学教育的改善与改革，日本的大学开始关注主动学习。但主动学习目前还是一个新概念，尚未具备明确的定义及特定技法（specific techniques）。一般认为，主动学习是将学生的主体性学习活动有意识地导入课堂教学的一种教学方式（沟上慎一，2007，2013）。为了促成书写、表述、报告、讨论、活动（be physically active）、操作（manipulate things）等具体的学习活动，以小组活动为核心的各种教学方式开始被导入课堂教学，其中包括同伴教学法（peer instruction）、角色扮演（role play）、问题式学习、项目式学习、体验学习等。

　　然而，这样的教学并非都能成功。过度关注在课堂教学中导入的小组活动，会导致一种极端的看法，即误以为让学生参与了某种形式的小组活动便是开展了主动学习。所以，有的教学形似而神不似，即形式看起来是主动学习，但实际上缺少相应的学习效果。

　　本章从合作学习的观点出发，讨论如何提高以小组活动为核心的课堂教学质量。本章首先综述合作学习的理论及技法，其中会涉及合作学习应取得的效果以及评价方法；接着介绍合作学习的其中一个技法——"LTD 讨论学习法"的教学设计，探讨提高教学质量的要点；最后，在本章中，我们还要确认基于合作学习的课堂教学设计是否能够取得深度主动学习应该达成的学习效果。

4.1 ▎合作学习的理论

合作学习并不仅是小组学习的方法，还是一种教学理论，旨在让每一位学生在实际感受到与同伴一起学习的快乐的同时，获得学力的提升及个人的成长变化。

4.1.1 合作学习的普及

利用小组活动来提高学生的活动性，像这样的课堂教学设计已经积累了大量的研究见解及实践案例，其中基于社会互赖理论（social interdependence theory）的合作学习[1]（cooperative learning）（Johnson D.W. et al., 2005）就是可信度颇高且行之有效的教育理论之一。

合作学习的实证研究于 20 世纪 50 年代后期在日本开始（Johnson D.W. et al., 2001；盐田，阿部，1962；末吉，1959）。到现在，可以说合作学习在致力于提高学生活动性的课堂教学设计中起到了核心作用。合作学习的有效性已在进行了多年、横贯东西的理论研究及实践研究中被证实，并且通过基于合作学习的教学，学生可以同时获得认知层面及态度层面的成长（Cohen et al., 2004；Johnson et al., 2010；柴田，2006；杉江，1999；安永，2013）。

一直以来，合作学习的课堂教学设计都以中小学为主体开展。但进入 21世纪后，合作学习开始被导入大学，并逐渐盛行起来（Johnson et al., 1998）。在这样的发展趋势下，如何利用合作学习的理论及技法促进主动学习的探讨开始在世界范围内展开。例如，以教育水平较高的欧美及东亚各国为中心，无论学校属性如何，各学校都在积极开展合作学习形式的主动学习及体验型学习（Hmelo-Silver et al., 2013；Millis, 2010）。在日本，以学生为主体的课堂教学设计也在大学及职业学校展开（IDE 大学协会，2011；新生教育学会，2013；安永，2009）。此外，在中小学及高中，随着《学习指导要领》[1]的全面实施，人们对于合作学习的关注也日趋升温，涌现了很多新的实践报告（千千布，2013；杉江，2004）。

4.1.2　基于合作精神的课堂教学设计

本书把基于合作学习的理论及技法，并致力于提高学生活动性的课堂教学设计，称为"基于合作的高活动性的课堂教学设计"。在这样的课堂中，所有学生朝着共同的学习目标，基于合作精神深度参与到和同伴共同开展的学习活动中，主动且积极地互教互学。我们期待通过这种教学方式，每个学生都能切实获得学力的提升以及自身的变化与成长。

在这样的课堂上，合作精神特别重要。所谓合作精神，是指面向学习目标，与同伴齐心协力，为了自己也为了同伴认真学习。我们不提倡只顾自己的学习态度，为了达成与同伴共同的学习目标，学生需要具备积极做贡献的学习态度，以及由此态度驱动的具体行动。当然，并不是所有学生都能在一开始就正确认识到合作精神的意义及价值。合作精神是通过与同伴的交流，在实际感受互教互学的好处及乐趣中一步一步培养起来的。

如果能够重视合作精神，同时有意识地与同伴一起深入理解课堂教学内容，学生必然能将自己与同伴的学习过程紧密联系起来。同伴之间，在顾及彼此对课程内容的理解状况的同时，提出更为贴切的建议，通过互教互学深化对教学内容的理解。我们期待学生能意识到自身与同伴之间的学习过程，并且切实体会其中的变化，在课堂上展开兼具主体性及能动性的学习。

合作精神不仅体现在小组活动中，即使不利用小组的教学场景，它也能发挥很大的作用。只要拥有为了实现共同的学习目标，与同伴一起成长的合作精神，就不用拘泥于学习形态，那么即使没有小组活动，也可以称其为

---

❶ 《学习指导要领》是由日本文部科学省颁布的，日本的小学、中学及高中需要根据此要领制订和开展教学活动。——编者注

合作学习（Jacobs et al., 2005）。关于这一点，合作学习的研究者杉江修治（2011）阐述道："合作学习不是关于教学技法的理论，是支持在学校所有情境中的学生学习的基本原理的理论。"此外，教育学者鹿内信善（2013）也曾指出，合作学习应是课堂教学设计的基本"理念"。

不单把合作学习当作技法，而应把它当作课堂教学设计的基础理论加以正确认识，这才是开展合作学习的课堂教学设计的前提。把合作学习当作理论进行认知，对技法的理解也会更加深入，就不会拘泥于表面的学习形态，而是能依据学生的实际情况，灵活地开展富有创意的教学活动。

4.1.3　合作学习的基本要素

为将饱含合作精神的合作学习与一般的小组学习进行区分，最早开始研究合作学习的约翰逊兄弟（Johnson et al., 2010）提出了合作学习的 5 项基本要素[2]。

1. 正面互赖

在合作学习中，要想达成小组的学习目标，就需要建立基本的信任关系，需要贡献自己的最大力量。在学习过程中，同伴之间是互相依赖的。在向目标迈进这个层面上，学生之间需要建立"正面互赖"（positive interdependence）关系。反之，若是不利于达成目标，便会建立"负面互赖"，如社会性惰化（social loafing）等关系。

2. 积极的相互交流

即使建立了正面互赖关系，若相互之间不积极交流，也无法获得期待的学习效果。合作学习以学生之间面对面的积极交流和互教互学为前提。

3. 个人双重责任

每个学生都肩负着双重责任：其一是对自己的学习负责，其二是对同伴的学习负责。同伴若未能理解教学内容，学生就需要反省是不是自己的支持不到位，然后积极地给予支持。

4. 对社会技能的促进

合作学习需要学生具备学习技能及处理人际关系的技能。若学生不具备这些技能，教师就需要有意识地教授，并促使其使用这些技能。

5. 对活动的回顾

为了提高采用小组形式展开的学习活动的质量，学生在合作学习中需要对学习活动给予建设性的评价，回顾学习活动中自己及同伴的言行，思考哪些活动可以继续，哪些活动需要停止。需要注意的是，这样做的目的不是与同伴进行区分或批判。

区别于一般的小组学习，我们将具备以上 5 项基本要素的小组学习称为合作学习。当然，有的合作学习也不是一开始就能具备所有的要素，尤其是"正面互赖"及"个人双重责任"，就算是在脑海里理解了，转化成行动还是有难度的，这就需要教师在日常教学中有意识地进行训练。因此，对于以上 5 项基本要素，不管实际开展程度如何，只要是有此意识的小组学习，我们就可称其为合作学习。

此外，美国教育学家卡根（Kagan，1994）把具备"正面互赖""个人双重责任""参加的平等性""活动的同时性"这 4 项基本要素的小组学习称为合作学习。这 4 项基本要素中，"正面互赖"及"个人双重责任"与约翰逊兄弟（Johnson et al.，2010）总结的要素相同。也就是说，不同的理论学家同时认可了合作学习的两项基本要素——"正面互赖"及"个人双重责任"。从中也可以看出"正面互赖"及"个人双重责任"在合作学习中的重要性。此外，这两项基本要素也可作为判断课堂教学的小组学习是否可称为合作学习的简单基准。

所谓"参加的平等性"，是指学习同伴以相同的程度参与互教互学活动的状态。这里的"平等"是指，倘若小组成员中的某人有一次发言，他的同伴也应该各有一次发言的机会。如果只是一个人在发言，就不能称其为平等。合作学习的基本技法是以确保参加的平等性为前提进行构思的。

所谓"活动的同时性"，是指课堂上的学生能够同时参与可观察的具体活动。例如讨论的时候，若 2 人 1 组，就是 50% 的学生在"同时"发言；若 4

人 1 组，就是 25% 的学生在"同时"发言。构思小组活动时，尽量提高参与的同时性是促成有效合作学习的基础。

关于活动的同时性，还需要考虑到小组学习中获取信息量的平衡。从同时性的角度考虑，2 人 1 组的时候同时性最高，但从获取信息量的角度来看，3 人以上的小组获取的信息量更多。相反，小组人数增加，活动的同时性就会下降，学生的活动性也会下降。由此可见，获取的信息量与同时性成反比。所以，教师需要考虑两者之间的平衡，根据小组学习的目的来决定小组人数。

通过反复实践涵盖合作学习基本要素的小组学习，小组成员渐渐相互信任，在有疑问或有理解不了的内容时，能够坦诚地提出问题、互相学习、共同解决。在此过程中，学生切身感受到与同伴齐心协力，朝同一学习目标迈进的美好体验，对合作的意义及价值的认识逐渐深入，合作精神也得到了很好的锻炼。

4.2 │ 合作学习的技法

在实际进行课堂教学时，为了提高学生的活动性，除了合作学习的理论支持，我们还需要理解从实践中提炼出的合作学习的技法，并且合理地执行。

4.2.1 技法的种类

合作学习的技法是指基于合作学习理论的、体系化的一系列学习步骤的统合。本书第 2 章的作者巴克利等（Barkley et al., 2009）将合作学习的技法归纳为"讨论、互教、解决问题、图示、写作"五大类，并且介绍了 30 种技法。循环赛（round robins）[3] 与思考－合作－共享活动（think-pair-share）[4]等合作学习的基本技法被归类为"讨论"。特派员法（one stray three stay）[5]及拼图法 [6] 也是为人熟知的技法。另外，还包括一些以合作学习为基础但较为复杂的学习技法，如 LTD 讨论学习法（安永，2006）、小组调查法（group investigation）（Sharan Y. et al., 2001）、项目式学习（Newell, 2004）、三级跳式 PBL（吉田，大西，2004）等。

合作学习的技法有几个共同点。其中，"明示课题→独立思考→集体思考"这个过程是所有技法都涵盖的基本构造（安永，2012）。在合作学习中，在进入小组学习中的互相学习（集体思考）环节之前，必须要求学生先自学（独立思考）。互相学习的同伴中，每个人都需要先经过独立思考形成自己的见解，以此来深化在小组内的互相学习。此外，在要求学生进行独立思考及集体思考前，需要明示"思考什么，如何思考，思考到什么程度"。像这样明确提示思考的目的以及步骤（明示课题），有助于促进学生的主动学习。如果不事先明示课题，学生不清楚课堂教学流程，每次都需要教师发出指示才能行动，这样的被动等待与培养学生的主体性背道而驰。

4.2.2 技法实践中的注意事项

初次实践合作学习的时候，建议配合学习目标，从简单的技法开始尝试。理解技法的步骤及注意事项，忠实地按照步骤进行，这样才有助于提高学生的活动性，获得合作学习应有的效果。通过对同一种技法的反复尝试与实践，学生与教师都能对合作学习的技法及其背后的思想产生更深入的理解，同时也能积累经验。在此基础上再挑战更为复杂的技法，这样能够更加深入地了解合作学习的世界。

在课堂上实践合作学习的技法时，每个阶段都有需要留心的注意事项，现归纳如下（巴克利 等，2009；安永，2006，2012）。

1. 准备阶段

上课之前，需要进行以下准备工作，包括根据课堂教学目标来确定小组编排的方式及人数，挑选教材及制作课题，探讨课题的提示方式，确定课堂中学习活动的开展步骤，估算学习活动所需的时间，等等。

2. 开始阶段

课堂上，开始小组学习时，除口头解说之外，也可以运用打印资料或者

PPT 等，以视觉方式提示课题。这时教师也可以解说学习活动的目的及步骤，明确定义课题，强调学习活动中的合作，解说小组及个人成绩的评价方式，在此基础上对学习活动进行指示。在给出指示后，若学生无法立刻展开活动，说明教师的指示还不够明确到位。这时需要中断小组活动，重新提示课题。

3. 中间阶段

小组学习中，教师需要进行巡视，了解各小组的活动状况，但要避免随便干预。即使发现有的小组在活动中一直沉默，或者在讨论中出现错误理解，也不建议教师在这个环节介入，因为让小组内部产生的问题在小组内部解决是合作学习的基本原则。但如果教师在意识到并尊重小组主体性的前提下加以指导，小组成员就能掌握促进小组学习的技能，同时提高小组学习的效率。

如果教师觉得需要介入，不要针对某个特定的小组，而应中止所有小组的学习活动，对班级整体进行指导。

4. 结束阶段

小组学习结束时，需要用一个环节来进行小结。举例来说，如果是只进行一次的小组学习，在小组学习结束后，可以设置一个班级内汇报成果以及答疑的机会；如果是横跨几节课进行的小组学习，那么还可以考虑将其向对活动内容感兴趣的人公开，举行成果报告会。

5. 结束后

课堂教学的最后需要设置一个进行回顾反思的环节。在这个环节中，学生对自己的学习活动及学习内容进行分析与评价，从合作学习的观点出发，为进一步完善小组活动出主意、提意见。

如果只是将学生分成小组，让他们完成课题，则不能称为合作学习。要想切实有效地开展合作学习，需要教师按上述内容做好准备工作，同时需要教师具备较强的指导技能。

4.2.3　教师需要具备的指导技能

因为每个教师具备的指导技能有所不同，所以即使使用相同的技法，其效果也会有所不同。合作学习中教师需要具备的指导技能至少可以分成 3 类：把握对象的技能，改变对象的技能以及实践应用的技能。

"把握对象的技能"是指能够从整体上把握课堂流程，发现并且认识到隐藏的问题的技能。把什么当作"问题"取决于教师对合作学习的认识以及教学目标。"改变对象的技能"是指解决在课堂上发现问题及课题的具体技能，还包括运用合作学习技法的能力。"实践应用的技能"是指教师要能够在不断变化的课堂上，合理使用已拥有的"把握对象的技能"及"改变对象的技能"，以便达成教学目标。但是，即使把合作学习技法理论导入课堂，课堂教学也很难取得期待的效果。所以，首先需要明确把握相关学生的状态，配合教学目标，选择适合每节课的技法，根据需要对教学技法进行改进，之后再导入。同时，教师还需能够机敏地把握课堂教学流程，随机应变。

这里介绍的 3 项指导技能的习得是教师提升教学实践能力的根本。对这些指导技能的掌握不是一朝一夕可以做到的，需要教师在平日的课堂上有意识地使用，在不断的自我反思中习得。如果有条件，与同事协作将会更加高效。

4.3 ｜ 合作学习的效果及评价

理解合作学习的理论，并在教学中反复使用合作学习的技法，学生就可能取得很好的成果。

4.3.1　合作学习的预期效果

基于合作精神开展高活动性的课堂教学时，通过一门课便可以进行认知层面以及态度层面的学习（认知及态度的同时学习）。

这里的认知是指对教学内容以及知识的理解，同时也包括技能等认知能力。研究指出，不管学生原来的学力水平如何，通过合作学习，代表其认知的一个侧面的学习成绩，均能有所提升（Barkley et al.，2009）；此外，其学习技能、阅读理解技能、交流技能、人际关系等也会有所提升（Mandel，2003；安永 等，1998；安永 等，1998）。

态度包括对合作的认识，学习动机，对学习与学习同伴、学校的看法，等等。重复进行合作学习，学生对其益处的认识会深化，学习动机也会得到加强，同时会改变学生对学业以及人际关系的认识（长滨 等，2009；山田，2011）。

在教学中采用合作学习方式，让学生同时进行认知以及态度层面的学习，这对教师而言如同福音。到目前为止，一般都认为科目学习指导在课内进行，此外的教养指导在课外进行。然而，合作学习却使得学习指导与学生指导以及对学生教养的指导能在同一节课上实现，并且任何科目均可采用，这在高等教育大众化、学生发展多样化的当下非常值得重视。

4.3.2 合作学习的评价

学业评价是课堂教学不可避免的主题，成绩评价标准对学习行动有很大影响。因此，在教学开始时，教师有必要向学生明示成绩评价的标准。这就需要明确，依据教学目标，怎样对学习成果的各个方面进行评测，同时其评测结果又是如何反映在成绩评价中的。

评价方法可以使用一直沿用的笔试，针对学生对科目内容的理解以及知识量进行测试。这时，除了确认学生对课堂教学内容的理解度以外，还需要测试学生灵活运用这些内容的能力。已有研究证明，通过合作学习，学生除掌握基础内容以外，其活用知识的能力也有所提升，最终实现了深度学习（须藤 等，2011）。

对态度及技能的评测，根据评测对象的不同，目前已开发了各种评价量表，教师可以根据课堂教学目标来选择使用。例如，"合作学习认识量表"用于测试学生对合作学习的基础认识（长滨 等，2009）；"讨论意识量表"（the discussion image scale）用于测试学生对讨论的意识（安永 等，1998）；"讨论技能量表"用于测试对话所需的技能（安永 等，1999）。此外，近来流行的量规评价和档案袋评价也可以用于合作学习的成绩评价。

在采用了合作学习的课堂教学中，进行成绩评价同样存在一些问题。例如，学生的个人成绩是否应该加入小组成绩，如果加入的话，算多少分合适。笔者认为，这些问题应该根据教学目标来判断。如果是将学生个人的理解放在首位的教学，则不应该加入小组成绩；如若教学目标旨在加强学生与他人的协调及交流能力，则应该加入小组成绩。此时，小组成绩占学生个人成绩的多大比重，应该交由教师判断。如果是想提高学生参加小组学习的积极性，那么在个人成绩中加入小组成绩不失为很好的策略（Slavin，1995）。

另一个困扰教师的问题是，在将小组成绩加入个人成绩时，要不要根据学生个人对小组的贡献度来改变加算的分数。对此并没有标准答案，但原则上应该给所有小组成员加上相同的分数。合作学习是以所有小组成员为促进理解（包括自己与他人）而做出自己最大的贡献为前提的，所有小组成员均不应偷工减料，应投入全力一起做出贡献方能使小组取得最好成绩，因此，笔者认为给予小组成员一样的分数是合理的。

4.4 | 活用 LTD 讨论学习法设计教学

采用合作学习的教学形式多种多样，并没有固定的模式。熟知合作学习的理论以及技法的教师在实践时采用的创意不同，合作学习的形态就会各不相同。在此，本书以近年在大学教育领域受到瞩目的讨论学习法为基础，对采用了基于合作的高活动性的课堂教学设计进行介绍。

4.4.1 LTD 讨论学习法

LTD 讨论学习法（安永，2006）是合作学习中一种较为复杂的学习技法。

LTD 的目的是与同伴合作，深入解读学习课题，也就是学习教材。为此，学生需要先自己预习（独立思考），再通过会议与同伴一起学习交流（集体思考）。此时，会议的 LTD 过程均是按照表 4-1 中所提示的 8 个步骤进行的。而预习跟会议的过程基本也是一样的，只是去除了步骤 1 和步骤 8。

表 4-1　LTD 流程及与阅读过程的对应

阶段	步骤		时间①	阅读过程
准备	步骤 1	导入	3 分钟	
理解	步骤 2	理解语言表达	3 分钟	提炼信息 解释
	步骤 3	理解观点	6 分钟	
	步骤 4	理解论据②	12 分钟	
建立联系	步骤 5	与知识点建立联系	15 分钟	深度思考及评价
	步骤 6	与自己建立联系	12 分钟	
评价	步骤 7	对课题文章的评价	3 分钟	
	步骤 8	回顾	6 分钟	

注：①标准型 LTD 会议时间为 60 分钟。
②所谓论据，是指支持观点的理由及根据。

　　预习即先各自阅读课题内容，写下预习笔记。具体是按照以下顺序进行的：首先，反复阅读课题文章的内容（步骤 1）；然后，将课题文章中出现的不明白的词语摘录到预习笔记中（步骤 2）；之后，再次阅读课题文章，用自己的语言对作者的观点进行简洁归纳（步骤 3）；从课题文章中找到并提炼出支持该观点的论据（理由及根据），并用自己的语言表述出来（步骤 4）；接下来将步骤 1 ～ 4 中读取的课题文章内容与自己的既有知识（步骤 5）以及自己（步骤 6）进行关联，并在预习笔记中进行总结（在步骤 6 中，要求自己接受作者的观点，不做任何批判及评价）；在预习笔记中记录改善课题文章的要点（步骤 7）；基于完成的预习笔记，想象会议场景，进行预演准备（步骤 8）。

　　会议以 4 ～ 5 人的小组形式进行，基于各自的预习笔记，按照 LTD 流程与同伴一起解读课题文章。各个步骤设有时间限制，因此各步骤的活动需要在规定时间内完成。此外，在会议中，步骤 1 要奠定会议的氛围基础，步骤 8 要回顾会议的整体内容。

表 4-1 中的 LTD 流程还可以分为两大部分：步骤 1 ～ 4 是阅读课题文章内容，步骤 5 ～ 8 是阅读后对课题内容进行深入理解。将此步骤同 OECD 的 PISA[1]调查（2000）中被用作评价体系的阅读过程相对照，前半部分相当于"提炼信息"与"解释"，后半部分相当于"深度思考及评价"。

通过 LTD，可以期待的效用包括提高对课题文章的阅读能力、与同伴互学的对话能力以及改善人际关系。使用 LTD 的课堂教学实践在一些大学开展后，其有效性也被证实（古庄，2013；峰岛，2014；安永，2005；安永 等，2002）。在此，以须藤、安永（2014）的实践为例进行简单介绍。该实践以护理专业的学生为对象，在其新生教育科目"逻辑性思考"中导入了 LTD 环节。其实践概要如表 4-2 所示。

表 4-2　课堂教学的 3 个阶段及主要学习内容

阶段	课次	主要学习内容
阅读阶段	1	寻找同伴，教学目标，倾听及镜像练习
	2	合作学习的基本要素，对话的基本原理
	3	LTD 流程，LTD 预习步骤 1 ～ 4 的目的及方法
	4	LTD 预习步骤 2 及步骤 3，拼图法
	5	LTD 预习步骤 3 及拼图法
	6	LTD 预习步骤 4
	7	LTD 会议的方法，LTD 会议步骤 2 ～ 4
	8	LTD 预习步骤 5 ～ 8 的目的及方法，LTD 预习步骤 5 ～ 6
	9	LTD 预习步骤 5 ～ 8
	10	LTD 会议步骤 5 ～ 8

---

❶ PISA 是 Program for International Student Assessment 的缩写，是由经济合作与发展组织（Organization for Economic Co-operation and Development, OECD）主导的针对 15 岁学生的评估。日本是 OECD 成员，一直在参与该评估。——译者注

续表

阶段	课次	主要学习内容
讨论阶段	11	LTD 的总结，何为辩论，圆形辩论
	12	标准型辩论模式，辩论练习的准备
	13	辩论练习：方便食品
	14	决定辩题，论题 1、2 的辩论准备
	15	论题 1 辩论：暑假的课题
	16	论题 2 辩论：结婚需要什么
写作阶段	17	前期课程的回顾及自我评价，构思作文
	18	完成作文：题目，主题，论点
	19	完成作文：文章结构，建立论点间的关联
	20	完成作文：拟草稿，推敲
	21	完成作文：推敲，誊写
	22	作文展示，总结

4.4.2 问题及目的

科目"逻辑性思考"的教学目标是让学生掌握逻辑语言技能（认知目标），具体的课堂教学目标为，学生能独立写出逻辑通顺且通俗易懂的文章。教学方法是基于合作学习的理论及技法。此外，还期待学生能通过合作学习建立与学习同伴的信赖关系，获得同伴的认可，以及对小组活动的贡献等态度层面的成长（态度目标）。为了达成这些教学目标，整个课堂教学分为 3 个阶段，即阅读阶段、讨论阶段以及写作阶段，这 3 个阶段之间相互关联。

本实践有 3 个特征：基于合作学习；采用分割型 LTD（须藤 等，2011）；课堂教学基于 LTD 展开。

首先，本实践是以合作学习的课堂教学设计为基础的，也就是在教学中系统设置了合作学习的方法，通过反复的合作学习体验，培养学生对合作学习的基本理解、在小组活动中必需的对话技能以及改善人际关系。

其次，本实践首次在高等教育中导入了分割型 LTD。所谓分割型 LTD，是指以在课堂教学中开展 LTD 的解说、预习以及会议为前提，并且 LTD 流程的每个步骤均反复按"解说→预习→会议"顺序进行。分割型 LTD 原本是为了在 LTD 较难开展的小学中导入而设计的。须藤、安永（2011）在小学 5 年级的语文课上导入了分割型 LTD，并确认其有助于提高学生成绩及改善人际关系。

最后，本实践应用 LTD 流程来开展课堂教学。在此之前的实践研究（例如，古庄，2013；安永，1995，1999）是将焦点放在了该方法在大学课堂教学的导入上。然而，本实践探讨的是，在导入 LTD 的前提下，学生活学活用已掌握的 LTD 流程来有效且高效地达成学习目标的方法。

我们要探讨的是，在运用 LTD 培养阅读能力的过程中，习得的逻辑语言技能对构建理论逻辑以及写作指导是否有效。

4.4.3 课程教学概要及结构

参与实践的学生均是地方医师协会成立的夜间护士学校的一年级学生，共 51 名（女生 39 名，男生 12 名），年龄范围在 20 ～ 39 岁（20 ～ 29 岁，39 名；30 ～ 39 岁，12 名），平均年龄是 26.2 岁。大部分学生白天作为实习护士在医院上班。因此，学生的学习动机以及学习能力保持在一定水准以上，但有些许个体差异。

教学为每周一次，一次 100 分钟。在分组上混合不同年龄及性别，共分成 10 组，每组 5 ～ 6 人。在教学期间，共进行了两次小组成员更换（第 8 次课及第 17 次课）。

每次教学都尝试了以合作对话为中心的课堂教学形式（安永，2012）。其基本形式是导入、预览、上周回顾、本次教学、本周回顾。开展流程如下。

① 导入：全班问候后，各小组互相问候，交流身心状况及其他情况。这是为之后小组活动的顺利开展而进行的热身。

② 预览：在导入环节之后，通过 PPT 展示本次教学的内容、目标以及流程。通过与学生共享教学流程，帮助学生更自主且能动地参与课堂教学，学有所得。

③ 上周回顾：各自阅读（独立思考）每次发放的"课堂通信"（安永，2012）之后，小组内交换意见（集体思考），最后在全班对"必要项目、内容"进行确认（全体对话）。因为教学是每周一次，所以这个环节的目的在于让学生回忆起前一周的教学内容，以完成向本次课程内容的顺利过渡。

④ 本次教学：实施教学，具体会在之后的"4.4.4 教学开展"中详细介绍。在此环节重复活用"思考－合作－共享活动""循环赛""拼图法"等合作学习的技法。同时，还包含与 LTD 流程有关的练习（步骤 5 及步骤 6）。

⑤ 本周回顾：每节课最后会发放"课堂教学记录表"，用以回顾本节课。"课堂教学记录表"（安永，2012）为 A4 纸大小，正面是课堂教学的自我评价（共 16 个问题，每个问题 5 个选项），反面设置"自由记述栏"，用以填入对本次教学的意见、感想以及疑问等。反面自由记述的内容会被编辑成"课堂通信"并在下一节课发放。

依据"课堂教学记录表"上的自我评价，探讨课堂教学的变化及效果，将自我评价 16 项内容中的 12 项划分为五大类：理解、参与贡献度、信赖、好感和认同[7]。

另外，在第 17 次课以及第 21 次课时对自由记述栏的内容进行了回顾，发还截至当堂教学提交的所有"课堂教学记录表"，让学生针对各自填写的内容进行自我评价。评价标准为所写的行数，有无自己的观点以及提出的观点有无根据。除此之外，在进行这样的自我评价之后，学生还针对已开展的教学进行回顾，并写下自己的感想。

4.4.4 教学开展

课堂教学如表 4-2 所示，分为阅读阶段、讨论阶段和写作阶段，下面分别进行解说。

1. 阅读阶段

在这个阶段，依照 LTD 流程，教师应让学生理解逻辑语言技能的特征。在 LTD 流程中，首先把握观点（步骤 3），然后把握支撑作者观点的论据（步骤 4），进而在步骤 5 和步骤 6 中联系作者的观点。通过以上步骤的实践，学生可以体验及理解逻辑语言技能。

为了让学生能够真正实践 LTD，最初的两次课是针对合作学习所需的基本态度以及技能的训练。作为训练材料，此处使用的是木村（1992）的"援助交流"，并在步骤 3 "理解观点"中用到了拼图法。此处，教师把课题文章对半平分后发放给各小组成员，让学生阅读各自分配到的文章内容，同时就自己的理解进行说明。

本实践中，LTD 流程的 8 个步骤按前后各 4 个步骤，分为两大部分。

2. 讨论阶段

在这个阶段，教师应进行使用 LTD 的辩论准备及实践。因为学生没有辩论的经验，所以应首先就辩论是什么、辩论的 4 个步骤（决定论题，收集及分析资料数据，逻辑构建，讨论会）、辩论的效果进行说明。这之后采用"圆形辩论 8)"进行辩论中的反驳训练。

其次，为了开展真实的辩论，应按照以下顺序进行：就论题罗列长处及短处；罗列观点的正反面（步骤 3）的依据（论据，步骤 4）；为了让论据更具说服力而建立联系（步骤 6）。辩论以小组为单位共进行 3 次，并且每次都会进行角色更换（正方、反方、主持人、裁判、听众）。

3. 写作阶段

这个阶段的课题是活用 LTD，写一篇 1200 字左右的论文。具体的开展顺序如下：①确定标题、观点（步骤 3）、论据（步骤 4）；②构思文章，构建论据间的联系（步骤 5、步骤 6）；③拟草稿，推敲（步骤 7）；④誊写；⑤与同伴分享完成的作文。此外，在每个阶段，教师会进行易读文章写作要点、作文纸的使用方法以及推敲观点等方面的指导。

4.4.5　教学成果

在 22 次课中，作为分析对象的 48 名学生的出勤率平均达 98.1%，其中，有 11 次课的出勤率为 100%，包括第 1 ～ 8 次课。

对于"课堂教学记录表"中的自我评价，我们研究了五大分类（理解、参与贡献度、信赖、好感、认同）各自的平均值推移。其结果是，每个分类的平均值在重新分组时均有所下降，但整体来看分值都提高了。详细分析此变化过程后得出以下结论，即学生首先喜欢上在小组中对话讨论，在与同伴变得亲密的同时产生信赖感，接着通过由信赖感支撑的亲密交流，首次获得认同感。

在第 17 次课和第 21 次课中，分别对"课堂教学记录表"中的自由记述部分进行回顾时发现，记述的文字量以第 17 次课为分水岭，第 17 次课之后呈有意义的上升趋势，并且学生在陈述自己的观点时，也比之前更有理有据。另外，关于教学，我们收到了来自学生的以下反馈。在第 17 次课中，有学生写道："能够自由建立关联，真的非常开心。通过这门课我再次认识到思考是非常需要集中注意力的。""通过自己小组内的讨论以及与其他小组的交流，我得到了很多启发。"还有很多像这样因自己的想法得到传播以及加深而感到愉悦的感想。另外，还有很多感想中提到了与同伴之间的关系变化。例如，在第 21 次课中："为了让彼此的文章越来越好，我们的讨论更具体、更深入。""通过一起学习，组员之间的关系越来越亲密。""（第 17 次课之后的）教学中，印象很深的两个词是竞争与合作，我深刻认识到要是能借此磨炼自己与同伴，那真是很棒的事情。"

关于作文，48 名学生均完成了自己的文章。评价以 10 分为满分，涵盖"观点、论据、关联"的文章为合格，得 6 分。此外，根据文章结构、有趣程度、字数等来酌情加减评分。最终的评分结果是，所有人的分数都超过了合格线，其中得 6 分的有 8 名，得 7 分的有 9 名，得 8 分的有 18 名，得 9 分的有 13 名，平均分为 7.75 分。其中得 9 分（约占全体的 27.1%）的文章几乎没有要做修改的地方，完成度非常高。12 篇高分作文（1 篇自己退出）投稿到全国作文大赛（日本《护理教育》杂志社主办的第 8 届护理专业学生作文：作文部）后，其中 2 篇入选，被刊登于《护理教育》（2010 年 8 月号）上。值得注意的是，该杂志共计收到 64 篇投稿，仅有 8 篇入选。由此可以看出，本实践案例培养出的逻辑语言技能质量之高，可以说本教学实践达成了习得逻辑语言技能的最终教学目标。

4.4.6　有关实践启示的总结

本实践的目标是，基于 LTD 讨论学习法设计高活动性的课堂教学。同时围绕以下 3 点展开设计并践行：基于合作学习；采用分割型 LTD；课堂教学基于 LTD 展开。接下来以这 3 点为中心进行总结。

1. 基于合作学习

若想在课堂上导入 LTD，那么事先理解合作学习的理论及技法，并用以指导实践就十分重要。正如表 4-1 所示，LTD 本身的构成较为复杂，此外还需要学生长时间对话讨论。因此，需要提前让学生掌握以合作精神为前提的小组学习的思维以及具体的技能。这并不仅是对 LTD 的要求，所有的小组学习均应如此，尤其是项目式学习以及问题式学习等这些需要教师直接监督指导，并且需要在长时间内以学生为中心开展活动的教学法。

合作学习的理论及技法并不是一旦习得就能永远持续的，教师需要根据小组学习使用的合作观点进行反思，让学生切实感受到合作的好处，并且为了能让合作学习的效果得以持续，需要让学生不断反思小组活动的开展方法。本实践中，从第一次课到最后一次课均开展了各种小组活动，其间我们不断反思学习活动，并持续进行了必要的改善。通过这些持续的改善，我们确保了 22 次课全都是基于合作的高活动性的课堂教学。

2. 采用分割型 LTD

本实践在导入 LTD 时，虽然对象是护理专业的成年学生，但是我们采用的是以小学生为对象开发的分割型 LTD（须藤 等，2011）。这样设计是想让学生系统地理解 LTD 流程的各个步骤，通过重复"解说→预习→会议"的过程，便于学生在课堂内就能理解每个步骤。此外，另一个现实考虑是大多数学生白天都在医院实习，这使他们很难在课外时间进行 LTD 的预习。

本次实践并没有分割每个步骤，而是将 LTD 一分为二，分为前半部分和后半部分，但这也确认了分割型 LTD 对护理专业学生的有效性。一直以来，LTD 一直因导入的步骤复杂而被诟病。实际上，也确实有不少声音反馈，初学者很难区别步骤 5 和步骤 6 中的"建立联系"。但是在分割型 LTD 中，教师使用具体的文章进行 LTD 的解说，并且预习是在课堂上进行的，所以即使是第一次预习，学生有不明白的地方也可以及时请教教师或是与小组成员讨论以获得帮助。因此，从结果上看，学生预习的内容更充实，会议的质量也更高。

3. 课堂教学基于 LTD 展开

本实践中，教师在第一阶段（阅读）让学生习得 LTD，并时常确认 LTD 流程；在第二阶段（讨论）开展辩论活动；在第三阶段（写作）指导学生完成论文。在此过程中，教师会提示学生在各个阶段都要遵循"观点（步骤 3）→论据（步骤 4）"的顺序，并且通过反复练习"建立联系（步骤 5 及步骤 6）"，加深对 LTD 流程的理解。教师尤其会提醒学生基于"观点（步骤 3）→论据（步骤 4）"的对话以及写作，由于是日常的护理工作直接需要的活动，所以学生对此的学习积极性也非常高。

关于本实践中采用的 3 个阶段（阅读、讨论和写作）的顺序，基于以下两点可以得出结论：让学生在最后进行写作是有效的。

首先，写作一般都是个人单独完成，但在本实践中，写作主题及构思的确定、文章修改等都是通过与同伴对话一起合作完成的。另外，写作是需要个人吐露内心世界的一件事，那么与同伴之间的信赖关系就非常重要了。如果合作学习所需的正面互赖关系（Johnson et al.，2005）无法确保，个人就无法完成学习。为此，我们在第一阶段（阅读）中学习了基于合作学习的LTD，在第二阶段（讨论）试着站在对方的立场思考，体验辩论。只有在这些过程中构建起正面互赖关系，学生才能在最后写出有内容且有深度的文章。

其次，在写作中，除了将自己的经历简明扼要地写出来外，还需要明确这些内容对现在的自己所具有的意义。这与步骤6中的建立联系是一样的道理，要实现自然灵活地建立联系这一目标，需要进行训练。该训练是在第一阶段（阅读）以及第二阶段（讨论）中反复进行的。那么，在第三阶段的写作中，由于之前已经习惯了"建立联系"，所以学生在最后的写作中才能"建立联系"，写出有内容、有深度的文章，这也说明训练是有效的。将写作设定为最终课题，这其实也是从新的视角重新审视自己与同伴的机会，在增强同伴意识这一点上是有效果的。此外，将参加全国性的比赛定为最终目标，使学生明确了对课堂教学目标的认识，提高了他们的学习积极性。

在本次实践中，我们展示了一个以培养逻辑语言技能为目的，以LTD为基础的有 定体系的多层次的课堂教学模式。今后我们将在此基础上继续进行改善，旨在使此教学模式更加完善。

4.5 | 以可以实际感受到深度变化及发展的课堂教学为目标

本章基于合作学习的理论及技法，阐述了提高课堂活动性的教学设计。通过实践案例，具体介绍了基于LTD的课堂教学设计，同时展示了其教学成果。本章内容确认了合作学习的理论及技法在设计具备高活动性的课堂教学中是有效的，同时论证了合作学习可以实现深度主动学习的预期学习成果。

正如本章所论述的，课堂教学是一项复杂的活动，与很多因素息息相关，本章仅论述了其中的一小部分。若想获得期待的课堂效果，需要对更多相关因素进行探讨。而在合作课堂中，我们希望读者特别留意的是"价值"及"合作"两点。现对这两点总结如下。

所谓课堂教学设计中的价值是指兼具教学内容以及教学形态的教育的有用性。在合作学习型课堂教学中，除了教学内容的价值，教师还需要让学生理解参与小组学习的这种教学形态的价值。为此，教师在述说课堂教学的价值时，不能仅停留于理念层面，还需要将其与学生的生活体验相关联，使其联系生活中的实际感受来领会教学价值。学生若是无法发自内心地理解并接受课堂教学的价值，就很难提高学习的积极性。那样无论教师怎么在课堂教学的设计上下功夫，也很难实现具备高活动性的合作学习型教学。

如果能实现课堂教学价值的共享，并且明确课堂教学的目的及方法，学生就能主动且能动地开展学习。此时，为了让其体会到与同伴一起学习的好处，即合作学习的好处，我们需要尽可能地在课堂环节创造让学生与同伴一起合作的机会。让学生重复体验一个人做不到，但是与同伴合作就能做到的乐趣，他们的合作精神会得到锤炼，对合作的认识也会有所提升。其结果就是，学生能更好地应对大学的学业及人际关系（山田，2011）。

最后要强调一下课堂教学设计中与同事协作的重要性。在固有观念中，大学的课堂教学应该由这门课的任课教师一人设计、实施以及评价，这也许是受学分认定由一位教师负责的观念的影响。但是，学生并不是只上一位教师的课就能成长的，而是通过大学提供的各种各样的课程来学习、成长的。这样一来，每位学生成长的责任，当然应该由大学全体教师来肩负。教师不应该仅依循个人的教学观及方法论上课，还有必要相互探讨一下教学之间的关联性。

对学生的变化及成长心怀期待，同事间通力协作参与课堂教学设计，教师群体的氛围也会改变很多（佐佐木，2013）。通过与同事合作进行教学设计，合作学习的效果首先能在同事间实现，教师也能共享合作的好处。而亲身感受过合作好处的教师，基于合作精神，与同事一起合作设计出具备高活动性的课程，在此基础上再进行课堂实践。那么，无论是学生还是教师，都能体会到学习的快乐以及与同伴合作的乐趣。这样的体验重复多次，就能形成充满欢笑的学习共同体。本章所论述的内容，若能成为构建这种学习共同体的契机，那真是荣幸之至。

本章小结

■ 合作学习是针对所有学习场景的学习支持理论，并不是开展小组学习的单一技法。合作学习的根本在于合作精神，通过反复体验强调合作学习的基本要素的小组学习，方能发扬合作精神。

■ 基于合作学习的理论，理解实践中的合作学习的技法，通过在课堂上对它们的适当活用，学生可以收获深度主动学习所需的学习能力并实现自身的成长。

■ 通过开展基于 LTD 讨论学习法的、系统性的多层次教学，可以培养逻辑语言技能。具备高活动性的合作教学不是一节课就能实现的，需要根据该科目的内容，结合学生的变化及成长，援用多种教学技法来设计以及实践。

■ 指导教师若不能深度理解合作的价值，就会让合作学习的实践变得很困难。通过与同事齐心协力，一起设计具备高活动性的合作课程，不仅能够使学生成长，教师间也能构建起看得到变化及成长的学习共同体。

注：

1）类似的概念还有"协作学习"。关于协作学习与合作学习的区别，可参考关田、安永（2005）及巴克利等（2009）的详细说明。

2）基本要素的名称有部分修改，但意思相同。

3）"循环赛"是按照课题明示、独立思考、集体思考的顺序构成的。面向班级全体传达内容后，为了让学生理解这些内容，教师会给学生提出适当的问题（课题明示）。学生先各自思考，准备自己的回答（独立思考）。之后，教师将学生分组，使其按顺序说出各自的答案，分配给每个人的回答时间应几乎相同。在此基础之上，小组内讨论，提炼出更好的答案。在必要的情况下，为了与别的小组共享答案，也可以开展全班讨论。

4）"思考–合作–共享活动"的基本顺序与循环赛相同。两者的区别是参加人数不同，后者由3人及以上组成1组，而前者由2人组成1组。

5）特派员法的顺序：首先使用"循环赛"提炼出小组的答案，全员共享理解。此后，为了听取其他小组的答案，指定一位小组成员作为特派员，将其派遣到别的小组。小组内的成员接待其他小组的特派员。特派员对派遣地的小组成员进行采访。最后，特派员分别回归自己原先的小组，将获取的信息与自己的组员共享。

6）拼图法的基础在于，将要学的课题根据小组的人数平分，分配到个人。每个小组成员负责不同部分课题的学习，然后向其他小组成员说明自己学到的内容。具体的顺序如下：①各自学习分配到的课题；②与跟自己分配到同一课题的其他小组的成员交流探讨，以加深对该课题的理解，思考解说方法（该小组被称为专家小组）；③回到原小组，各自将自己学到的内容教给别的小组成员，从而理解整个课题。

7）关于"理解"有2个问题（关于教学内容，你理解了多少？通过讨论，你对教学内容的理解加深了多少？）；关于"参与贡献度"有5个问题（讨论中，你参与了多少？讨论中，你贡献了多少？……）；关于"信赖"有2个问题（你与小组成员亲近了多少？你对小组成员的信赖有多少？）；关于"好感"有2个问题（你喜欢这个小组中的活动吗？你还想在该小组中进行讨论吗？）；关于"认同"有1个问题（你认为自己获得小组成员的认同了吗？）。

8）为小组分配论题，让小组成员各自思考并提出赞成及反对意见。首先是组员A提出赞成意见X；下一位组员B提出反对意见Y："A认为X，但我不这样认为。这样说是因为Y。"然后下一位组员继续否定上一位组员的意见，如此进行一轮。之后反向进行，提出赞成意见。

参考文献

❶ バークレイ, E. F., クロス, K. P., & メジャー, C. H.（2009）『協同学習の技法：大学授業の改善手引き』（安永悟監訳）ナカニシヤ出版 .

❷ 千々布敏弥（2013）「学び合う授業の現状と課題：ともに学び、高め合う授業づくり」『初等教育資料』5 月号, 2-5.

❸ Cohen, E. G., Brody, C. M., & Sapon-Shevin, M. (2004). *Teaching Cooperative Learning: The Challenge for Teacher Education*. Albany, N.Y.: State university of New York Press.

❹ 古庄高（2013）「LTD 話し合い学習法」初年次教育学会（編）『初年次教育の現状と未来』（p.237-249）世界思想社 .

❺ Hmelo-Silver, C. E., Chinn, C. A., Chan, C. K. K., & O'Donnell, A. M. (2013) *The International Handbook of Collaborative Learning*. London: Routledge.

❻ IDE 現代の高等教育（2011）『体験型学習の可能性』530 巻 .

❼ ジェイコブズ, G. M. ・パワー, M. A. ・イン, L.W.（2005）『先生のためのアイディアブック：協同学習の基本原則とテクニック』（関田一彦監訳）日本協同教育学会（ナカニシヤ出版）.

❽ Johnson, D. W., & Johnson, R. T. (2005). New developments in social interdependence theory. *Psychology Monographs*, *131*(4), 285-358.

❾ ジョンソン, D. W., ジョンソン, R. T., & スミス, K. A.（2001）『学生参加型の大学授業：協同学習への実践ガイド』（関田一彦監訳）玉川大学出版部 .

❿ ジョンソン, D. ・ジョンソン, R. ・ホルベック, E.（2010）『学習の輪（改訂新版）; 学び合いの協同教育入門』（石田裕久・梅原巳代子訳）二瓶社 .

⓫ Johnson, D. W., Johnson, F., & Smith, K. A. (1998) Cooperative learning returns to college. *Change, 30*, 26-35.

⓬ Kagan, S. (1994). *Cooperative learning* (2nd ed). San Juan Capistrano, CA: Resources for Teachers, p.8:3, 8:9, 12:1.

⓭ 木村晴子（1992）.「援助的なコミュニケーション：カウンセラーの仕事から」津村俊充・山口真人（編）『人間関係トレーニング』（p. 84-87）ナカニシヤ出版 .

⓮ Mandel, S. M. (2003). *Cooperative work groups*. Thousand Oaks, CA: Crowin press.

⓯ Millis, B. J. (2010). Why faculty should adopt cooperative learning approaches. In B. J. Millis (Ed.) *Cooperative learning in higher education: Across the disciplines, across the academy*, (p.1-9), Virginia: Stylus Publishing.

⓰ 峯島道夫（2014）「協同学習を取り入れた大学での英語授業：LTD 話し合い学習法による効果の検証」『中部地区英語教育学会紀要』43 号, 281-286.

⓱ 溝上慎一（2007）「アクティブ・ラーニング導入の実践的課題」『名古屋高等教育研究』7 巻, 269-287.

⓲ 溝上慎一（2013）「何をもってディープラーニングとなるのか：アクティブラーニングと評価」河合塾（編著）『「深い学び」につながるアクティブラーニング：全国大学の学科調査報告とカリキュラム設計の課題』（p. 277-298）東信堂 .

⑲ ニューエル, R. J.（2004）『学びの情熱を呼び覚ますプロジェクト・ベース学習』上杉賢士・市川洋子（監訳）学事出版.

⑳ 長濱文与・安永悟・関田一彦・甲原定房（2009）「協同作業認識尺度の開発」『教育心理学研究』57号, 24-37.

㉑ OECD (2000) *Measuring Student Knowledge and Skills: The PISA 2000 Assessment of Reading, Mathematical and Scientific Literacy*.

㉒ 佐々木美奈子（2013）「協同学習で学生が変わる：学生の学び合いと教師の同僚性」『看護教育』54巻8号, 656-661.

㉓ 柴田義松（2006）『批判的思考力を育てる：授業と学習集団の実践』日本標準.

㉔ 鹿内信善（2013）『協同学習ツールの作り方いかし方：看図アプローチ』ナカニシヤ出版.

㉕ 塩田芳久・阿部隆（1962）『バズ学習方式：落伍者をつくらぬ教育』黎明書房.

㉖ Slavin, R. E. (1995). *Cooperative Learning*. (2nd ed). Needham Heights, MA: Allyn & Bacon.

㉗ シャラン, Y., & シャラン, S.（2001）『「協同」による総合学習の設計－グループ・プロジェクト入門』（石田裕久・杉江修治・伊藤篤・伊藤康児訳）北大路書房.

㉘ 初年次教育学会（編）（2013）『初年次教育の現状と未来』 世界思想社.

㉙ 関田一彦・安永悟（2005）「協同学習の定義と関連用語の整理」『協同と教育』1巻, 4-18.

㉚ 須藤文・安永悟（2011）「読解リテラシーを育成するLTD話し合い学習法の実践：小学校5年生国語科への適用」『教育心理学研究』59巻4号, 474-487.

㉛ 須藤文・安永悟（2014）「LTD話し合い学習法を活用した授業づくり：看護学生を対象とした言語技術教育」『初年次教育学会誌』6巻1号, 78-85.

㉜ 末吉悌次（1959）『集団学習の研究』 明治図書.

㉝ 杉江修治（1999）『バズ学習の研究：協同原理に基づく学習指導の理論と実践』風間書房.

㉞ 杉江修治（2004）「協同学習による授業改善」『教育心理学年報』43号, 156-165.

㉟ 杉江修治（2011）『協同学習入門：基本の理解と51の工夫』ナカニシヤ出版.

㊱ 山田慧美（2011）「協同の認識と学校適応の関係：中1ギャップをてがかりに」 久留米大学大学院心理学研究科修士論文.

㊲ 安永悟（1995）「LTD話し合い学習法の導入：参加者の評価と指導上の注意点」『久留米大学文学部紀要（人間科学科編）』7-8巻, 49-69.

㊳ 安永悟（1999）「LTD話し合い学習法の大学教育への適用」『久留米大学文学部紀要』15巻, 45-47.

㊴ 安永悟（2005）「LTD話し合い学習法と不確定志向性」溝上慎一・藤田哲也（編著）『心理学者、大学教育への挑戦』（p.159-188）ナカニシヤ出版.

㊵ 安永悟（2006）『実践・LTD話し合い学習法』ナカニシヤ出版.

㊶ 安永悟（2009）「協同による大学授業の改善」『教育心理学年報』48巻, 163-172.

㊷ 安永悟（2012）『活動性を高める授業づくり：協同学習のすすめ』医学書院.

㊸ 安永悟（2013）「協同学習：授業づくりの基礎理論」初年次教育学会（編）『初年次教育の現状と未来』（p.69-81）世界思想社.

㊹ 安永悟・藤川真子（1998）「ディスカッション・イメージ尺度の再検討」『久留米大学文学部紀要（人間科学編）』12-13巻, 33-41.

㊺ 安永悟・中山真子（2002）「LTD 話し合い学習法の過程分析：不確定志向性の影響」『久留米大学文学部紀要（人間科学科編）』19 巻, 49-71.

㊻ 安永悟・江島かおる・藤川真子（1998）「ディスカッション・スキル尺度の開発」『久留米大学文学部紀要（人間科学編）』12-13 巻, 43-57.

㊼ 吉田一郎・大西弘高（2004）『実践・PBL チュートリアルガイド』南山堂.

第2部分　各种领域的实践

第5章

物理学入门——理解抑或记诵：我们教的是否正确

作者：埃里克·马祖尔　译者：冯庚祥　审校：林杰

5.1 物理学入门科目教学的问题 [1]

当别人问笔者是做什么的，笔者会告诉他们，他是一名物理学家。笔者常常听到高中或者大学里一些奇怪的物理课上的故事，这使身为物理学家的笔者感到很尴尬。从一般意义上讲，对于那些被要求学习物理学科目的非物理学专业的学生来说，他们普遍对物理学入门科目（如力学、电学、磁学）感到失望，甚至很多物理学专业的学生都会对物理学入门科目表示不满。他们起初对物理抱有浓厚的兴趣，最后却主修了其他专业。

英国物理学家麦斯威尔（Maxwell）曾对物理学入门科目表达过不满。近年来，美国学者希拉·托比亚斯（Sheila Tobias）也发表了相似的看法 [2]。托比亚斯访谈了很多旁听物理学科目的人文社科类专业的研究生，并描述了他们对物理课教学的抱怨。也许有人会推脱，认为那些有抱怨的非物理学专业的

---

[1] 日语版由松下佳代翻译，本文没有基于日语版翻译，而是基于英语论文进行翻译的。此外，英语原文中没有这一小节的标题，为了与日文版保持一致，这里加入了此标题。——译者注

[2] Sheila Tobias. They're not Dumb, They're Different: Stalking the Second Tier (Research Corporation, Tucson, AZ 1989).

学生，事实上并不是真的对物理感兴趣。但是，这些控诉物理课教学的学生并不会对专业领域之外的其他必修科目表示不满。

与 19 世纪 90 年代相比，20 世纪 90 年代的物理学的授课方式似乎并没有多大不同，听课的学生群体都具有小而专的特点。100 多年来，不仅讲授物理学入门科目的基本方法未变，连听课群体也未曾改变。物理学已经成为许多领域的基础性学科，包括化学、工程学和生命科学等。因此，修习物理课的学生人数也逐渐增加，而其中大多数并不是物理专业的学生。从对物理学感兴趣的物理学专业的学生到被迫学习物理的非物理学专业的学生——这些学生被美国物理学家理查德·克莱恩（Richard Crane）称为"囚徒"[1]，这种变化导致了学生对物理学态度的重大改变，同时也给物理学入门科目的教学带来了相当大的挑战。传统的教学方法虽然也成就了许多成功的科学家，却也使太多的学生失去了学习物理的动力。那么，在物理学入门科目的教学中，传统的教学方法到底存在什么问题呢？

过去 9 年，笔者曾在哈佛大学为工程学和科学专业的学生教授物理学入门科目。直到数年前，笔者还在以传统的讲授方式教授一门相对传统的课程，虽然也会在教学中使用一些实物演示来活跃课堂气氛。这些年，笔者一直都满足于自己的教学——在笔者认为有难度的地方，学生都能做得很好，而且笔者也能得到来自学生的正面评价。[2] 在笔者个人看来，笔者的班级没有太多的问题。

然而，几年前，笔者读到了美国亚利桑那州立大学的大卫·海斯特尼（David Hestenes）教授的一系列文章[3]，坦白说，这些文章让笔者大跌眼镜。在这些文章中，海斯特尼表示学生在接受第一节物理课教学时，已经带有对普通物理学现象的强烈的信念和直觉。这些信念和直觉来源于个人经验以及不

---

❶ H. Richard Crane, Am. J. Phys. 36, 1137 (1968).

❷ My ratings on the Harvard Committee on Undergraduate Education questionnaires have consistently been among the highest in the Physics Department at Harvard.

❸ Ibrahim Abou Halloun and David Hestenes, Am. J. Phys, 53, 1043 (1985); ibid. 53, 1056 (1985); ibid. 55, 455 (1987);Hestenes, David, Am. J. Phys, 55, 440 (1987).

同的学生在入门科目中对于教材的理解和解释。海斯特尼的研究表明，教学几乎不可能改变这些源于"常识"的信念和直觉。

例如，经过几个月的物理教学之后，所有的学生都能够背诵牛顿第三定律——相互作用的两个物体之间的作用力和反作用力总是大小相等，方向相反，作用在同一条直线上。而且大多数学生都能够运用这一定律进行数值运算（解题）。然而，在课下进行的小调查很快就显示出这些学生中的大多数都缺乏对这一定律的基本理解。海斯特尼制作了一些应用题，要求学生对不同物体的力量进行比较。例如，要求学生对一辆重型卡车和轻型小汽车发生碰撞时的力进行比较时，课堂上大多数学生都坚持认为与轻型小汽车对重型卡车施加的力相比，重型卡车会对轻型小汽车施加更大的力。读到文章的这一部分时，笔者的第一反应是"我的学生不会犯这种错误的！"。但是，出于好奇，笔者决定在哈佛大学对学生进行类似的概念理解测试，对象包括笔者班上的学生和物理学专业的其他学生。

当笔者发放测试题目的时候，第一个不良预兆出现。一个学生问笔者："马祖尔教授，我应该如何回答这些问题呢？是根据您教给我们的知识还是按照我自己对这些问题的理解呢？"尽管有这个预兆，但测试的结果还是令笔者大吃一惊：在这套海斯特尼测试中，学生的表现远远不如他们在旋转动力学测试中的成绩！事实上，海斯特尼测试非常简单（有同事说也可能是因为过于简单而不被学生认真对待），相对而言，有关旋转动力学转动惯量的中期测试难度更大。

对于这个测试结果，笔者花了很多时间与学生一一进行讨论，之前对教学的满足感也渐渐被失望和挫败取代——那些有能力解出复杂问题的聪明学生怎么会在这些表面"简单"的问题上出错呢？

为了弄清这看似矛盾的事实，笔者决定在接下来的物理考试中将基于同一概念的"简单"的定性问题与"困难"的定量问题放到一组。令笔者十分惊讶的是，40% 的学生对于定量问题的回答明显好于定性的问题，甚至有6 个学生在双回线路这个复杂的定量问题上获得了满分，却在相对简单的有关直流电路的定性问题上得了零分。潜在的问题慢慢浮现出来：许多学生在学习中将焦点集中在"解题方法"或者"解题技巧"上，而不考虑问题基本的概念。他们仅仅是把数字套入公式，熟能生巧而已。对我而言，谜团就这样解开了。为何学生会不断要求在课堂中增加习题量而减少教师的讲授？试想一下，如果考试考的和计入成绩的都只是他们的解题技能，那么他们有那样的要求不是理所当然的吗？笔者也看到了所谓"聪明"学生并不自知的问题——解题技巧对某些题目虽然是有效的，但并不能针对所有题目。当物理学只剩下一些并非万能的机械解法时，学生会感到物理学习是多么无聊！笔者对牛顿第三定律已经非常熟悉，熟悉到它已经成为笔者的第二天性——很明显，它是正确的。但是，该如何说服学生，使他们也相信（它是正确的）呢？当然不能仅是让学生死记这一定律，之后就让他们运用这一定律去解题……毕竟，这一定律是人类几千年心血的结晶。

在此之前，笔者一直忽视了这个问题。传统的评价尺度——解决定量问题的能力与学生的教学评价让笔者误以为，在物理学入门科目上，笔者一直都教得很好，学生们也学得很好。现在看起来，情况根本不是那样。虽然一些杰出的物理学家在他们的文章中责难学生缺乏对物理学入门科目的基本认识和理解[1]，但是笔者依然认为是这些物理学家还尚未意识到这个问题的严重性，笔者也是在几年前才真正意识到这个问题。

传统的教学方法存在一个重要的问题，那就是比起理解概念，更重视学生的解题能力。这导致很多学生去记忆解题技巧。对于学生来说，物理学入门科目就此变成了死记硬背且机械地解题，而对于其中的基本原理，学生则几乎不能理解。单纯地记忆算法和方程，而不理解概念的做法是不利于学生的智力发展的，这导致学生成绩差，对教材的理解存在困难。那么，这种教学，即仅强调对方程的机械操作而不考虑学生对知识的理解的教学，究竟有

❶ See for example: Arnold Arons, A Guide to Introductory Physics Teaching (John Wiley & Sons: New York, NY, 1990); Richard P. Feynman, The Feynman Lectures, Vol. 1, (Addison Wesley, New York, N.Y., 1989) p. 1-1; Ken Wilson., Phys.Today 44:9 (1991) p. 71-73.

什么意义呢？

　　另一个问题是教材的呈现方式。教材常常来源于教科书、教学笔记等，如果只是生搬硬套，则无法给学生提供新奇的刺激，不能激发学生上课和学习的动机。传统的教材的呈现，几乎都采用在完全被动的"观众"前教师唱独角戏的形式，这已经被视为问题，因为只有非常出色的教师才有能力使学生在整堂课上完全集中注意力。对教师来说，为学生提供足够的机会去争辩和讨论以开发学生的批判性思维更是困难，况且因为是入门科目，所以只有极少数有热情和专业知识的学生会在课后主动做这样的事情。因此，传统的教学仅是加强了学生的误解，使他们认为掌握教材最重要的步骤就是解题。最终，学生将要求讲授越来越多的例题，以便可以更好地掌握解题方法。这种不良循环强化了他们的这种意识，即认为成功的关键就是解题。

　　过去 3 年里，笔者探索了一些教授物理学入门科目的新方法，试图找到能够双赢的方法，既能使学生关注物理学的基本概念，又不会弱化学生解题的能力。这段时间以来，笔者开发了一种新的教学方法，称为同伴教学法[1]，下面将着重对其进行论述。同伴教学法是一种教授物理学基础概念的有效的教学方法，能够在传统问题上使学生有更好的表现。这种方法不仅在哈佛大学被证明是一种有效的教学方法，而且在其他很多高等教育机构都得到了印证，包括文科院校和军事学院[2]。有趣的是，笔者发现这种教学方法可以使教学变得更简单、更有效。

5.2 ┃ 同伴教学法：使学生在课堂上学会思考

　　这个方法的基本目标是促使学生积极地进行课堂互动，使学生的注意力

---

❶ See e.g. Chapter 8 in Revitalizing Undergraduate Science: Why Some Things Work and Most Don't by Sheila Tobias(Research Corporation, Tucson, AZ, 1992).

❷ 该方法在北京师范大学张萍老师的物理学课程教学中进行过实践，在日本京都大学的心理学课程中也得到了实践。——译者注

集中在基本概念上。教学不是依据教材照本宣科，而是以围绕涵盖教材主题的"概念测试题"（ConcepTest）的讨论形式进行的。所谓"概念测试题"，是与主题相关的一个简短的且包含多项选择的概念问题。教师首先会给学生一些时间进行独立思考，并给出自己的答案，然后要求学生在课堂上组成小组对各自的答案进行讨论。这一形式有以下好处：①迫使学生在陈述自己的观点和极力说服他人接受自己观点的过程中发展批判性思维；②为教师和学生提供一种有效的评估学生对于概念的理解程度的方法。

课堂上，教师通过让学生回答概念测试题，实现了对学生的教材理解情况的持续评价。如果学生在概念测试题环节上有令人满意的表现，那么教学将会转向下一个主题。倘若结果不太理想，教师则应该放慢速度，对同一主题内容的讲授应该更详细，然后再用与之相关的另一个概念测试题对学生重新进行评价。这样可以避免因教师期望与学生理解发生偏差而形成"鸿沟"。"鸿沟"一旦形成，随着时间的推移，只会不断地加深直到整堂课都"迷失方向"。

表 5-1 展示的是内容涵盖 3 个或 3 个以上概念的教学流程。教师先花 10 分钟左右的时间对某个概念进行讲授，接着使用至少一道概念测试题来验证学生的理解程度。表 5-2 展示了一道概念测试题的呈现流程，时间一般在 15 分钟左右。同伴教学法的关键是设置一组简单的质性的概念测试题，每一道题都要求体现一个简单的物理学概念。这些设置能够帮助学生在解题之前将注意力集中在对概念的理解上。而在教授物理学入门科目的传统教学方法中，理解往往是在机械地解题之后进行的。

表 5-1　3 个或 3 个以上概念的教学流程

教学流程	时间
① 教师简要讲授概念1（包括做演示等）	7 ～ 10 分钟
概念测试题1：学生真的理解了概念1吗	5 分钟
如果不是：重新返回概念1	依具体情况而定
如果是：进入下一题	

续表

教学流程	时间
② 教师简要讲授概念2（包括做演示等）	7 ～ 10 分钟
概念测试题2：学生真的理解了概念2吗	5 分钟
如果不是：重新返回概念2	依具体情况而定
如果是：进入下一题	

表 5-2　一道概念测试题的呈现流程

序号	呈现流程	时间
1	教师抛出一个简单的概念问题	1 分钟
2	寂静：教师提供时间，让学生进行独立思考	1 分钟
3	学生记录自己的答案（可供选择的）	
4	混乱：学生进行同伴学习，要求尽力表达自己的观点并努力说服小组同伴接纳自己的观点	1 分钟
5	学生再次记录自己的答案（可供选择的）	
6	教师接受反馈：统计学生的答案	
7	教师对答案进行解释	2 分钟

下面一起来看一个具体的实例——一堂有关"液体"的物理课。假设需要理解的概念是阿基米德原理。首先，教师会利用 7 ～ 10 分钟的时间对阿基米德原理进行简要的概括，强调该原理的概念和观点，避免（甚至省略）使用任何方程或推导公式。在简短的讲授过程中，教师可以使用实物做演示（如浮沉子）。然后，在进入下一个主题（也许是帕斯卡原理）之前，教师设计以下选择题（第一步）。

有两个充满了水的大小相同、容量相等的浴缸，其中一个浴缸中漂浮着一艘大的玩具战舰，那么请问哪一个浴缸更重？

① 仅充满水的浴缸。

② 充满水且漂浮着一艘玩具战舰的浴缸。

③ 两个浴缸一样重。

　　与学生一起阅读问题是一个重要的环节，这可以确保学生能够准确地理解问题本身的确切含义。接下来，教师会告诉学生，他们有 1 分钟的时间思考问题的答案（如果给他们更多时间，他们可能会立马去解题而不是思考）。此刻，当学生集中注意力思考问题时，课堂是寂静的（第二步）。1 分钟后，要求学生记录自己的答案（第三步），然后尽力说服自己的小组同伴接受自己的答案。于是，寂静被打破，所有学生陷入对问题的讨论中，每一个学生都尝试与自己的小组同伴进行争辩（第四步）。经过 1 分钟的辩论后，要求学生再次给出自己的答案（第五步）。然后，教师要求学生举手反馈自己的答案，这时就能把握每个选项的选择情况。笔者在自己的物理课堂上采用了上述例题，结果如图 5-1 所示。

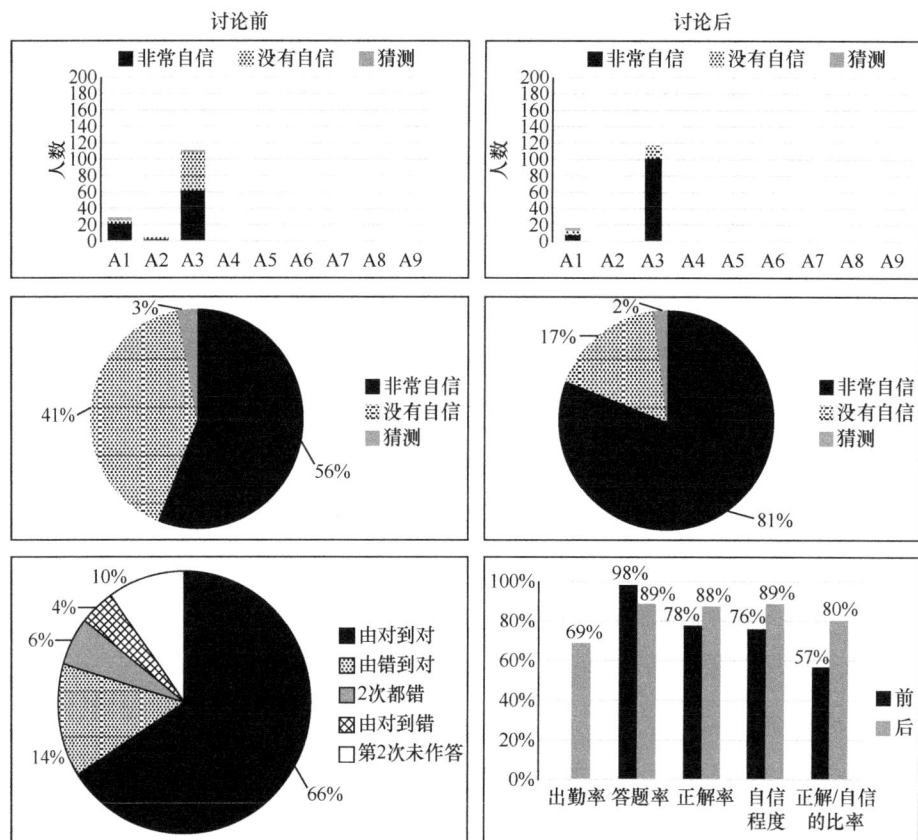

图 5-1　阿基米德原理的数据分析图

在图 5-1 中，学生最初的反馈和确信度水平显示在左侧，学生讨论后修改的反馈和确信度水平显示在右侧。左下图显示了经过讨论后，学生是如何改变和修正自己的观点和答案的。

值得注意的是，在小组讨论之前选择正确答案的学生比例为 78%，在小组讨论之后，回答正确的学生比例上升至 88%。同时，饼状图显示了学生小组讨论的另一个好处：对自己的答案持肯定态度的学生比例由 56% 上升到了 81%。当然，笔者在课堂上没有及时获得如此详细的结果[1]，但是从学生举手的情况看，选择正确答案的学生占大多数。因此，在进入下一个学习主题之前，笔者仅需要花费几分钟的时间对正确答案进行简要讲解。

从图 5-1 所示的实例数据看出，选择正确答案的学生数量和学生的确信度都呈明显的上升趋势。同伴教学阶段结束后，笔者对学生反馈的结果重新进行系统性的统计，发现选择正确答案的学生比例有大幅度的提升[2]。与教师相比，学生似乎能更好地把概念清楚地讲解给同伴。而对于教师，那个概念太熟悉了，熟悉到就像第二天性一样。当问题抛出时，理解这个概念的学生也可能是刚刚掌握这个概念，他们对理解这个概念时的困难的感觉依然是新鲜的，因此，他们在解释概念的时候明确地知道要强调什么。同样，众所周知，许多经验丰富的老教师认为他们对科目的第一次讲授往往是最好的，因为那时的教学有后来"熟练"之后所欠缺的清晰感和新鲜感。同理，随着时间的流逝，教师对教材越来越熟悉，其对于概念难点的感觉就钝化了。

在这一新的讲授形式下，概念测试题将占据整堂课约 1/3 的时间，这也必然意味着直接讲授的时间会减少。因此，教师有两个选择：①在课堂上仅讨论部分教材内容；②削减整体教材的内容。尽管很多教师会认为②是最佳

---

❶ 从后文可以知道，笔者当时是通过课后统计的方式才获得这些结果的。这篇文章完成得比较早，在当时还没有像现在这么先进的技术设备来实现课堂内的及时反馈。——译者注

❷ 通常情况下，当学生选择正确答案的初始比例为 50% 左右时，学生的提升空间最大。若初始比例高于 50%（见图 5-1），学生的上升空间较小；若初始比例低于 50%，能够说服他人做出正确选择的学生也较少（见图 5-5）。

选择，但笔者选择①。笔者不会在课堂上覆盖教材的所有内容——毕竟，细节总是体现在书中或笔记中的。课程刚开始时，笔者会抛出几乎所有的推导公式和所有的实例问题（这是明智的）。正如笔者之前所说，几乎没有学生会从观察教师运用公式的行为中直接获益。为了弥补机械化教学中的缺陷，笔者要求学生在课前阅读教材。虽然对于一门科学科目来说，这样的做法似乎很奇怪，但在许多其他科目上，学生已经习惯了在课前完成阅读作业（reading assignments）。这样一来，笔者的教学就可以涵盖与之前同等量的内容，而且学生能够将更多的注意力集中于基本原理，并且他们依然有机会在每周的习题课上锻炼解题能力[1]。此外，学生的家庭作业通常一半是传统的选择题，一半是开放型的论述题。

5.3 | 运用同伴教学法得到的结果

在论述同伴教学法具体实施的指导方针之前，笔者首先展示一些在课堂上通过运用这种教学方法而得到的结果。需要强调的是，这些结果在其他使用该方法的大学也得到了印证[2]。

同伴教学法的优点有很多，如学生讨论的环节打破了原有的被动讲授方式的单调。在课堂上，学生不仅能够保持注意力集中，而且会积极主动地参与课堂教学。笔者发现学生之间的讨论总是自由、开放和活跃的。在讨论中，学生不仅是单纯地吸收和同化知识，他们还必须认真思考，并将自己的想法和观点组织成语言表达出来。以往3年收集的数据资料显示，同伴教学法在提高学生的正确率和确信度方面都有显著的效果。

同伴教学法的长期效益更引人注目。过去几年，笔者使用了由海斯特尼开

---

[1] 美国的一些大学会在讲授型教学以外安排一节习题课（recitation），一般由助教负责。学生在此节课上进行习题演练，完成课外作业等。——译者注

[2] See Sheila Tobias, Revitalizing Undergraduate Science Education: Why Some Things Work and Most Don't, Research Corporation: Tucson, AZ (1992).

发的一个"力学概念测试量表"（force concept inventory）[1]，针对学生对基本概念的理解情况进行诊断性测验。在美国很多测量物理教学有效性的研究中都使用过这个量表。1990 和 1991 年，利用在笔者的班级中获得的统计数据可以对同伴教学法和传统教学方法的相对有效性进行对比，对比结果如图 5-2 和图 5-3 所示。

图 5-2 显示了 1991 年有关力的概念测试量表的分数，左侧是第一堂课的分数统计，右侧是教师使用同伴教学法进行为期两个月的教学后测试所得的分数。这个测试的最大分值为 29 分，两次测试的平均值分别为 19.8 分和 24.6 分。

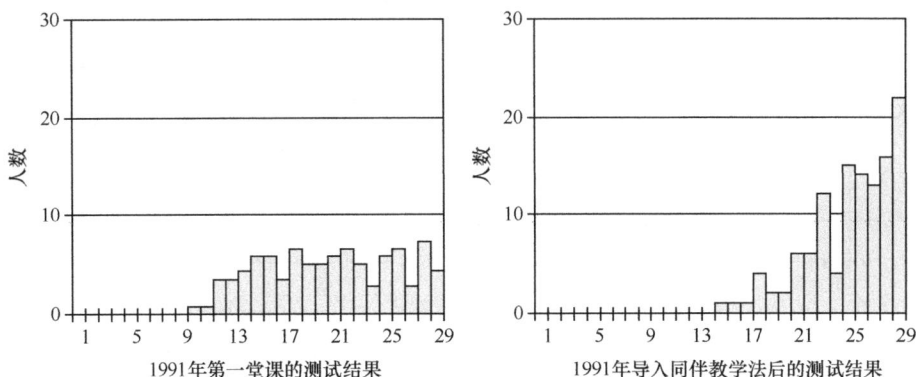

图 5-2　1991 年教师采用同伴教学法的结果显示图

图 5-3 显示了 1990 年和 1991 年有关力的概念测试量表的分数，右侧是教师采用传统教学方法为期两个月后的测试分数，左侧是 1991 年第一堂课的分数统计。将两个数据进行对比，两次测试的平均值分别为 19.8 分和 22.3 分。

图 5-2 显示了同伴教学法的使用能够明显提升学生的学习成绩。海斯特尼发现，使用同伴教学法后，仅有 4% 的学生对牛顿力学没有入门。请读者注意一下，使用同伴教学法后学生的分数迅速提高至满分（29 分）。相反，1990 年之前使用的传统的教学方法对于学生成绩的提高影响较小，这一结果与海斯特尼在其他学校进行研究得出的结果一致。

虽然同伴教学法在提升学生对概念理解的方面的功效不可否认，但也有人质疑这种新的教学方法能否使学生获得传统考试必需的解题能力。他们担

---

❶　D. Hestenes, M. Wells, G. Swackhamer, The Physics Teacher 30, 141 (1992).

心的是，课堂教学结构的调整以及同伴教学法对概念的强调，都是以牺牲解题的时间为代价才实现的。为了回答这个问题，在1991年的一次期末考试中，笔者使用了一份与1985年相同的试卷。图5-4显示了两次考试学生分数的分布情况。因为在概念理解方面已经得到了改善，所以如果学生分数分布的情况相同，那就能算是一个勉强令人满意的结果。但实际上，在1991年，不仅低分区的临界值很高，而且学生分数的平均值有了明显提升。

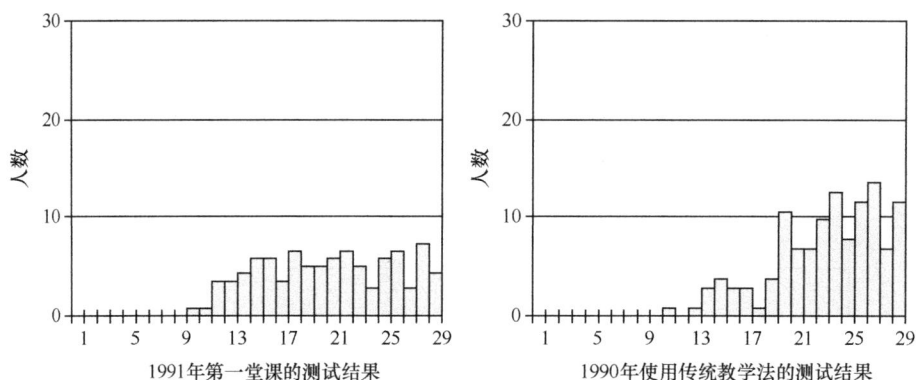

图5-3　教师使用传统教学法的结果显示图

图5-4的柱状图为1985年和1991年学生的期末测试成绩。在这两次测试中，教师采用了相同的试卷。但是，1985年的教师采用了传统的教学方法进行授课，1991年的教师则采用了同伴教学法进行授课。以100分为最大分值，1985年和1991年学生两次测试的平均值分别为62.8分和69.4分。

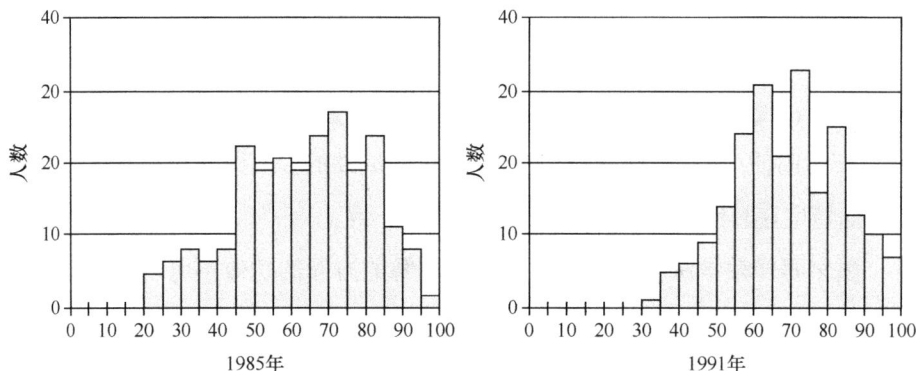

图5-4　传统期末测试的结果对比图

5.4 ▎把讲授型教学变革为新形式

接下来将讲述过去几年里笔者为使传统教学法向新的同伴教学法转变所做的努力。需要强调的是，因为没有必要完全采用一份新的讲义，所以笔者采用的依然是自己之前的讲义。希望笔者的经历能够为你转变自己的教学方法、采用新型的同伴教学法提供指导和借鉴。

5.4.1 ▎阅读作业

由于概念测试题会占据大量的课堂时间，因此同伴教学法不会像传统讲授法那样，让教师花费大量课堂时间进行直接的知识讲授。正如前文提到的，笔者的课堂省略了几乎所有的实例问题和许多推导公式的问题。尽管这使很多人感到惊讶，但大量的文献和事实都表明学生在观察他人解题的过程中获益甚少或者毫无裨益。此外，上述的结果也显示了在省略实例或推导的情况下，学生解题的能力不会受到影响。

笔者在第一次上课的时候就会告诉学生，笔者不会基于自己的讲义或者教材照本宣科，因此希望他们能够在每一次上课之前独立阅读相关资料（笔记或书籍）。事实上，为了确保学生能够完成阅读作业，笔者会给他们提供一些小奖励。[1] 因此，笔者在运用同伴教学法授课时，涵盖的教材内容量依然与先前相同。

事实上，在第一堂课中，笔者会给学生分发教学计划，其中含有整个学期的阅读作业。笔者会严格执行这份计划，并且尽力比前一年执行得更好。如果某节课的进度比预期更快（小概率事件），学生就能提前休息——没有学

---

❶ 在课堂开始之前，我会给学生提供一个特殊的概念测试题，也称为"附加题"。学生对这一道题的回答将会产生一定的学分，这些学分可以算入学生最终的成绩。这一问题之所以特殊，在于学生在作答之前不会事先对问题的相关材料进行讨论，而是被要求在课前独立完成阅读任务。此外，教师会立即收集学生对这一问题作答的反馈信息，但并不需要同伴之间对答案进行讨论。

生会因此而感到不开心。如果某节课的进度比预期更慢（通常因为概念测试题有一定的难度），笔者会跳过不重要的部分，并用以下形式完成它们：①学生阅读；②习题课（每周一次的习题课）；③家庭作业。有时候笔者会利用下一节课的内容强调某些重要的知识点，或者额外给出一道概念测试题。无论如何，笔者都会在学期中安排一次复习课，这是为了给调整教学进度留出一定余地，使进度不至于太紧张。这样一来，每节课的教学就有了灵活性。

如上所述，同伴教学法的关键是让学生提前完成一部分学习。遗憾的是，现在的大部分书籍都不是理想的学习资料，它们包含了太多的信息，以致学生无法判断出哪些与教学相关，哪些不相关。因此，笔者布置的阅读作业常常用的是自己制作的讲义。

5.4.2 关键概念

在一些课堂教学中，除去实例和推导部分，几乎不剩什么内容。但是，一堂课的"核心"应包含一些关键概念。在完成了课前的简要陈述后，笔者会抛出 4 个或 5 个想要向学生传达以及需要学生掌握的关键概念。笔者也常常会从阿诺德·安诺（Arnold Arons）的《物理学入门科目的教学指南》中寻找灵感和答案，尤其在遇到困难的地方期待获得额外的指导时。最终，笔者提出了由 4 个关键概念组成的一个讲授框架，如表 5-3 所示。

表 5-3　有关流体静力学的讲授框架

序号	授课内容
1	压力的定义
2	随着深度增加而增大压力的函数
3	阿基米德原理
4	帕斯卡原理

5.4.3 概念测试题

在上述讲授框架下，为检测学生对关键概念中每一个知识点的理解程度，开发出一些高质量的定性问题显得尤为重要。概念测试题是教师用来转变课堂形式的关键。这或许是转变教学方式中工作量最大的部分，但它是整个课堂教学的核心内容，其重要性不应该被低估。在很大程度上，同伴教学法的成功取决于这些测试题的质量及其与关键概念的相关性。这些测试题的来源（或灵感）将会在"5.5 结论"中具体列出。

概念测试题的设计虽然并不需要遵守很严苛的规则，但是必须满足以下基本要求。

① 聚焦于单个概念。

② 不依赖公式就能够解决。

③ 答案具有多元选项。

④ 试题表述明确。

⑤ 难易程度适中。

其中，前3项要求最重要，因为它们会直接影响教师对反馈信息的理解。如果一道测试题包含了不止一种概念，那么教师就很难对反馈的结果进行解释，也很难把握学生是否真的正确理解了题目的意思。同样，如果学生可以通过公式很容易地解出测试题，那么学生给教师的反馈信息就无法恰当地反映出其真实的理解水平。在理想状态下，学生提供的错误答案应该反映多数学生共有的错误概念，虽然每个学生都会按照自己的思维标准给出错误的答案，但是这些具有多元选项的答案最终应该源于学生。例如，教师在设计填空形式的概念测试题时，应将学生最易出错的信息整理汇总，然后设计一道能够反映多数学生错误概念的明确的测试题。

设计概念测试题的基本要求中的最后两项可能更难事先评估，尽管这些要求听起来很容易达到。令笔者吃惊的是，很多在笔者看来简洁易懂的测试题总是会被学生误解。这些有歧义的问题只能在课堂测试中实践后才能被发现。至于问题的难度，图5-5显示了一个学期以来所有问题讨论前后选择正确答案的学生比例，以及与学生确信度加权后的信息。请注意所有的点都位于斜率为 1 的直线上方（点若低于或恰好落在斜率为 1 的直线上则说明讨论无效）。正如预期的那样，当学生选择正确答案的初始比例为 50% 左右时，学生的进步是最大的（相当于从 40% 上升至 90%）。因此，笔者认为学生选择正确答案的初始比例在 50% ～ 80% 的区间范围内为最佳。

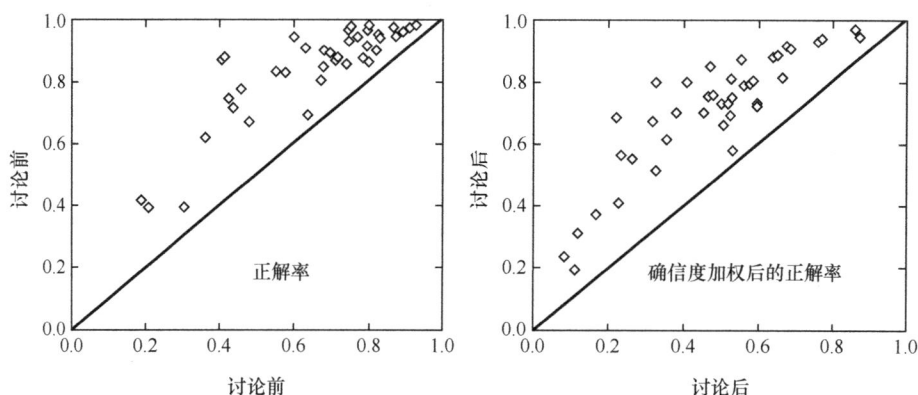

图 5-5　同伴讨论前后的结果显示图

5.4.4　教学计划

一旦问题确定，笔者将会以新的视角重新审视以前的讲义，看看在哪一点上能够提出一些新的问题。同时，笔者也会计划如何为学生提供实物演示。有时，笔者会将问题与演示结合起来，使二者融会贯通。

5.4.5　教学方法

实际教学没有以前那么刻板。教师需要保持适当的灵活性以应对学生在回答概念测试题的过程中可能产生的意想不到的情况。笔者发现如今自己的随机应变能力比以前好得多。尽管最初这样的教学前景似乎令人担忧，但笔者认为课堂教学新增的灵活性事实上使教师的教学比以前更加容易了。在教室沉寂的时刻（当学生正在思考时），笔者可以休息片刻，调整呼吸，重新思索和修正自己的观点。在学生进行小组讨论期间，笔者通常会参与某些学生的讨论，以感受和了解学生的思维和想法。这能够使笔者更好地了解学生所遇到的问题，更好地把握课堂教学的进度以及学生的学习水平。

与之前的教学方法相比，新的教学方法能诱导学生提出更多的问题。这些问题常常是非常重要且深刻的，笔者试图尽可能多地回应这些问题。

5.5 | 结论

由此可见，在相对较少的努力和没有金钱投入的情况下，在入门的科学科目上，学生成绩的大幅提升是有可能实现的。为了获得上述成果，笔者仅把一些定性问题融入每一堂课，而在其余部分的课堂教学中，笔者依然会使用现在的讲义。在课堂上，笔者省略了实例和推导部分，将这些内容作为阅读作业分配给学生（课外完成）。尽管学生解题的时间减少了，但是令人欣慰的是，概念的理解确实能够提升学生在传统测试中的成绩，这已被实践所证明。另外，学生调查结果显示学生满意度（学生成功的重要指标）也有大幅度的提升。

附录 1：概念测试题的来源

创设、编写概念测试题是一项重要的工作，因为概念测试题是同伴教学法成功的核心和关键。为了简化这项任务，笔者希望建立一个非正式的人际关系网络，可以将这些问题与同行进行交流、分享和讨论。在过去的两年里，我们已经开发了覆盖物理学基础领域的概念测试题。[1]

我们有很多关于概念测试问题及灵感的好资源。例如，在大多数标准的物理学入门科目教材中，"章节疑问"（而不是"问题"或"练习"）可能会是一个好的开始。《美国物理学杂志》(*American Journal of Physics*) 中已有多篇

---

❶ 通常情况下，对于一本标准的物理学入门科目教材来说，其中共有大约 150 个基本的物理学概念，而每一节课会向学生介绍其中的 2～5 个基本概念。我们已经开发了一套完整的概念测试题，并统计了学生对于这些问题作答情况的详细数据信息。这些信息均可应要求提供。

文章证明创设概念测试题是有益的。此外，以下几本书也提供了突出强调基础概念的高质量题目。这些问题都在强调基础概念，明确常见的学生有关教材的错误概念，其设计旨在真正帮助学生掌握基础概念。以下这些书并不全面，但都是笔者自己创设概念测试题时常参考的资料。[1]

① Arnold B. Arons, A Guide to Introductory Physics Teaching, John Wiley & Sons, New York (1990).

② Lewis Carroll Epstein, Thinking Physics, Insight Press, San Francisco (1990).

③ Paul G. Hewitt, Conceptual Physics, Scott, Foresman and Company, Boston (1989).

④ Jearl Walker, The flying circus of physics. John Wiley & Sons, New York (1977).

附录 2：反馈方式

同伴教学法的优点之一就是它能够提供学生在理解程度上的及时反馈信息。但是这要求教师追踪并统计学生对概念测试题的答案。根据教学实际情况和教学目的的不同，对学生答案的统计有多种不同的方法。以下是笔者已经使用过的 3 种统计学生答案的方法：

① 举手；
② 统计表；
③ 笔记本电脑。

举手是同伴教学法使用过程中，教师收集学生反馈信息最简单的方式。这种方式的优点是在无须借助任何新的技术设备，也无须投入太多资金的情况下，教师仍可以实现同伴教学的目标。这种反馈方式可以让教师把握学生理解的整体状况，以便对课堂进度进行调整。这种方式主要的缺陷在于，由于心理认知的差异，一些学生在举手时犹豫不决，无法及时提供反馈，加之

---

❶ 马祖尔教授的著作 *Peer Instruction* 的中译本《同伴教学法》已经出版。此书的前半部分是关于同伴教学法的介绍，后半部分大量篇幅都是物理教学中的概念测试题。——译者注

教师对学生答案分布的评估存在一定的困难，容易出现评估失误，教师对学生理解情况的评估缺乏精确性。另外，这种反馈方式还有一个小问题，它并不是一种可以永久记录学生反馈信息的方式（除非课堂上有专人负责进行数据的统计），在进行同伴讨论之前没有任何数据信息。

由于笔者感兴趣的是对短期和长期以来同伴教学法的有效性进行量化，因此课后笔者还制作了大量统计表。统计表要求学生在讨论前后分别将自己的答案和确信度记录在教师准备的统计表上，课后教师对学生记录在统计表上的信息进行整理分析，从而获得大量的反馈，包括学生的出勤率，学生对知识的理解程度，学生的进步程度以及同伴教学法使用的短期效果等。然而，这种方式的缺陷在于课后会给教师带来很大的工作负担，加上统计表反馈信息具有滞后性，教师无法在课堂上及时获得反馈，因此它的使用在一定程度上存在一些限制。由于这个原因，笔者总是要求学生举手反馈他们的答案。此外，笔者还要求学生对他们的答案进行标记。

一年前，笔者在教室安装了一台由百特教育公司（Better Education, Inc）生产的计算机互动应答系统——ClassTalk。这个系统能够同时显示学生对概念测试题的作答情况以及学生的确信度水平。要求平均 3 ~ 4 名学生组成小组并分享这样一台计算机设备。学生将自己的概念测试题的答案传输到互动应答系统上，系统收到学生反馈的答案后，可以通过计算机显示屏自动向教师和学生呈现答案的分布情况。因此，即时反馈学生对概念测试题的作答情况是这个系统的主要优势。此外，这个系统还有一些其他的特点。例如，教师可以获得学生的相关信息（如学生的姓名、所坐的位置等）；使大规模的班级更易于管理；处理一些数值或单项选择的问题；增加与学生的互动等。但这种系统也有潜在的缺陷，如需要大量的资金投入，这为同伴教学法的实施和推广增加了难度。

本章小结

■ 传统的物理学入门科目在教育方法上存在的问题是，相较于概念理解，它更重视数学运算。对于学生而言，物理学入门仅仅是死记公式算法，缺少对原理的理解。

■ 同伴教学法应运而生。在同伴教学法中，使用概念测试题（关于单个概念的简短的多项选择题）时，首先学生要独立思考答案，然后同伴间进行讨论，之后再各自解答，最后教师进行解答。当学生选择正确答案的初始比率在 50% ～ 80% 时，这种做法是最有效的。高于此范围时，应不做讨论，直接进入教师解答；低于此范围时，也不进行讨论，而是由教师再次对概念进行解释。

■ 通过使用同伴教学法，学生对概念测试题的正确解答比率以及对各自答案的确信度都大大提高（学生往往会比教师更善于解释概念）。此外，由海斯特尼开发的"力学概念测试量表"显示的正确解答比率也有所上升。学生不仅理解概念，而且数学计算的成绩也得到了提升。

■ 在同伴教学法中，概念测试题会花费整体教学中大约 1/3 的时间，但教学中省去了推演实例以及公式的步骤，通过将其放到课外阅读或每周一次的习题课里，教师依然能够使用以前的讲义，保证进行和以前同等内容量的教学。

■ 借助同伴教学法，物理学入门这门课能够让学生实现对概念理解的深化，并大幅提升学习成绩。

参考文献

① Arons, A. (1990). *A guide to introductory physics teaching*. New York: John Wiley & Sons.

② Crane, R. H. (1968). Students do not think physics is "relevant." What can we do about it? *American Journal of Physics*. 36(12), 1137-1143.

③ Epstein, L. C. (1990). *Thinking physics*. San Francisco, CA: Insight Press.

④ Feynman, R. P. (1989). *The Feynman lectures on physics*. 1, 1-1.

⑤ Halloun I. A., & Hestenes, D. (1985a). The initial knowledge state of college physics students. *American Journal of Physics*. 53, 1043-1055.

⑥ Halloun I. A., & Hestenes, D. (1985b). Common sense concepts about motion. *American Journal of*

Physics. 53, 1056.

❼ Halloun I. A., & Hestenes, D. (1987). Modeling instruction in mechanics. *American Journal of Physics*. 55, 455-462.

❽ Hestenes, D. (1987). Toward a modeling theory of physics instruction. *American Journal of Physics*, 55, 440-454.

❾ Tobias, S. (1989). *They're not dumb, they're different: Stalking the second tier*. Tucson, AZ: Research Corporation.

❿ Tobias, S. (1992).*Revitalizing undergraduate science: Why some things work and most don't*. Tucson, AZ: Research Corporation, 114-112.

⓫ Wilson, K. (1991). Introductory physics for teachers. *Physics Today,* 44(9), 71-73.

注：[1]

本章源自以下论文，获得版权后进行翻译。

Mazur, E. (1997). Understanding or memorization: Are we teaching the right thing? In J. Wilson (Ed.), *Conference on the Introductory Physics Course on the occasion of the retirement of Robert Resnick* (p.113-124) New York: Wiley.

---

❶ 因本章依据英文原版进行翻译，为与其他各章结构保持一致，保留了日文原版中的"本章小结"部分，但省去了关于日文书籍的推荐。——译者注

第6章

哲学——在哲学入门科目上尝试使用概念图的深度学习

作者：田口真奈　松下佳代　译者：蒋妍

所谓"讲授型教学"，在学生的学习热情很高，教师的教学技能也很突出的情况下，大概是最有效（包括效率及效果）的一种教学形态。但是，即使在讲授型的课堂中，学生也需要有"输入"（input），即"听课"以外的活动，而这种"产出"（output）的活动常常被放在课外。不管怎样，如果没有关于学生的产出活动情况的资料，教师就不能把握学生学了什么、学得多深。当然，学生的表情或者行为可以算是某种产出，教师据此能够从某种程度上推测学生的理解程度。但如果希望改善课堂教学，就需要更加详细的资料。而且学生的产出有益于教师把握学生的学习情况，也有益于学生自身的学习。

让学生呈现这些"产出"的方法有很多种，我们把焦点放在了概念图这一工具上。因为概念图比较容易在讲授型教学中应用，而且它作为一种学习工具，对个人消化和理解宽泛的概念是非常有效的。

本章将介绍可能作为促进深度主动学习的工具——概念图在所谓的传统讲授型课堂教学中进行实践的例子，以及对此进行评价的量规的开发。

6.1 ┃ 实践背景

笔者并非从事哲学专业教学，但从 2008 年开始，深入参与了京都大学文学院开设的哲学入门科目，契机是 pre-FD 项目。所谓 pre-FD，是在 FD 的前阶段实施的针对成为大学教师的准备活动的简称[1]。"文学研究生院 pre-FD 项目"是针对文学研究生院的 Over Doctor（OD）[2] 的职业支援活动的一环，探讨了怎样对 OD 进行支援，怎样提高 OD 所承担的课堂教学质量等问题（田口真奈 等，2013）。

OD 承担的是面向文学院[3]（6 个系）的 1、2 年级学生的入门科目，由多名 OD 共同担任，采用轮流上课的形式。OD 多在课堂中与学生分享自己的研究，内容丰富且有趣，只是上课形式多是讲授型教学。可以推测，他们曾经在这种形式的课堂上收获了丰富的知识，同时使自己对哲学的兴趣被激发，才一路读到博士。如此一来，就不难理解他们的课堂教学风格了——毫不存疑地模仿并继承自己接受过的课堂教学形式。

实际上，OD 在文学院授课，哪怕采用传统的讲授型教学，只要在课堂中没有出现大的乱子就算比较成功了。即使有缺乏兴趣的学生总是以各种形式"神游"于课堂之外，如有的趴在桌子上睡觉，有的摆弄手机，有的读闲书，但只要没有影响课堂秩序的行为就行。而且，即使是"神游"的学生，在课后所填的"课堂反馈表"（A4 纸大小，记名式，可以对课堂教学的内容及方法进行自由提议）中的感想一栏，也都写得相当出彩[4]。所以，如果仅是读"课堂反馈表"的话，教师也许会误认为很多学生听懂了自己讲的课。

---

❶ FD 是 Faculty Development 的简称，中文为教师发展。在日本，成为教师之前，一般需要在研究生院接受博士课程训练，这里的 pre-FD 指以教师的预备阶段，即研究生为对象的活动。关于京都大学 pre-FD 的详细内容，请参照蒋妍与林杰的论文：蒋妍，林杰. 日本大学教师发展的理念与实践——京都大学的个案 [J]. 北京大学教育评论,2011(9-3)，29-44. ——译者注

❷ Over Doctor 指接受了博士课程训练却暂时没有拿到正式学术职位的人。这包括两种情况，即拿到博士学位而未能正式拿到教职和接受博士课程训练却未拿到博士学位。前者在日本导入博士后制度（poster doctor）及研究员制度（与中国教授层级的研究员不同，相当于博士后）后稍有缓解；后者源于日本文科类博士耗时长的历史传统，指经历了博士阶段却未能提交论文、拿到学位，也没有从事稳定教职。文科类博士一般都在 6 年左右，甚至更长，京都大学哲学类尤其耗时。此处属于后者，因找不到贴切的中文，后均以 OD 指代。——译者注

❸ 日本的大学里分"学部"和"大学院"，相当于中国的本科学院和研究生院，行政系统和人事有的共用，也有的分开。本章不涉及此话题，在翻译时忠于原文，采用"文学院"和"文学研究生院"的译法。——译者注

❹ 本章的作者私下都认为这归功于京都大学学生本身的学力水平，即使不听讲也能写出出色的东西。——译者注

所谓把握学生的理解度，就是对学生的学习成果进行恰当的评价。但这门课只是在期末的时候让学生交一篇小论文，也就是期末教学结束的时候才对学生的理解度进行把握。而且，小论文只需从 OD 给出的题目中选择一个，也就是说，OD 只能通过小论文来了解学生对某一个题目（而不是该科目）的理解度。

从支持"好的课堂教学"项目本身的需求出发，我们需要一个能够将学生的学习进行可视化的工具——所谓"好的课堂教学"就是"学生能学得好的课堂"。学生充分掌握课堂内容了吗？如果不够充分，那么不足之处在哪里？如果不能把握这些，是没办法进行课堂改进的。在项目刚开始时导入的"课堂反馈表"很有效，但是教师从表中获取的信息是有限的，即作为将"学生的学习"可视化的工具来讲是不够的。传统的小论文的题目也如上文所说，只考查学生对某一个题目的理解度，是有局限性的。所以，作为其中的一个解决方案，笔者使用了概念图（concept map）。概念图对于学生来说，能够使其在完成概念图的同时深化学习；对于教师来说，能够在评价学生的概念图时把握学生的理解度。

但是，概念图起源于科学教育领域，现在也多被应用于概念的层级结构较明确的自然科学领域，在其他领域的研究成果很少，尤其是在人文领域，其研究才刚刚开始（Kandiko et al., 2013）。此外，关于概念图的评价方法也还没有完全确立。所以，在导入概念图的同时，必须开发评价方法。

6.2 深度主动学习和概念图

所谓概念图，是使用节点、连线以及连接词把概念之间的关系勾勒出来后所呈现的图。一般情况下，其中心主题是焦点问题。换句话说，所谓的概念图，是围绕中心主题（焦点问题），把概念之间的关系用层级式的结构图表达出来的结果。概念图是康奈尔大学的诺瓦克等人，在 20 世纪 70 年代开发出来的。在日本，随着诺瓦克和高英（Novak & Gowin, 1984）的著作《学习如何学习》（*Learning How to Learn*）日文版的出版，概念图从 20 世纪 90 年代开始为人所知，其主要被应用于小学和初中的科学教育中（例如中山·稻垣，1998），近些年也开始被应用于大学教育中。

其中，伦敦大学国王学院（Kings College London）的海（Hay, D.B.）等人积极地推进有关在大学教育中灵活使用概念图的研究。海认为，概念图能够用于在课堂教学设计中测定学习变化，或者用于小组学习的结构化、知识及理解的共享等（Hay et al., 2008, p.302）。海对概念图的使用情境进行了分类，具体如表 6-1 所示。

表 6-1　使用概念图的情境

使用情境	内容说明
对于学习过程中"变化"的评价	在学习过程中针对某主题绘制概念图，通过反复比较（概念图中的）概念以及连接词，能够对学习中发生的变化进行评价
推定学生的错误概念	学生解释说明自己理解时会使用的一些命题，通过对这些命题进行分析，能够明确那些难以转变的错误概念
教学活动	因为概念图的使用促进了关于知识与理解的交流，所以能够提高教师与学生之间对话的质量
教学设计	教师可以使用概念图进行教学设计。具体来讲，首先，教师先把自己的理解用概念图表示出来，然后使用概念图对课堂中要传达的知识及信息进行结构化
评价	概念图既能够用于表现性评价，又能用于总结性评价
认知结构的类型化	使用概念图，能够明确学生在把自己的想法系统化或者结构化时，在认知结构上的差异
确认专业知识	通过使用概念图，能够评定专家与普通人的差异
团队合作	通过使用概念图，能够灵活应对知识、理解和团队职责的不同，并进行统合

另外，海等人（Hay, 2007; Hay, 2008; Hay et al., 2008）提议把概念图应用于深度学习的评价，并开发了一些方法。图 6-1 所示是一个使用概念图来测定学习质量的模型。其中，把"知识结构无变化"当作"无学习"；把"尽管有概念的增减，但是并没有形成新的连接，抑或增加的概念也并未能与原

有的知识结构连接"的这种学习称作表层学习;把"在原有的知识结构的基础上增加了新概念,同时形成了新的连接"的这种学习称作深度学习。而且,他们对学生上课前后绘制的概念图进行了分析,发现学生原有的知识结构并不容易发生变化(Hay et al.,2008)。

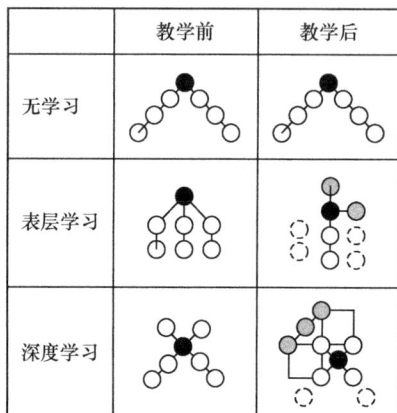

●—中心概念 ◌—删除的概念 ○—保留的概念 ◓—增加的概念

图6-1 学习质量测定模型

注:该图出自参考文献[8]。

概念图是基于心理学基础理论——奥苏伯尔(Ausubel,D.)的"有意义的学习"而开发的。有意义的学习是与机械学习相对立的学习模式,并且二者的对比关系和深度学习与表层学习的关系非常类似(Engeström, 1994; Hay et al., 2008)。所以,可以说把为有意义的学习而开发的概念图作为深度主动学习的评价工具是顺理成章的。

在"相互关系是多层次的,由多种概念形成一个立体型关系的情况"下,概念图成为便于整理概念的工具(藤本,2005, p.90)。同时,如前所述,对于教师来说,概念图可以是一个评价工具,对学生而言则可以是促进他们深度理解的学习工具。正如海等人通过实践研究确认的那样——通过对教学前后的概念图的对比,学生能够自己感知到学习质量的提升。此外,这种方式不同于以往两次的简答题(short-answer tests)使用的"一刀切"的方法,能够让学生更直观地"呈现"出自己的理解度。同时,学生之间通过互相分享各自的概念图，能够"懂得他人的理解的异质性，反过来能重新反思自己的理解，并在此基础上进行相互评价"（藤本，2005，p.91）。

最后补充一点，那就是概念图导入课堂教学的门槛很低。具体来讲，海等人能够在 10 ～ 20 分钟内教会学生绘制概念图，同时大多数学生也能够在 20 ～ 30 分钟内完成自己的概念图（Hay et al.，2008，p.302）。所以在实施时，概念图并不需要特别的教室或者器材，也不需要教师以外的人员参与，这也是此次利用概念图进行实践尝试的一个重要理由。

6.2.1　运用了概念图的课堂教学设计

1. 科目简介

在学期开始前，笔者与文学研究生院担任 pre-FD 顾问的教师就上述概念图的好处进行了交流，并找机会让作为任课教师的 OD 各自制作了概念图。在此基础上，我们最终决定在 2012 年开设的哲学系入门科目中进行概念图的初次尝试。这门课共由 5 名 OD 分担，采用的是轮流授课的形式。

进行轮流授课的科目，如果进行精心设计，好处在于其涵盖的教学内容比由一名教师授课时丰富很多。但与此同时，如果不注意各位教师各自的教学主题之间的联系，课堂就容易成为细碎主题的简单集合。为了避免这种情况的发生，不仅需要设计好每一堂课，还要把它作为一个科目从整体上进行设计。因此，在哲学入门科目的第一次教学中，顾问教师（哲学领域的教授）向学生解释了学期内要达到的教学目标，5 名 OD 都出席并各自陈述了自己教学的概要。这些 OD 的简介中均有一小部分涉及其他人的教学内容，可以说，他们已经有意识地注意彼此教学内容间的关联。

但是，因为这门课是入门科目，具有让学生进行接下来的具体科系选择的参考作用，所以如前面所介绍的，任课教师大多把各自的研究主题直接作为课堂教学的主题（见表 6-2）。因此，这是一门主题之间关联不强却被组合起来的内容专业性很强的科目，仅让学生自主地进行主题间的连接（结构化）是不够的，最好能设置教师进行总结的时间。另外，以前的成绩评价采用的是期末小论文的形式，学生可以从任课教师给出的 5 个题目中任选一个进行论述，这样的设置能够评估学生对这 5 个主题其中一个的理解度。但由于入门科目的侧重点在于让学生对各个主题间的关联有所理解，所以这样的评价方式似乎无法达到这个目的。从这点来看，概念图能为学生提供一个全面而深刻地理解某一科目的机会，同时能够克服用小论文评价的缺点——内容深但范围窄。

表 6-2　哲学系入门科目的概要

次数	任课教师（主）	教学主题	最后一次课给出的关键概念
1～3	A	什么是伦理学? 围绕彼得·辛格（Peter Singer）的争论	彼得·辛格、功利主义、贫困、动物
4～6	B	思考宗教	现代的宗教哲学、虚无主义、空、宗教间对话、跨宗教经验（Inter-Religious Experience）
7～9	C	思考"什么是理解对方"	围绕"他人的想法"的怀疑论、翻译的不确定性、宽容原理、解释函数
10～12	D	近代日本的女性	—
13～14	E	"神话的哲学"入门	神话的哲学、去神话化、符号形式、圣物、感情及心情
15	E	使用概念图进行总结	—

注: 任课教师 D 没能参加最后一次课，所以未能给出关键概念。

2. 教学流程

2012 年度后半学年的教学中，具体来讲是在学期中间（第 4～6 次课）及学期的最后一次课（第 15 次）中使用了概念图。在第 4～6 次课上，任课教师 B 试行了概念图，目的在于把握学生对教学内容的理解情况，以便自己对课堂教学情况进行反思。这次试行是教师 B 自己提出的。

最后一次课上也使用了概念图。在由 5 名任课教师对一学期的教学内容进行总结回顾后，学生使用概念图对不同主题的教学内容，围绕本科目的中心题目（焦点问题）进行了整理。中心主题是任课教师进行商讨后，在符合入门科目特征的前提下选定的，具体为"哲学式思考"。另外，任课教师在回顾课堂教学概要的同时，向学生分别提示了4～5个关键概念（共19个），以便学生绘制概念图；同时指示学生可以随意选择要使用的概念的数量，也可以自己增加概念。

最后一次课的具体流程如表 6-3 所示。登录该科目的主要是 23 名大一、大二的学生，其中取得学分的有 14 名，出席最后一次课的有 15 名。[1]

表 6-3 最后一次课的流程

序号	时间	内容
1	5 分钟	对这次教学的开展方法以及概念图的解释说明
2	15 分钟	由4名任课教师分别回顾教学内容并给出关键概念
3	5 分钟	分小组
4	30 分钟	小组活动：完成概念图
5	25 分钟	各个小组对完成的概念图进行报告，并由教师给出意见
6	5 分钟	本科目的顾问教师展示自己的概念图并给出对学生绘制的概念图的意见或建议
7	5 分钟	填写课堂反馈表

① 对课堂教学的流程及概念图进行了简单说明。

② 4 名任课教师（1 名缺席）对自己的教学内容进行了总结，同时将关键概念（4～5 个）写到黑板上。

③ 当天出席的 15 名学生按 2～3 名 1 组的形式，分成了 7 组。

④ 以小组为单位分别绘制了概念图。在这期间，任课教师给每个小组各发放了 2 张像白板一样可以随意涂改的薄板（60cm×80cm），指示学生可以在各自的小组内一边交流，一边在 2 张薄板上绘制概念图。

⑤ 从 7 组中选出 4 组，对绘制的概念图分别进行了约 5 分钟的解说，然后由任课教师进行了点评。

---

❶ 在京都大学，学生即使在开学时登录（注册）了某一门课，中间也可以随时放弃，即使全部出席，最后不参加考试（或不提交报告），也视为放弃，并且不计入绩点计算。——译者注

⑥ 这门科目的顾问教师向大家展示了自己的概念图，同时对 5 个主题的关联进行了说明。

⑦ 最后，和每节课一样，让学生填写了"课堂反馈表"。该反馈表包含内容面（印象深刻的点，问题点等）与方法面（针对当天课堂教学的构成与方法的意见，对于该堂课的希望等，可以自由填写）。同时，让学生填入关于概念图的意见与感想（任课教师也填写了此部分内容）。

如上所述，最后一次课中包含了小组活动、报告、讨论以及概念图的制作，这是基于深度主动学习特性的一次教学设计。

6.2.2 作为学习工具的概念图

关于概念图的绘制，因为任课教师 B 曾经在课堂中使用过，学生有使用经验，所以进行得很顺利，所有小组都在规定时间内完成了概念图。

在课后的反馈中，从学生及任课教师双方的角度确认了概念图作为学习工具的意义。首先，从学生的角度来讲，他们有不同的意见与感想。例如，"是这 15 次课的延续，是作为总结的非常有意义的一堂课""两人一起绘制概念图比一个人绘制要花费更多的时间，但是收获了自己没有的想法""在听其他小组的报告时，收获了很多自己完全没有的想法及（概念间的）联系""把凌乱的 5 个主题汇集到一起，感觉很痛快""在绘制概念图的过程中，意识到了许多东西"等。我们从中可以看出学生体会到了概念图的以下功能：①反思；②知识共享；③知识创新。同样，任课教师一方谈到了概念图对概念的综合理解以及哲学学习的意义。例如，"当初，怀疑轮流授课是否能保持连贯性，但因为有了这次总结，我们看到了连贯性，挺好的""各位任课教师所列出的关键概念都是专业性很强的内容。学生在此基础上加上上位概念，思考并总结出来，特别了不起""这种深入探讨某一观点并联想、关联其他话题是哲学中特别好的训练"等。不管是学生还是教师，都没有对概念图提出否定意见。可以说，概念图作为哲学领域里促进深度主动学习的工具，得到了学生与教师的高度评价。

具体的概念图如图 6-2 和图 6-3 所示。这两幅图是学生小组绘制的 7 张概念图中评价最高的小组 1 和评价最低的小组 4 的例子。小组 4 中的一名学生说："懂得了各位教师的教学在'理解他人'这一点上是相通的。即使给出了同样的关键概念，不同的人所使用的连接词也是不一样的，非常有意思。"之所以以这个学生的感想为例，是想要说明虽然他们小组的概念图所获评价最低，但并不代表概念图本身作为学习工具的意义小。

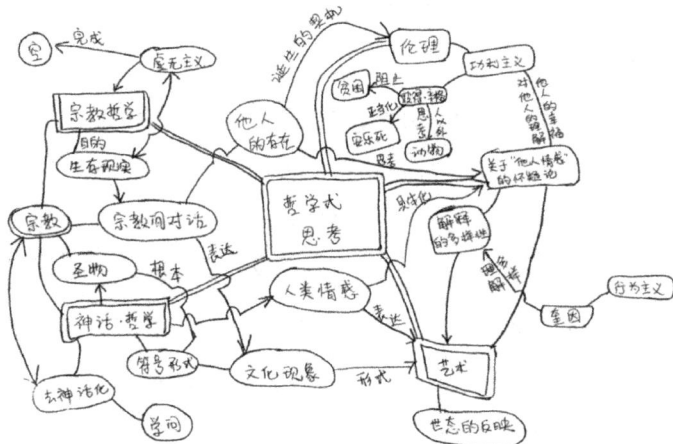

图 6-2　小组 1 的概念图

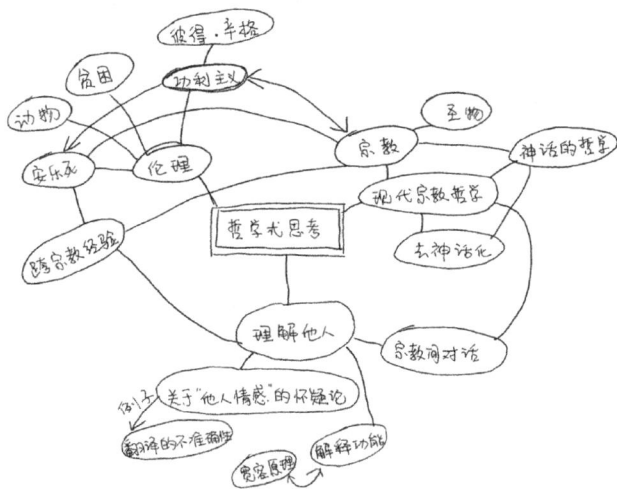

图 6-3　小组 4 的概念图

6.3 ┃ 作为评价工具的概念图

如上所述，围绕一学期的轮流授课中所涉及的不同主题及关键概念，学生以回答该领域的"本质问题"——"（什么是）哲学式思考"的方式，通过建构概念间的关系的活动，回顾了一学期的所学，深化了概念理解，重新构建了概念结构。也就是说，这个问题不仅是评价课题，而具有促进学生学习的"作为学习的评价"（Earl，2003）的性质。那么，概念图作为评价工具的有效性又是怎样体现的呢？

概念图作为评价工具的功能，在研究之初就被提出（Novak et al.，1984）。研究者同时提出了对概念图的结构化特征直接进行评价的方法（Novak et al.，1984），根据使用概念图的教学前后的变化来捕捉学习的质性差异的方法（Hay，2007），以及与专家绘制的概念图进行比较的方法（McClure et al.，1999；Plummer，2008）等。但是，这些方法存在着各种问题，或是比较烦琐，或是欠缺可行性，或是无法顺利地对学习质量进行评价。所以，笔者探讨了使用量规来评价概念图质量的方法（松下・田口・大山，2013）。所谓量规，是评价学生表现（作品及实际表演）的工具，一般情况下以评价基准表的形式存在，表内有许多基准和等级以及解释说明内容（descriptor）。

在评价概念图时，一个很大的问题是怎么处置连接词。接下来从语言与概念图的关系角度进行一点补充。之所以这样做，是因为概念图的先行研究多集中于英语圈，即使在英语圈不成为问题的内容在日本也会成为问题。在英语中，语言结构与概念图中的关系构造基本是一致的。但是，在日语中，二者并不一致，在绘制概念图时有时需要调整顺序（见图 6-4）[1]。在海（2007）的评价方法中，对于没有连接词的连接，直接以"无意义"这一理由将其从

---

❶ 英语和中文都是主谓宾结构，而日语是主宾谓结构，即动词在最后。图 6-4 主要是为了表达日语和英语在语序上的不同，因中文和英文的语序是一样的，翻译后就无法凸显语序不同，故此处不进行翻译，读者只需关注语序即可。——译者注

评价对象中排除。但是，考虑到英语与日语的区别，这样的基准有些过于严格。实际上，即使没有连接词，概念间的关系也有很多是一目了然的。因此，在这次评价中，即使没有连接词的连接也算是有效的。虽然如此，这并不是说要轻视连接词的重要性，连接词毫无疑问是理解概念间关系的重要指标，这也体现在接下来要解释的量规的部分。

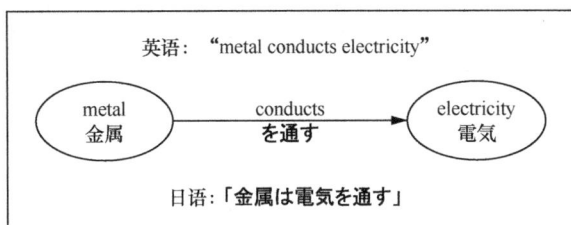

图 6-4　概念图与英语及日语的关系

6.4 ⏐ 开发用于评价概念图的量规

为了能用共通的基准评价概念图，我们开发了量规。为了开发量规，有必要先请精通这门科目教学内容的专家明确评价基准。所以，我们先召开了概念图研讨会，以讨论中收集的数据（发言内容）为基础开发了量规，并且为了检证其效度，由新的评价者使用量规进行了评价。下面将具体解释整个过程。

6.4.1 概念图研讨会

概念图研讨会是在最后一次课的 3 周后进行的，由多名专家对学生所绘制的 7 张概念图进行评价，同时收集量规制作所需的基本信息。评价者是这门科目的任课教师以及即将承担教学任务的教师、助教等 8 人，他们都是完成了博士课程，同时熟知该科目教学内容的专家。

概念图研讨会由事前评价与会议当天的调整两部分构成。首先，在会议开始前，教师对 7 张概念图分别进行了 3 个级别的评价，并让大家列出了评价的依据。

表 6-4 列出了概念图的结构特征以及 8 名评价者给出的评定值分布情况。对于小组 1、4、7，8 名评价者给出的评定值相当一致，但是对于小组 2、3、5、6，评定值的差异幅度却很大。

表 6-4　概念图的结构特征以及 8 名评价者的评定值分布

学生小组		1	2	3	4	5	6	7
概念图的结构特征	概念数／个	26	19	22	18	47	19	17
	（其中包含教师给出的概念数）	（14）	（11）	（11）	（15）	（15）	（11）	（9）
	连线数／条	40	12	29	25	51	22	28
	连接词数／个	18	6	13	2	12	15	8
评定值分布	3 分	7	2	3	0	4	2	1
	2 分	1	5	4	3	3	3	7
	1 分	0	1	1	5	1	3	0
	平均分	2.88	2.13	2.25	1.38	2.38	1.88	2.13
	标准差	0.33	0.60	0.66	0.48	0.70	0.78	0.33
	最终评定值	3	2	2	1	2	2	2

注："其中包含教师给出的概念数"是指最后一次课上任课教师给出了 19 个概念，该图用了其中多少个。

在研讨会当天，首先由各评价者解释了对各张概念图的评定及评定的根据。之后，笔者向大家展示了事先整理出来的评定值分布及评价观点（基准）的差异，并开展了调整工作。调整的结果是对量规设定达成一致意见，即 5 个基准、4 个等级。所谓 5 个基准，分别为概念理解（是否理解教学中出现的概念），概念创新（为了贯穿教学内容，是否创造了新概念），连线的结构（是否贴切地连接起概念间的关系），连接词的贴切度（是否使用了合适的语言表达概念间的关系）以及与中心主题的关联性（是否与中心主题及教学内容有关）。另外，学生这次绘制的概念图都达到了要求的水准，但考虑到有可能其他学生做不到这么好，因此把达不到等级1的设定为"等级0"，依次设定为等级3（优秀）、等级2（良好）、等级1（可）和等级0（不可）这4个等级。研讨会所花时间为2小时30分钟。

6.4.2 量规制作

根据6.4.1节收集的关于评价依据的对话记录，由2名教育学专业的教师、1名研究生一起制作了量规。因为已经确定了要设定5个基准、4个等级，所以接下来要做的就是在各栏中填入说明文字。

首先根据上述的对话记录，把作为评价依据的部分提取出来，在与之对应的基准、等级栏中填入说明文字。接着，一边删除重复的内容，一边整理语言，完成各基准的等级之间差异明显的量规。依据松下佳代等（2013）设定量规等级的方法，分为条件型（逐渐增加条件）、数词量词型（使用表示数量的单词与语句，逐渐增加）、动词型（使用动词，逐渐提升到所期待的程度）、形容词副词型（使用形容词和副词，逐渐提升到所期待的程度）等。这次的量规，主要是以数词量词型及形容词副词型的组合来设定等级的。

表6-5所示为制作的最终版的量规。

6.5节中介绍了一些概念图的评价方法，笔者制作的量规参照了诺瓦克和高英的著作（Novak & Gowin, 1984）中提到的"将概念图的结构化特征直接评分的方法"。例如，"概念理解""连线的结构""连接词的贴切度"等，是诺瓦克等人的方法的显著特征，笔者在自己的量规评价观点（基准）中也注意引入了这些内容。同时，这次没有着重强调"概念创新"和"与中心主题的关联性"。但是，在本次的实践中，该基准不仅对理解课堂教学内容有帮助，而且在让学生自身进行对一学期所学内容的总结方面，也是合适且有效的。也就是说，这个量规在使用概念图进行反思及知识创新方面是贴切的。

表 6-5 评价概念图用的量规

基准	对于基准的说明	3 优秀	2 良好	1 可	0 不可
概念理解	是否理解教学中出现的概念	较多地使用了各次课上涉及的概念，且用法恰当	恰当地使用了给出的概念，但是除此以外，课堂中涉及的概念基本没有用到	概念少，或包含了许多不合适的概念	没有达到等级1
概念创新	为了贯穿教学内容，是否创造了新概念	为了贯穿教学内容，创造了新概念，且合适	有贯穿教学内容的独创性的概念，但是谈不上合适	基本没有贯穿教学内容的独创性的概念	没有达到等级1
连线的结构	是否贴切地连接起概念间的关系	连线贴切，层级明确，分层结构丰富，有多条单元主题间的联系	连线贴切但很多；层级性及分层级结构不足；课堂单元主题间有联系，但只有一部分	有连线但不合适；看不到层级及分层结构；看不到课堂单元主题间的联系	没有达到等级1
连接词的贴切度	是否使用了合适的语言表达概念间的关系	连接词合适，而且连接词的意义清晰	有很多连接词，但是有许多连接词的意义并不是很清晰	连接词少，或不合适的连接词很多	没有达到等级1
与中心主题的关联性	是否与中心主题及教学内容有关	把教学内容基于中心主题联系了起来，且在关联性中凸显了一贯性及整体性	基于中心主题与教学内容进行了关联，但关联性的方法有限	试图与教学内容进行关联，但与中心主题是偏离的	没有达到等级1

6.4.3 使用量规进行评价

在制作完量规后，另选了两名教师，请他们使用量规对 7 张概念图进行了评价。这两位教师都是前一个学期负责哲学系入门科目的教师，都有使用概念图授课的经验，只是没有对最后一次的课堂教学进行观摩。也就是说，他们要在没有课堂中的语言行动等信息的情况下，仅对概念图本身进行评价。此外，对这两名评价者分别进行了"使用量规进行评价的感想""由概念图进行评价的利弊"的半结构化访谈，所花时间各为两小时。

在分别讨论了不使用量规和使用量规的两名评价者间的信度后，得出以下结论：概念图评价通过量规的使用提高了评价者间的信度，并使之保持了一定的水准（松下佳代 等，2013）。由此可以得出以下启示：使用量规能够确保概念图评价中的评价者间的信度。

6.5 | 概念图作为深度主动学习评价工具的有效性

前文介绍了采用概念图的教学实践。最后，总结一下在以深度主动学习为目的的前提下，概念图作为评价工具的有效性。

首先，这门课如最初所述，整体上是以"讲授型教学"的形式进行，其中的学习虽不是浅层的，但至少不是"主动学习"。参与最后一次教学的文学研究生院的某位教师兴奋地表达了以下感想："在课堂中学生晃来晃去还能学有所得，这在文学院还是首次！"虽然这样的表述有些夸张，但也说明不仅是这门课的教师和学生，其他的教师和学生的主动学习体验也很少，这是现状。

但是通过概念图的导入，一直以来"教师一直站在教室前方""学生90分钟一直在听"的教学形式瞬间就被轻易瓦解了。这次实践通过让 2 ～ 3 名学生构成小组绘制概念图的形式，实现了"讨论"这种学习活动而且通过小组就概念图进行汇报的方式，导入了"报告"这样的学习活动。此外，为了争取所有任课教师的参与，在最后一次课中加入了"小组教学"（team teaching）的要素，也使得教学得以系统性地展开。

在课堂中，针对学生完成的概念图，任课教师一边对概念间的联系进行说明，一边补充新的连接，同时给出了自己的评论。此外，在教学的最后，作为顾问教师的文学研究生院的教授展示了自己绘制的概念图，这让学生更进一步领略了该领域的广度和深度。

最后一次的教学，是由作为 pre-FD 项目对象的 OD 承担的，即使他们没有进行特别的准备和训练，也成功地采用了"主动学习"这种方式，这可以说是因为他们很好地发挥了概念图"表达各自的理解，使交流变成可能"的作用。

那么，概念图作为深度学习的评价工具的有效性又是怎么样的呢？如同 6.2 节介绍的那样，在概念图作为深度学习的评价工具的研究中，海等人的研究成果得到了传播。与之相比，笔者开发的使用量规的评价方法又有怎样的特征呢？

海（Hay, 2007; Hay et al., 2008）试图通过教学前后的概念图的变化去区分"深度学习""表层学习""无学习"的不同。对此，本实践用学生能否超越并统合 5 个不同主题的概念群来判断是否实现"深度学习"，并以量规作为评价基准。虽然这次的教学是入门科目，但是在专业方面挖掘得很深。对于修习这门课的大一、大二年级学生来说，由于缺乏关于各个题目的知识储备，所以比较教学前后的概念图这一方法并不适合。

此外，海等人的研究中并没有明确记录谁在进行评价，所以并没有涉及可执行性的问题。对此，在本实践中，包括任课教师在内，担任评价者的都是该学科领域的专家。也就是说，这次的实践反映了"专家的鉴定力"（the connoisseurship of the expert）（松下，2010）。此外，本实践也考虑到了所开发的评价方法作为教师日常的评价方法是否具有可执行性的问题。实际上，在关于量规评价的访谈中，有两名评价者都表示"在 100 人规模的课堂中，确实想尝试像这次这样使用概念图进行评价"。

　　至今为止，并没有关于评价概念图的有效方法。如前所述，在对概念图的结构特征直接评分的方法（Novak et al.，1984）中，未必能有效地把学习的质量分数化。此外，海等人在论文（Hay et al.，2008）中指出，概念图的形状有网状、车轮放射状（像自行车的轮子结构那样呈放射形扩散）、链条状等，但是，仅从这些形状上并不能判定学习质量，所以需要熟知内容的专家对成为节点的概念和概念间的连接的贴切度进行评价。此外，并不能任由专家们凭直觉进行评价，而是要把自己认为"重要"的评价视点通过量规的基准及等级的形式明文化，这样就形成了对外行也能解释得通的具有一贯性的评价。

　　因此，可以说在大学教育实践中，概念图通过与量规的组合，充分发挥了作为深度主动学习的评价工具的功能。

本章小结

　　■ 本章介绍了在哲学入门科目中导入概念图的实践案例。这门科目从整体上看，是采用轮流授课形式的讲授型教学。在最后一次课上，以小组共同制作概念图及进行报告的形式导入了主动学习型的教学方式回顾了一学期的教学内容，通过与"（什么是）哲学式思考"这个中心题目的关联，以将课堂中学到的概念结构化的方式促成了深度学习。也就是说，概念图能够成为促进深度主动学习的工具。

　　■ 另外，概念图能够成为有效评价深度主动学习的工具。概念图并不能替代一直以来在大学教育领域常用的申论考试或者小论文等评价方法，但对于把握及评价学生对于宽泛内容的结构化理解的深刻性却是行之有效的。

　　■ 关于使用概念图来评价深度学习的方法，已有海等人的先行研究，但笔者开发了使用量规来评价学生绘制的概念图的方法。这个量规由"概念理解""概念创新""连线的结构""连接词的贴切度""与中心主题的关联性"

这 5 个基准以及 0 ～ 3 这 4 个等级构成，并且把"专家们的鉴定力"以文字的形式明确了。

■ 可以说，概念图通过与量规的组合，在大学教育实践中充分发挥了其作为深度主动学习的评价工具的功能。

参考文献

① Ausubel, D. P., Novak, J. D., & Hanesian, H. (1978). *Educational psychology: A cognitive view* (2nd ed.). New York: Holt, Rinehart and Winston.

② Earl, L. M. (2003). *Assessment as learning: Using classroom assessment to maximize student learning*. Thousand Oaks, CA: Corwin Press.

③ Engeström, Y. (1994). *Training for change: New approach to instruction and learning in working life*. Geneva: International Labour Office. エンゲストローム Y.（2010）『変革を生む研修のデザイン―仕事を教える人への活動理論―』（松下佳代・三輪建二監訳）鳳書房.

④ 藤本和久（2005）「概念地図法」『よくわかる教育評価』ミネルヴァ書房, 90-91.

⑤ Hay, D. (2007). Using concept maps to measure deep, surface and non-learning outcomes. *Studies in Higher Education,* 32(1), 39-57.

⑥ Hay, D. (2008). Developing dialogical concept mapping as e-learning technology. *British Journal of Educational Technology,* 39(6), 1057-1060.

⑦ Hay, D., & Kinchin, I. (2008). Using concept mapping to measure learning quality. *Education + Training,* 50(2), 167-182.

⑧ Hay, D., Wells, H., & Kinchin, I. (2008). Quantitative and qualitative measures of student learning at university level. *Higher Education,* 56(2), 221-239.

⑨ Hay, D., Kinchin, I., & Lygo-Baker, S. (2008). Making learning visible: The role of concept mapping in higher education. *Studies in Higher Education,* 33(3), 295-311.

⑩ Kandiko, C., Hay, D., & Weller, S. (2013). Concept mapping in the humanities to facilitate reflection: Externalizing the relationship between public and personal learning. *Arts and Humanities in Higher Education,* 12, 70-87.

⑪ 松下佳代（2010）「学びの評価」佐伯胖（監修）・渡部信一（編）『「学び」の認知科学事典』（p.442-458）大修館書店.

⑫ 松下佳代（2012）「パフォーマンス評価による学習の質の評価―学習評価の構図の分析にもとづいて―」『京都大学高等教育研究』18 号, 75-114.

⑬ 松下佳代・田口真奈・大山牧子（2013）「深い学習の評価ツールとしてのコンセプトマップの有効性―哲学系入門科目でのアクションリサーチを通じて―」『大学教育学会誌』35巻 2 号, 121-130.

⑭ 松下佳代・高橋雄介・坂本尚志・田川千尋・田口真奈・平山朋子・大山牧子・畑野快・蒋
妍・羽山裕子・山本はるか・斉藤有吾・蒲雲菲（2013）「VALUE ルーブリックの意義と課題—
規準とレベルの分析を通して—」『第 19 回大学教育研究フォーラム発表論文集』, 46-47.

⑮ McClure, J. R., Sonak, B., & Suen, H. K. (1999). Concept map assessment of classroom learning:
Reliability, validity, and logistical practicality. *Journal of Research in Science Teaching,* 36(4), 475-
492.

⑯ 中山迅・稲垣成哲（編）（1998）『理科授業で使う思考と表現の道具—概念地図法と絵制法
入門—』明治図書 .

⑰ Novak, J. D. & Gowin, D. B. (1984). *Learning how to learn.* New York: Cambridge University
Press. ノヴァック , J. D.・ゴーウィン , D. B.（1992）『子どもが学ぶ新しい学習法—概念地
図法によるメタ学習—』(福岡敏行・弓野憲一監訳) 東洋館出版社 .

⑱ Plummer, K. (2008). *Concept-map assessments: The reliability and validity of classroom accessible
concept-map assessments.* Saarbrücken, Germany: VDM Verlag Dr. Müller.

⑲ 田口真奈・出口康夫・京都大学高等教育研究開発推進センター編著（2013）『未来の大学
教員を育てる—京大文学部・プレ FD の挑戦—』勁草書房 .

07

第7章

教师培养——意识到有意义的学习的重要性的课堂教学设计

作者：关田一彦　三津村正和　译者：蒋妍

人们通过理解来学习。如果不理解学习内容，仅仅死记硬背是不会留下深刻印象的。同时，学生的理解总是无法达到教师期待的程度。教师有时也会怀疑自己所教授的知识及信息对于学生是否真的有意义。而幸运的是，在教职课程[1]的教学中，让学生灵活运用学习内容及理解运用的意义（giving meaning to the utilization）是相对容易的。即使是难度较大的内容，只要指示"作为教师，需要用浅显易懂的方式为学生讲解，试着在小组内练习一下，尽量让对方理解你在讲什么"，那么学生即使不懂所学内容的意义及学习本身的意义，也很快能理解"教给同伴"这一行为的意义，而且能够带着"为了教而学"的目的去完成课题。

本章由第一作者（关田一彦）的教学实践介绍和第二作者（三津村正和）的效果验证两部分构成。该实践以提高学生成为教师所需的素养为目的，希望能够引导学生进行有意义的学习。那么，这样的尝试成功了吗？这个问题留给作为读者的您去评判。在给出答案时，也许您可以参照POD[2]原会长

---

❶　在日本如果要做中小学教师，需要参加资格考试，而为取得相关资格，大学里专门开设了针对此考试的课程。——译者注

❷　POD的正式名称为Professional and Organizational Development Network in Higher Education，是美国有关教师发展的专业团体。——译者注

160

迪·芬克（D.Fink, 2011, p.42）所列举的"优秀教学者的 5 原则"，希望大家能从中选择一个作为评判指标。

①使学生面对有意义的学习挑战。

②采用积极的学习方式。

③拥有关注学科、关心学生和关注教学的教师。

④拥有和学生进行良好互动的教师。

⑤拥有优秀的反馈、评估以及评分系统。

7.1 | 实践篇——在教职科目"教育方法"中的尝试

7.1.1 教职科目"教育方法"

笔者所负责的"教育方法"是一门有两个学分的科目，大部分学生是有志成为初中或高中教师的大三学生，还有小部分大四学生及旁听生。[1] 近年，该科目多开设于春季学期（4 ～ 7 月），合计约 100 名学生。在笔者任职的大学，大部分学生在升入大四的时候要进行教育实习，也就是说，大三学生在修习这门课时，大多还没有实践感觉及经历。所以，很多学生并不能理解课堂教学中所进行的活动对于成为教师究竟有多大的意义，而多数参加过教育实习的大四学生，则重新认识了在这门课上所学到的知识的意义，表现出了对毕业前剩余的课堂教学的学习热情。

在修习这门课的学生中，有想要成为数学、语文、英语、社会等学科教师的学生。[2] 关于针对各个学科的教学方法，其实还有专设的名为"○科教育法"的课程。所以，笔者担任的这门课涵盖的是观念性的、通用性较高的内容。具体来说，该科目的教学目的在于，让学生在实际体验并设计各自构想

---

❶ 原文为"科目等履修生"，是指学籍不在此大学、仅参与此科目学习的学生，能够获得学分。——译者注

❷ 日本的教师资格证是按照科目分的，比如想要教英语，就要取得英语科目的教师资格证。本章中列出的是日本中小学的基本科目。——译者注

的理想课堂教学后，理解究竟什么是课堂教学设计，并理解 ID[1] 的基础。其中，学生需要学习"教学设计"的理念，课堂教学的构成要素，要素的组合以及一些学习活动和评价方法。这样一来，在理想情况下，学生能在学期结束时根据各自的教育理念，结合各科目的教学目标，构思及完成教学设计（写出自己的教案）。

7.1.2 教学者的目的（意图及期待）

笔者的"教育方法"课并不是照本宣科的、以正确传递知识为中心的课，而是针对已经修习了几门教师资格相关科目、结合自己的学校体验、对教授某特定科目有一定的"想象"（理想形象）的学生，并给他们提供确认那种理想形象的机会。

虽是纸上谈兵，但笔者希望这门课能磨炼他们作为教师的基本素养。所以，除了作为科目内容的学习目标以外，笔者在设计中融入了自己的以下心愿（期待）。

① 希望他们能够认真参加教育实习，磨炼出成为教师后能够"继续生存"下去的自我管理能力。教学一线是很忙碌的，教师并不是每天都能在下课后拥有准备第二天的教学内容的时间。在短时间内有序地把力所能及的事情一件一件地完成，这对于还没有学年进度体验的新教师来说是非常困难的。拿学生生活来类比，就相当于在完成学业以外还要兼顾社团活动及打工生活的繁忙的每一天。所以，在这样繁忙的日常生活中，如果能挤出处理该科目课题的时间并掌握时间管理技能，那么以后即使身处教学一线，也是能得心应手的。

② 仅是理解而不付诸行动是没有意义的。笔者希望学生至少能对一些基本的教学技能进行实践，比如拥有快速阅读孩子们[2]的作业并给予恰当反馈的

---

❶ ID 是 Instructional Design 的简称，在日本的教育学里没有将该词翻译成日语，而是使用了日语音译，并且常用 ID 表示。——译者注

❷ 这里是指未来这些学生成为教师后要教的中学生，是这些学生的学生，为了区别理解，特意用"孩子们"来表达。——译者注

技能；再如，能通过观察孩子们的表现，知晓他们的身心健康状况。即使是一个新手教师，也要能通过表情及音调等察觉孩子们的状态并及时且恰当地做出回应。只要踏上讲台，即使是新手教师，也需要掌握这些技能。此外，还有对重点内容进行解说的技能，抑扬顿挫的说话方式等，如果在学期中多次练习，这些能力是能够得到提升的。

③ 希望学生能够结合体验，真正理解合作学习的教育效果。笔者认为集体的教育力是很重要的，特别是要成为教师的学生，有必要准确理解学生在互相帮助并一起完成课题的过程中所产生的活力（dynamism）。与①和②相关，从事带有服务性质的教师这一职业，需要有很强的人际交往技能。笔者反复强调，通过小组成员间的交流，形成互相学习的学习态度是非常重要的。

7.1.3 为达成教学目标所做的尝试

这门课就像接下来所介绍的那样，几乎每节课都会要求学生完成 2 ～ 3 个小课题。因为每个课题对应的分数（2 ～ 5 分）很少，所以是否按要求提交课题变得很关键。此外，如果不对课堂教学大纲（syllabus）进行确认，学生可能会弄错课题（比如有时预习范围和课本中的章节顺序不同）。对课堂教学大纲进行确认，能够促使学生自觉地完成自己的事（资料 7-1），每周课外学习的课题量（关于课题量，参照关田一彦，2013）设置为 1.5 ～ 2 小时。

资料 7-1

教育方法（周一第二节）课堂教学大纲

教学目的

说到"教职"，社会老师、英语老师、数学老师、语文老师[1] 等，而且所教的专业及学校等也是多种多样的。在这门课上，笔者并不是针对大家各自的需要，而是希望大家能掌握任何科目、任何学校都能通用的基本事项。具

---

❶ 这些科目是日本中小学里的主要科目。——译者注

体就是学习课堂教学的设计、开展方法以及评价方法。

日程

日期	主要活动 / 主题	合作测试	其他（作业）
4/9	教学方针说明（大纲解释，量规说明）		
16	MM 练习 / 合作测试说明	关于分组的调研	课本要点归纳
23	课堂教学设计 1	分组	J1,M1
30	课堂教学设计 2		J2,M2
5/7	课堂教学设计 3	问题征集截止	J3,M3
14	课堂教学方法 1	合作测试 1	J4,M4
21	课堂教学方法 2		J5,M5
28	课堂教学方法 3		J6,M6
6/4	课堂教学方法 4		J7,M7
11	课堂教学方法 5		J8,M8
18	学习评价 1		J9,M9
25	学习评价 2	问题征集截止	J10,M10
7/2	学习评价 3	合作测试 2	J11, 反思
9	学习评价 4: 三方会谈		提交档案袋
16	总结		返还档案袋

课题及评价

- 对话日志　　　　22 分（2 分 ×11 次）
- 思维导图　　　　30 分（3 分 ×10 次）
- 合作测试　　　　28 分（14 分 ×2 次）
- 档案袋　　　　　9 分
- 反思　　　　　　6 分
- 课本要点归纳　　5 分

课本:《课堂教学设计手册》「铃木和稻垣编著（2011），北大路书房」

课题解说

对话日志：在指定的纸张上以日记形式写下每次课中学到的内容（不是教学内容本身，而是学习后的思考及感悟）。然后，在下次上课时，与小组内的同学互相进行批注。在规定的时间内不能得到批注的得 1 分。

课本要点归纳：阅读课本的第 1 章和第 15 章，并分别归纳内容，篇幅限定在一张 A4 纸以内。两章内容共计 5 分。如果只完成 1 章的内容，以满分 2 分进行评分。

思维导图：把指定的课本章节内容用思维导图进行归纳。使用思维导图在课堂上或小组成员间互相进行说明。在规定的时间内没能完成说明的以满分 2 分进行评分。

课本要点：M1—课本第 2 章；M2—课本第 3 章；M3—课本第 4 章；M4—课本第 5 章；M5—课本第 6 章；M6—课本第 10 章；M7—课本第 11 章；M8—课本第 12 章；M9—课本第 7 章；M10—课本第 8 章。

注：关于对话日志和思维导图这种需要当堂提交却延迟至下节课提交的以满分一半的形式进行评分，再晚提交的将不计成绩。

合作测试：小组成员一起在测试范围内进行试题设计，选出其中的"好题"并提交，笔者会用从好题库中选出的问题作为测试题。

合作测试 1 的出题范围（课本 p.1-50），合作测试 2 的出题范围（课本 p.51-97, 111-143）

档案袋：把一学期的学习成果（日记、思维导图等）汇集到一个文件夹里，称为"档案袋"。这个文件夹在百元店[1]有售卖，请自己准备。

档案袋包括"开始学习工作表"，以及分发的一些资料，整理归纳后共有 7 类。根据未整理的、遗失的和未完成的程度会扣 1～2 分。到截止日期时未能提交的得 0 分。这会用于三方会谈。如果用得好，可以加 2 分（共计 9 分）。

反思：作为 3 个月的课程总结，是对自己掌握了怎样的能力的一个自我

---

❶ 日本日常购买杂物（包括文具）的地方，因统一为 100 日元（不含税），所以称为百元店。——译者注

评价。详细的做法资料会另外分发，以档案袋中累积的项目相关的资料以及成果为"线索"，对自己的学习进行反思。如果按照要求认真记录，可得满分（6分）。如果记录的内容杂乱，或者未完成，则要扣分。在要求提交档案袋时，如果不提交，也得0分。

注：① 因实习缺席而不能提交作业，在下节课提交不扣分。但是，在去实习前，需要向老师说明，得到老师的许可。

② 学期中去参加教育实习的学生，可以不提交学习课题，以个人设定的个人课题替代。有希望使用替代课题的，请在去实习前2周与老师商量。没有事先商量的，不列入评分对象。

替代课题例：从向山洋一在1980年的著作（不含编著）中选择1本，写一则800～1000字的读书笔记，内容可以包括期待什么内容，学到了什么，自己的感悟与思考（6分）。

1. 学期开始时的期待

笔者事先对学生说明，布置课题是为了提升他们的自我管理能力。同时，强调他们自己做出是否提交全部课题的"决定"也很重要，因为他们未必每次都能以最佳状态完成课题。例如，他们会有身体不舒服的时候，特别是该科目的课题和其他科目的课题挤到一起的时候，应该先做什么、后做什么，这时的"决定"很重要。当笔者对学生说起这些的时候，很多学生感到特别惊讶。此外，笔者还强调："如果你们以'差不多'的态度完成课题，不仅是对小组内成员的不尊重，而且一旦分散精力，其他科目也难出成果。如果为了拿到这一门科目课题的5分预计要花费2小时，那么你应明确花同样的时间有没有其他更有价值的事情可以做。仅仅满足于'努力'的行为本身，而不注重成果的质量，这在教学一线是行不通的。"

2. 具体教学工具

这门课旨在通过使用以小组学习为主的教学构成以及课题让学生意识到"合作学习"的教育效果。主要做法如下。

（1）对话日志（及批注的练习）。

"对话日志"是伊丽莎白·巴克利（2005）[1]等人提出的一种大学合作学习方法。学生在教学结束后，自己在回顾课堂中学到的内容，思考其意义及关联性并进行小结。在下次上课时，学生把自己小结的内容带给同学，交换阅读并互相批注。本书把这项学习活动的意义定位于"相互间的批注练习"，要求学生写出真实的意见（资料7-2）。练习的完成时间最开始设定为5分钟，并以在学期结束时缩短到3分钟内为目标，在学期内不断进行练习。

关于批注，笔者是这样对学生解释的：批注是批注者希望作者引起注意的并能理解的内容，所以要以认可及激励的口吻进行。同时，对于收到的批注，要口头进行"长处与短处"的反馈，对离题的批注亦要明确指出。我们鼓励学生，为了将来能写出触动孩子们心灵的批注，要从现在开始练习。

资料7-2 对话日志

对话日志　　　　　No
姓名（　　） 　　学号（　　） 　　日期（　　） 　　批注者姓名（　　）
日志写什么，完全取决于教师。笔者一般多会对学生进行以下的要求： ① 不是简单的笔记，重新回顾一下在课堂中听到的、看到的、写下来的、做的、思考的，记下自己当时是怎么想的； ② 现在重新翻一下自己的笔记，对思考或感悟进行补充。 　当写不出来（完不成一定的量）的学生有很多的时候，笔者就会用下面的问题帮助他们思考。 ① 今天的课堂上，你觉得最重要的内容是什么？为什么？ ② 今天学到的内容中，你认为会对你的人生有用的内容是什么？为什么？

（2）思维导图（及解说的练习）。

笔者几乎每周都会要求学生预习课本的指定章节，并要求他们以思维导图的形式把重点绘制出来（资料7-3）。同时，笔者在课堂上让学生相互之间用自己在A3纸上绘制出的思维导图解说各自预习的内容。学习贯穿在多层次的有助于内容理解的学习活动中，包括阅读课本时的学习、整理思维导图过

---

❶ 该处日文原文的标记为2009，是指伊丽莎白·巴克利在2005年出版的图书 *Collaborative Learning Techniques: A Handbook for College Faculty*，日文译版于2009年出版。为方便中文读者参考，在翻译时采用了原书的出版时间，且读者可能已经注意到巴克利是本书第2章的作者。——译者注

程中的学习、解说活动中的学习以及对于解说进行反馈时的学习（详细参照关田 等，2015）。这些学习活动以 2 人 1 组的结对学习为前提，每人要在 4.5 分钟（2 人合起来为 9 分钟）内对十几页的内容进行解说（3 人 1 组则为每人 3 分钟）。

资料 7-3　学生绘制的"思维导图"

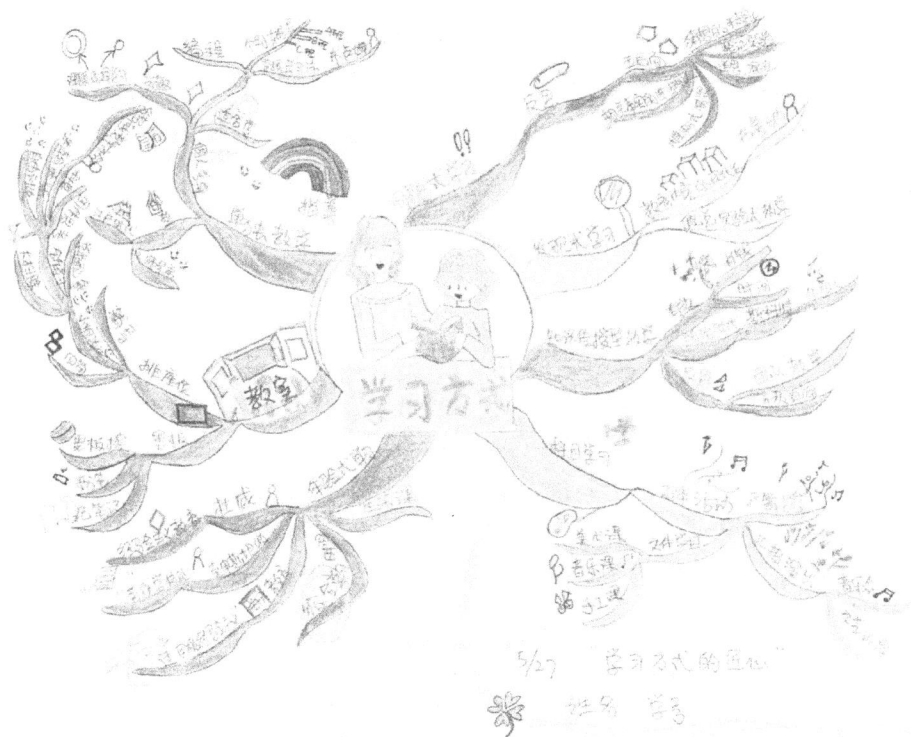

（3）合作测试（及提问的练习）。

所谓合作测试，需要小组内的成员分别提出问题并互相评价，而且自己的课题的完成进度会通过网络系统反映在小组得分中（高木 等，2010）。具体做法如下：在指定范围内，每人设计几道选择题，小组成员一起解答，并探讨其效度及适合度。在此基础上，小组选出两道好题并提交（利用网络）。教师对小组提交的题目进行遴选，用于实际课堂教学中的测试（关田一彦，2013）。此外，在问题征集阶段，题库是公开的，学习热情高的学生可以使用这些题目（含候补测试题）进行练习。2011年没有进行此测试，而在过去的5年间，每学期的测试次数平均为2～3次。

（4）使用档案袋的"三方会谈"。

笔者对吉田新一郎（2006）使用档案袋的"三方会谈"进行了改动，使其更适合教职课程的学生。在学期开始的时候，为了方便积累每周的学习成果，笔者让学生使用A4纸大小的文件夹做了学习文件夹，并使用了"开始学习工作表"（见资料7-4），要求学生设定自己的学习目标，并且在学期末要求学生完成反馈表（笔者将该表取名为"学习之旅的故事"，资料7-5）。然后，笔者把学习成果以档案的形式加入其中，有点儿像三明治。在三方会谈中，以角色扮演的形式，分成教师、孩子及家长，学生扮演"孩子"，使用档案袋向"家长"解释自己的学习情况。这时，"教师"兼具主持人及辅助角色。如此一来，就打破了常规的"教师训导孩子，家长进行确认"的形式。

资料7-4 开始学习工作表

开始学习工作表

年 月 日

修习这节课想要达成的目标（想要理解的，想要掌握的，等等）
达成上述目标的意义（如果达成目标，会有怎样的好处，为了什么而努力，等等）
为了达成目标，自己想要努力或挑战的事情
为了达成目标，你能利用（想要利用的）资源（人脉、帮助等）
确认签名 我在认真阅读了该科目的大纲，理解了教学方针和课题的前提下修习这门课。 <div align="right">签名＿＿＿＿＿＿</div>

※ 在第一次课后一周内填写完成，放入档案袋。

资料7-5 学习之旅的故事制作

学习之旅的故事制作——撰写反思录

接近期末，你的档案袋（也称为学习文件夹）应该越来越厚了吧。档案袋的使用方法有很多，作为从文件中间抽取自己成长的精华的一环，来试试撰写反思录吧！

学习之旅的故事制作

档案袋中收集了各种各样的回忆（辛辛苦苦撰写的报告或绘制的思维导图，带有同学温馨批注的日志等），这些都是你通过学习这门课一点点完成的。这种累积的学习成果是让你的学习有迹可循的重要证据。因此，在认真审视这世界上唯一的一串足迹时，那些足迹相关的每天的学习记忆，应该被唤醒了。

在学期开始时，为什么选择了这门课呢？在最开始去上这节课的时候，在完成第一份作业的时候，在买课本的时候，你感受到了什么，又在寻求什么？通过这门课，你想要掌握怎样的能力（知识与技能）？

在课程的进展过程中，为了得到你想要的，你付出了怎样的努力？你应该遇到了各种各样的冒险与挑战，经历了各种邂逅与锤炼。完成大课题后，你的心情是怎样？随着学习之旅接近终点，请试着确认一下自己掌握的能力。为此，请具体写出下列内容（根据你的档案袋中收录的内容），篇幅限定为A4纸1～2页。

1）在学期开始时设立的目标（通过这节课掌握的知识与技能），以及在中间回顾时所设立的修正目标。

2）为达成目标，意识到的问题及付出过的努力。

3）重新审视自己积累的学习成果，感受到的自我成长（学会了的事，理解了的事，开始思考的事，以及以后的目标）。

开始和结语

首先，写下使用档案袋对自己的学习进行回顾时的感受。这会成为这个故事的结束。给你的档案袋起一个好听的名字。这时，写下这个名字的由来、含义，这就构成了"绪论"。这会成为"开始"。即使很短也没有关系。但是，请尊重自己的学习。希望你能诚实对待自己的学习。这是世界上只有一次的、你的宝贵学习体验的成果，请认真对待。

※ 将"开始"和"结语"分别打印，放入档案袋的最前面和最后面。

实际上，在实施前，大多数学生对三方会谈带有负面情绪（该论断来自学生的举手表决）。而在实施后，一半以上的学生对此反应积极，希望能再进行一次这种形式的活动。可以说，使用档案袋进行反思这一学习活动，几乎得到了全体学生的肯定。

（5）我的主动学习型教学。

这门课是教师培养的基础科目。这门课的学习促进了学生踏入教师这一职业领域的成长，其教学目标之一是开启学生从事教师这一职业的觉悟。所以，这门课对于学生而言是否是有意义的体验，以及怎样才能使这门课成为有意义的体验，正是笔者在教学中所关心的，也是笔者认定的基本职业教养。

笔者在课堂中频繁地使用了结对学习及小组学习，同时，这门课中也大量使用了"合作学习"教学法，所以比起笔者"说"的时间，学生"说"的时间更长（关于笔者对合作学习的立场，请参照关田一彦2004，2005）。也就是说，在课堂中，笔者所直接给出的或解说的信息并不多。

笔者认为，如果课本中已经有必要信息，就可以指示学生自己阅读课本。在课堂中，基于这样的阅读预习，笔者会从不同于课本的角度，选择一些自己认为重要的主题进行教学。课堂中的基本教学流程如下：前30分钟为学生的小组学习（含检查确认预习情况）；后60分钟以教师讲授与学生小组学习穿插的形式进行，包括提问、思考、交流、确认。这就是笔者所理解的主动学习型教学，即把以学生为主体的学习活动切实有效地融入课堂教学中。

此外，为了通过这门课让学生有意识地把教学内容与自己的职业生涯联系起来，笔者一直在思考如何提高主动学习的质量。因此，笔者试着让学生把一个个课题及学习活动的意义表达出来，具体进行了以下尝试。

在教学一开始让小组成员之间互相打招呼的时候，笔者会提醒他们："如果你们现在不能够帮助你的同学学习，那么你以后能够帮助倾向于被动接受知识的孩子们吗？"在交换日志的时候，笔者会提醒他们："请试着换位思考一下，如果你是孩子，你读了这些评语能更有学习的积极性吗？"在基于思维导图的互相解说部分，笔者又会鼓励大家："能够在短时间内简明地阐述要点是教师必备的素质。以思维导图的关键词为中心，磨炼一下自己'看人说话'的能力。"

像这样，通过在课堂中进行"教学方法"（解说的方法、提问的方法、表扬的方法）的演示与练习，提升了学生"在课堂中学"的意识。

7.1.4　小结

到此为止，本节全面介绍了笔者在课堂教学中所使用的教学工具、下达指令的方法、教学技巧等内容。但是，希望大家不是作为"教学技巧"（虽然这也很重要，而且与课堂教学设计紧密结合、难以区分），而是能够作为"课堂教学设计"（包括合理设计课题及配置课题，怎样实施等）去领会它。哪怕仅是一张流程表，使用方式不同，学生的活动性与主动性也会有所不同。

那么，出成果了吗？

根据学生学期末提交的教学评价，这门课的课外学习时间平均每周在 2 小时以上，在课堂满意度 5 级评定中的得分为 4.5 左右——这是这几年的成果。同时，这也能排入同等规模的讲授类科目的前列。本大学的教学原则上是公开的，偶尔有来观摩教学的人，在课后也多称赞我们确实践行了主动学习。但与此同时，关于课本内容及学习体验的迁移，学生的目标究竟达成得如何，仅凭一次观摩是看不出来的。因此，在 7.2 节中，通过对学生留下的档案袋资料进行质性分析，试着探究笔者的教学的影响。

7.2　验证篇——回顾教学

7.2.1　方法

在本章的 7.1 节，第一作者关田一彦从教师的视角探究了在教职科目"教育方法"中自己的教育活动。本节的目的是，第二作者三津村正和从学生（过去修习过关田一彦的"教育方法"的学生）的视角，分析关田一彦的教育活动。三津村正和翻阅了同一学期修习"教育方法"的学生期末提交的档案袋（主要是 2011 年的 50 份），首先试图把握关田一彦的"教育方法"这门课的内容。档案袋包含了学生在学期开始时制订的目标（"开始学习工作表"）、学习活动记录（思维导图、对话日志及三方会谈）、学期末回顾（"学习之旅的故事"制作）等资料。所以，三津村正和能够以时间为序，借此整体地了解学生在一个学期内的学习与成长。接着，三津村正和仔细查阅了包含学生所有学习成果的档案袋，试图探究学生间产生了怎样的"学习"。对话日志中记录了学生在每次课堂中的学习或领悟（并不单纯是对各次学习内容主旨的记述），以及学生对一学期内所学内容的回顾，这也正是他们反思自己学习（学习方法）的变化、学习质量的提升及作为学生成长的有效机会。三津村正和在分析档案袋的内容，试图抽取各位学生的学习收获中的"精华"的同时，也在努力把握关田一彦的教学设计的特征。此外，对档案袋的分析结束后，三津村正和以课堂观摩为目的，观摩了关田一彦负责的另外一门科目"教育调查与统计"（2013 年后期）一学期的教学。这次的课堂观摩体验，使其在之后实施的访谈调查中对于学生的理解更加深入。

之后，针对课堂观摩及档案袋分析中出现的研究问题，为了获取学习者视角，并且为了能够对关田一彦的教学设计以及由此派生的教育效果进行多层次分析，三津村正和对修习了关田一彦的"教育方法"的学生进行了补充调查。调查采用的是半结构化访谈的方式，每次访谈大概持续一小时。访谈内容主要是一些促使学生回顾当时的学习体验的问题，此外还加入了以下问题，让学生谈及体验，以谋求他们对关田一彦的"教育方法"的评价与分析。这些问题包括：①发生了怎样的"学习"；②教师是怎样进行督导的，对学生产生了怎样的影响；③是否有延续到今天的持续性效果等。在接受访谈的 7 名学生中，有 5 名是立志成为小学或初中教师的（大学生 4 名、研究生 1 名）；还有 2 名现职教师，而且这 2 名教师在取得学士学位后继续攻读了硕士学位，现在作为大学老师从事英语教育方面的工作。对于录音资料，笔者把它通过声音自动识别软件转换成文字，进行了质性分析。在质性分析中，经过了开放编码、焦点化编码这两种编码过程后，生成了概念类属，笔者尝试对"教育方法"这门课所产生的学习效果进行结构性解读。

7.2.2 启示

在修习关田一彦"教育方法"的过程中，学生进行了怎样的学习？学习者赋予了这些学习怎样的意义？这些学习对学生之后的人生产生了怎样的影响？在进入对这些问题的探究前，先简单叙述一下三津村正和的职责，具体就是精查修习"教育方法"的学生的体验，并探析这些学习体验对学生产生了怎样的持续影响。通过对配合调查的学生访谈内容的质性分析，生成了以下3个概念类属，分别是：①对学习的责任；②对学习的积极性；③对学习的反思。学生从这些学习体验中发现意义，而这些学习体验或是诱导，或是支持着学生自发性的内在活动，并且对他们之后的人生（学习或者教育活动）产生了正面影响。下面对各个概念类属进行阐释。

1. 对学习的责任

作为有意义学习经验的一部分，学生提到的是与同伴共享"对学习的责任"。换句话说，就是学习者各自内化他们对学习的责任意识，并共同体验其教育效用。这里的责任意识，包括对自己及同伴学习的双方责任意识。这里的教育效用是指，通过履行对学习的责任，让自己的学习对同伴有用，同时使同伴的学习对自己有帮助。正如关田一彦在7.1节中提到的，在"教育方法"这门课中，如果学生个体没有参与课堂教学的自觉以及责任意识，教学是无法进行的（或者说，并不能算是教学）。其中一名学生说，"教育方法"的课堂结构是"学习者占八成，教学者占两成"。其余的学生也有同样的认识。此外，三津村正和认为，自己观摩的关田一彦的另外一门课——"教育调查与统计"，也沿用同样的课堂结构。

正是因为学生拥有作为"学习共同体"中的一员的责任和自我认知，"教育方法"这门课才能顺利进行。例如，在教学的事前准备中，学生需要把下次上课所涉及的内容用"思维导图"（关田一彦 等，2015）的方式先概念化。此外，还需要把上节课的学习收获及领悟记入"对话日志"一并带来。每节课的开始，先是两人一组，使用自己的思维导图及对话日志互相进行展示解说。在展示思维导图的过程中，学生需要对思维导图中的思考过程进行简单说明；在展示对话日志的过程中，学生需要在3～5分钟内读完对方的日志并做出批注。这些学习活动都是在学生各自完成课题作业的前提下展开的。读者可能会乍以为这是强制的相互依存关系，但用接受访谈的学生的话来说，虽然开始的"机缘"是强制的，但之后互惠的相互依存关系却是自己建立的。在使用了思维导图的结对小组活动中，学生首先要听同伴对成果进行解说，接着进行反馈交流。很多学生都说，在这样的相互交流中学到了很多东西，同时激发了自己要将思维导图绘制得更好的意愿。此外，关于对话日志，学生纷纷表示"（同伴的）发言激发了我的自信"，自己的学习及领悟被同伴肯定，无形中增强了自我肯定感，同时激发了自己也要"尽力为同伴做出有意义的批注"这种善意的互助情感。这些活动的设计目的在于，提高（学生）对于自己及他人学习的责任意识，（使学生）建设性地参与彼此的学习，具有合作性及互惠性，从而帮助学生培养自主学习思考的能力。

关田一彦说："通过使用合作的情境，使得'学习'对于学生而言，不再是'教师－学生'关系中单方向对于所传授知识的被动接受，而是学生自身在与其他学生进行相互交流的过程中的能动产出。"在此过程中，学生意识到自己作为"学习的创造者"的责任的同时，也成功体验了履行责任对于彼此的益处。也就是说，在学习共同体中，通过尽量把教师的权限交给学生，学生从对教师的依赖中解放出来，学生之间互相帮助，从而习得自立的态度。

"学生如果不参与其中，教学就无法成立，这是和其他的科目完全不同的。"

"我觉得课堂教学内容全部是由学生主体进行的。"

　　"我觉得这是特别重视听课者之间的关系的课堂，洋溢着'你是这堂课的主人'的氛围。"

　　从关田一彦的"教育方法"中导入的各种学习活动，可以看出其根源是合作的理念，课堂教学设计的意图也是激发合作的价值。关田一彦则强调，如果对合作学习追根究底，培养自立的学生才是（合作学习）应该达成的目标（听起来有些矛盾）。合作学习重新审视了一直以来教师的集权性教育形态及"教师－学生"之间力量不均衡的问题，通过学生之间互动的活性来矫正并最终实现力量均衡，同时着眼于增强学生个人的能力。通过合作这种行为，也就是和他人连接、互助的过程，每个学生都成为更坚强的存在。总之，修习关田一彦的"教育方法"的学生，能意识到对自己及他人学习的责任，通过建设性地参与自己和他人的学习过程，收获共同成长的体验，引发了对"学习"这个能动行为的独立思考，挑战了自己长久以来被动接受教师的灌输的学习姿态。

2. 对学习的积极性

　　修习过这门课的学生也领悟了自己对学习的积极性被教师激发出来这一过程的意义。这意味着，除了上述在与同伴合作学习的过程中形成自发意志的作用以外，教师的行为还会直接对学生产生正面而持续的影响。学生受关田一彦作为教师的行为的启发，体验了由内在动机层面带动的学习，在将来他们自己的教育活动中，这种体验在激发孩子们的学习热情方面会有所帮助。

　　这里将着眼于能激发学生的学习热情的教学者的语言表达。学生都表示关田一彦独特的说话方式有教育功效。关田一彦的说话方式可以归纳为"共情式""促进自我反思式""关心式"这3类。正如7.1节中提到的，在关田一彦的"教育方法"教学中，学生的发言比率（说话时间的比例）与在其他教师的教学中相比多得多的原因，首先在于以学生之间的互动为基础的课堂教学设计，但也不能忽略教师的"语言"对学生的积极发言态度的正面影响。据学生说，关田一彦对学生的发言绝不会否定，而是会首先表示共情，然后夸赞他们的发言对课堂是有益的。教师的这种共情姿态促进了一个让学生安全而且舒适地表达自我意见的环境的形成。

"不管（学生）说什么，他绝不会否定，不仅不否定，还会说，'哦，还可以这样看呀'。他以这样的方式来跟进对话，虽然说本不是跟进，却能让人感觉是在跟进，会让我觉得他真的是那么认为的（认为我的观点很特别）。"

"强烈感觉他在用共情的方式与我说话。这感觉当然对我有积极作用。"

然后就是"促进自我反思"。教学通常从"今天为学什么而来"这样的问题开始，借此来促进学生的自我反思，让学生去思考课堂中的每一项学习活动在将来自己真正成为教师时能得到怎样的实际运用。通过让学生意识到这样的学习活动与将来的教育活动的联系，学生能够重新确认及构建学习背后的教育意义，体验为学习"赋予意义"的过程。也就是说，通过让学生认识到现在的学习的可行性及应用性，即将来会在怎样的情境中使用，来达到激励学生提高对当下学习的内在动机的目的。

"肯定会被问'今天为学什么而来''来这儿干什么''学什么'等问题，这让我印象深刻。其他的教授绝对不会问这样的问题。"

"关田老师会有很多像'再继续往下挖挖看''试着再看看你自己拥有的'之类的引导式的语言。"

"我学到了很多，像怎么引发学生的特质，或如何更好地引发学生的特质这样的教学技巧和课堂教学的构成等。"

"关田教师会把我们深藏的那种将来成为教师时所需的教育者的热情激发出来，他用他那种豁达开朗的讲话方式，告诉我们现在做的每一件事对于将来成为教师的重要性。"

此外，笔者从与很多学生的访谈中发现，与教学内容无关的"关怀式"的说话方式也给学生留下了深刻的印象。例如，上课迟到进入教室时（关田老师）若无其事的一句温暖的话，或是上次缺课没来但下次来上课时老师温柔地提醒（我上次缺课），等等。像这种教师熟知学生的状况，学生对教师一点点的变化（表情或态度等）都及时地做出反馈的状态，学生会产生"老师在乎我的存在"的安心感，以及自己被守护着的信赖感。这种师生之间的交流在高等教育中常常被忽视，但是对于关田一彦的体恤的言语和体贴的举止，学生说想要通过提高学习热情及更深入地参与学习来回报他。这在某种意义上可以用"义理"[1]的概念来理解。根据学生的动机理论，可以粗略地把学习动机分为外在的和内在的。在当今的高等教育领域里，正在进行通过外在的改革（课堂教学大纲、对科目进行编号、GPA制度等）[2]来促进学生学习，培养能够自发地激发学习兴趣，独立对学习进行计划和评价的自立型的学生。即使在几年后，这些学生也纷纷表示关田老师的语言及举止对自己依然有影响。例如，有一个在上了关田老师的课之后去参加教育实习的学生说，"站在孩子们面前，我的脑海里浮现的是关田老师的样子"。在"教育方法"这门课中，关田老师的存在，对于学生而言，可以说是起到了心理学上所说的榜样作用。

> "因为老师那样用心对我们，所以会觉得作为学生如果不有所回报，老师会很可怜。而且关田老师对我们期望那么高，他的教导是最走心的。"

> "因为我们是立志要成为教师的人，我觉得关田老师在教导我们的时候，用的是我们将来成为教师的时候，能够与初中生、小学生、高中生亲近（拉近距离）的视角以及说话方式。"

3. 对学习的反思

回顾自己学习的"反思"活动，成为学生重新思考在"教育方法"这门

---

❶ 该表述在英文版中被删去了，也许是为了避免引起英语读者的误解。本书在翻译时，保留了此表述方式。结合上下文，此处并不是作为一个学术名词出现，不必深究，可以简单理解为老师关心学生，而学生想要更努力学习以回报老师。——译者注

❷ 该处所提到的"课堂教学大纲、对科目进行编号、GPA制度"等内容都是在文部科学省的倡导下，各个大学导入的制度性的改革内容。结合上下文，可以认为，作者想要表述的是这些改革重视外在，而关田一彦的做法重视内在。——译者注

课中的学习经验以及背后的教育价值的契机，这对学生而言是很有意义的学习体验。在关田一彦的课堂教学设计中，他按时间轴设置了各种促使学生自我反思的机会，如学期开始的目标设定、一周一次的对话日志、中间回顾、期末档案袋等。学生借助这些周期性的反思机会，不仅能够将自己过去的学习轨迹与现在的学习联系起来（有时是查漏补缺），还能把现在的自己与将来的自己（理想的自己）连接起来，在努力的同时，激发自己不断向未来更好的自己转变的意愿。在这种意识的形成过程中，同伴的存在是不可或缺的。在关田一彦的"教育方法"的课堂上，所有的反思都在合作的情境中进行，也就是说，学生要把自己的反思过程书面化并展示给同伴看，同时阅读同伴的反思记录，创造一种共同成长的正向空间，这种空间又促进了每个人反思的深化。在前项"对学习的责任"中也有类似的分析，在关田一彦设计的合作活动中，确实设置有"成长指向的相互依存"以及"成长指向的相互评价"的小机关。

> "通过这样的方法，我学到的不是教师对我的评价，而是同学之间能够进行同伴评价。"

> "我觉得互相批注，或者说同伴的两人、小组之间，大家每周进行不同的分享，不仅对自己有好处，而且对每个人都有好处。"

> "在互相进行批注的过程中，……我慢慢觉得自己也能够坚持修完全部（教职科目）。"

从这些学生的发言中，可以看出对学习的反思活动也强化了学生和"教育方法"的每次教学内容之间的连接。也就是说，关田一彦的"教育方法"（不同于其他教师那种看上去每次课均为独立的教学），保证了每次课之间的连续性。一名学生说，每次课都"回顾了上节课的学习，同时在此基础上继续延伸"，每次的教学都是"有机地结合在一起"。对学习进行反思——把每次课收获的知识、技能、态度和元认知进行串联，这种活动对于把一时的（短暂的）学习发展为持续可能的学习有催化作用。特别是每周一次的对话日志，它并不是以整理记录教学的主旨为主要目的，而是鼓励学生从认知领域和情感领域两方面去辨识自己的学习轨迹，并把它升华为探求人类根源活动——有关"学习"这种行为及其对自己的人生有怎样的意义的自我对话。

> "可以说不单是对课堂学习的总结……可以写'今天发生了这样的事'的杂感之类的，也可以写从教学内容里收获的思考，而不是下课了就结束了。这样的方式令我们印象更深刻，同时也与下一步的行动有所关联。"

7.2.3　小结

在 7.2 节中，从学生在各种学习经验中发掘学习的意义的角度，对修习过关田一彦"教育方法"这门课的学生的访谈进行了整理及分析。站在学生的视角，对关田一彦的教育观、课堂教学设计以及对学生所产生的影响进行了分析探究。本研究中，为确保学生拥有自发参与的学习体验，以及保证那种学习体验对学生的现在及以后产生持续影响，就需要对"有意义的学习经验"形成共同认识。而且作为促进这种有意义的学习经验的诱因，提出了"对学习的责任""对学习的积极性""对学习的反思"这 3 个要素。

与关田一彦的学生的接触，促进了笔者多角度地把握关田一彦作为课堂教学设计者的教师的职责。例如，不止步于对教学内容的整理分析以及对学习活动的设计，因而增加了"作为学习环境的教师"的角度。在教育技术学的见解中，鼓励课堂教学设计从"（教师）教什么"向"（学生）学什么"的以学生为主体的教育范式转变。但是，一直以来的教育技术学都侧重于（能代替教师的、有效果的、效率高的）教授系统的构建，很少注意到教师的"人性"侧面。而稻垣和铃木（2011）强调，为了对学生进行有魅力的教学，要考虑关注教师的举止（声音、视线、表情、服装、站姿）等方面。看一下关田一彦的"教育方法"，学生最终接受了关田一彦的合作学习的教育观，同时接受了与之相关的课堂教学设计、学习活动，而且对此进行了正面积极的参与，这在很大程度上是由于关田一彦通过语言措辞以及举止表现出的人格魅力，与其作为教师的"人性"和协同的教育观、教学设计有互补的关系。

"在'教育方法'的课上，我能够接受这样的教学方式，是因为关田老师的人格魅力和性格特点。"

本研究讨论的是与主动学习相关的问题（学生进行主动学习的内因分析），比如学生怎样从各种学习体验中发现意义，并且对意义的觉知与对学习的主动性参与是怎样关联的，建设性地批判了仅探讨主动学习的技巧的倾向，同时展开了关于深度学习，也就是与学习质量相关的"深度主动学习"（本书）及"高度的主动学习"（河合塾，2011，2013）的探讨。可以说，这是从内容的角度对主动学习引发的学习质量进行探讨。本研究中尝试对主动学习的要素进行了分析，同时探讨了能带动学生进行主动学习的教师的影响究竟是什么（教学设计及教师的措辞、举止）。希望在以后的主动学习研究中，能出现越来越多的分析角度（比如主动学习的中长期影响分析，主动学习对个人及集体造成的影响等），并使教师意识到应该更深远地反思研究和实践之间的关系。

7.2.4 结语

首先，感谢读者读到木章的最后。对于本章开头提出的问题，您思考得怎么样了？

人们用自己学过的东西不断拓展人生的可能性，而表层学习很难成为拓展人生的力量。笔者（关田一彦）希望自己的教学能成为学生拓展人生的机会，所以着重在以下几方面进行了教学设计：①觉知目前所学与自己的关系（意义）；②想要去使用或尝试自己学到的内容；③把学到的东西与自己的成长联系起来（通过学习让自己变得能干）。满足这 3 方面要求的课堂教学中的学习就是"有意义的学习"，估计这在结果上促使了本书的焦点"深度主动学习"的生成。

芬克使用"有意义的学习"这一表述更精准地阐释了好的教学的特征。他把"有意义的学习"分为以下 6 项（2011，p.44-46），并且把嵌入了下列学习的教学定义为"好的教学"（教学设计）。

① 对其他学习所需的基本知识的理解。

② 对其他学习有用的应用。

③ 能带给学生新的能力（特别是知识能力）的关联及统合。

④ 关于学生能更有效地和他人进行交流的方法的学习以及意义。

⑤ 学习经验提高了学生对某些事物的关心程度（产生宽度）的学习。

⑥ 对成为自律型学生的学习方法的学习。

当然，这样的学习经验并不是在一次课上全都能经历的。在学期中，通过学习经验的累积，教学应该能够产生深度主动学习或者有意义的学习的。笔者在教学中使用了档案袋，实现了对每次教学的回顾以及以学期为单位的回顾。也就是说，在设计一学期的教学时，笔者把适合累积于档案袋的学习体验融入每次教学中，这样学生在回顾的时候自然就能感受到自己的学习是有意义的。这种着眼于整个学期进行规划，认真落实到每次教学中的做法，决定了能否实现深度学习。

本章小结

■ 即使在难以发现学习内容本身的意义的时候，学生也能够赋予学习活动以意义。在教职科目中，教师应让学生意识到当自己成为教师的时候，怎样开展有效的教学活动。而且，其关键在于，教师要让学生知道这些活动能以怎样的形式或者在怎样的情境中展开。

■ 能有效帮助学生体验成长的道具及方法有很多，关键在于如何使用。比如使用档案袋，通过每次回顾的累积，能够对学期整体的教学进行回顾。换句话说，把适合累积于档案袋的学习体验融入每次教学中，这样学生在回顾的时候，自然就能感受到自己的学习是有意义的，这样的课程设计也恰巧反映出档案袋的优点。

■ 通过一学期的学习经验的累积，学生体验了深度主动学习或者说有意义的学习，并以能够觉知的方式呈现出来。这种着眼于整个学期进行规划，认真落实到每次教学中的做法，决定了能否实现深度学习。

参考文献

❶ バークレイ,E.F.・クロス，K,P.・メジャー，C.H. (2009)『協同学習の技法―大学教育の手引き―』(安永悟監訳) ナカニシヤ出版 .

❷ 稲垣忠・鈴木克明 (2011)『授業設計マニュアル―教師のためのインストラクショナルデザイン』北大路書房 .

❸ 河合塾 (2011)『アクティブラーニングでなぜ学生が成長するのか―経済系・工学系の全国大学調査からみえてきたこと』東信堂 .

❹ 河合塾 (2013)『「深い学び」につながるアクティブラーニング―全国大学の学科調査報告とカリキュラム設計の課題』東信堂 .

❺ 関田一彦 (2004)「協同学習のすすめ―互いの学びを気遣い合う授業を目指して―」杉江・関田・安永・三宅 (編)『大学授業を活性化する方法』(p. 57-106) 玉川大学出版部 .

❻ 関田一彦 (2005)「集中講義「教育心理学」が受講者の心理的態度に与える影響」『創価大学教育学部論集』56 号 , 71-78.

❼ 関田一彦 (2013)「学生の授業外学習時間増進に資する予習・復習課題の工夫: 協同学習の視点からのいくつかの提案」『創価大学教育学論集』64 号 , 125-137.

❽ 関田一彦 (2013)「二重テスト方式とクリッカーを併用したコラボテストの運用改善」『平成 25 年度 ICT 利用による教育改善研究発表会』私立大学情報教育協会 .

❾ 関田一彦・山﨑めぐみ・上田誠司 (2016)『大学の授業に活かすマインドマップ』ナカニシヤ出版 .

❿ 高木正則・坂部創一・望月雅光・勅使河原可海 (2010)「作問演習システム「CollabTest」の講義への適用とその評価」『教育システム情報学会誌』27 巻 1 号 , 74-86.

⓫ フィンク , D. (2011)『学習経験をつくる大学授業法』(土持ゲーリー法一訳) 玉川大学出版部 .

⓬ 吉田新一郎 (2006)『テストだけでは測れない！　人を伸ばす「評価」とは』NHK 出版 .

第8章

牙科医学——联结教室和临床的 PBL：以作为学习的评价为中心

作者：小野和宏　松下佳代　译者：蒋妍

在提高大学教育质量的需求下，一种以解决问题为目的的主动学习方式——问题式学习（Problem-Based Learning，PBL）引起教育从业者的广泛关注。PBL 被应用于各个学科领域，有的大学甚至将其作为新的教学方法全面引入通识教育。但与此同时，率先应用 PBL 的医科大学中已有停用该教学方法的，据此可推测，为使 PBL 在教学中更好地发挥作用，除了学习形态外，还要注意使用策略和技巧。

本章以新潟大学口腔学院的 PBL 应用实践和改良版"三级跳评价法"（直接评价问题解决能力的工具）的开发为研究焦点，论证为了更好地发挥 PBL 的教学效果，需要对学习成果进行恰当的评价；并进一步阐明，这种评价不单是针对学习的评价，评价本身还应成为学生的学习经验，即"作为学习的评价"。

8.1 | 两种 PBL

近年来，提高大学教育质量的需求不断增加。日本在 2008 年 12 月出台的中央教育审议会咨询报告《构建本科课程教育》中指出，本科毕业生的培养目标和学习成果，除了"知识与理解"（理解和掌握专业知识）外，还需要具备逻辑思考、解决问题、沟通交流等通用技能，以及在团队中合作和领导的能力，树立公民社会责任感等情感、态度或价值观，提升"综合性学习经验及创新思维"等，也就是明确了要培养拥有知识并能灵活运用知识的学生。而在2012年8月出台的咨询报告《以构筑崭新未来的大学教育质量转换为目标——建设培养终身学习及主动思考能力的大学》中，"主动学习"作为关键词，以更具体的形式倡导了大学教育的质量转换。

在这样的背景之下，以解决问题为目的，也就是作为"高阶主动学习"工具的PBL受到瞩目（河合塾，2013）。PBL是Problem-Based Learning（问题式学习）与Project-Based Learning（项目式学习）的简称。问题式学习源于20世纪60年代的医学教育，项目式学习源于20世纪90年代的工科教学。两种学习方式具有以下共同的特点：都沿袭了"知识是由学生自己构建的"的建构主义学习理论；都是小组通过配合共同解决与生活实际相关的问题；都是由学生自己对学习进行掌控，教师作为引导员进行支持、辅助的。二者不同的是，在问题式学习中，学习过程是在活动设计中明确规定好的；而在项目式学习中，学习过程则取决于个别实践（汤浅且敏 等，2011）。

本章围绕问题式学习，以新潟大学口腔学院的实践案例为研究对象，着重从"作为学习的评价"的角度，探究如何引导学生在主动学习的过程中实现深度学习。

8.2　PBL 的应用实践

8.2.1　PBL 与课程设置

新潟大学作为日本的一所国立大学，其口腔学院成立于1965年，设立之初只有培养牙科医生的牙科学科。2004年，为应对老龄社会的需求，新潟大学口腔学院以提供综合口腔保健、牙科医疗的全面服务为目的，设置了口腔生命福祉学科，着重培养兼具口腔卫生士和社会福祉士[1]能力的人才。现在该学院由牙科和口腔生命福祉学科这两个学科构成。牙科的学制是6年，口腔生命福祉学科的学制是4年，每学年的学生数量分别是40名和20名。两个学科在培养方案中始终坚持"本科教育作为牙科医疗从业人员终身学习的初级阶段，需要重点培养学生的问题解决能力，使之在研究生阶段和社会学习中也能持续、自觉地提升自身的专业技能"这一共识。因此，该学院将学生毕业时应该取得的学习成果，从"知识及理解""专业能力""通用技能""态度及价值观"这4个角度进行了分类及定义（见表8-1）。同时，为了培养学生在牙科教育情境中的问题解决能力，从2004年开始，也就是在开设口腔生命福祉学科之时，新潟大学口腔学院在其教育课程中引入了PBL的教学方法（小野和宏 等，2006；小野和宏 等，2011）。

表 8-1　毕业时应该取得的学习成果

序号	知识及理解
1	理解口腔的构造与机能
2	理解老年人与残疾人的身体及心理特征
3	理解牙齿健康与整体健康的重要性
4	理解牙科疾病的诊断、治疗、预防的原理及原则
5	理解作为口腔医疗实践基础的法医学以及伦理原则
6	理解社会福祉与社会保障的整体情况
7	理解儿童福祉、老年人福祉、残疾人福祉的理念与意义
8	理解医疗提供体制与医疗保险制度
序号	**专业能力**
1	在牙科医疗方面，实行适当的感染预防对策
2	确保牙科医疗的安全
3	对个人、集体、社会进行有效的牙科保健指导

---

❶ 社会福祉士是日本国家资格的一种，相当于中国具有资格证的社会工作者（社工）。——译者注

续表

序号	专业能力
4	遵守知情同意原则
5	基于科学依据进行牙科预防处理，并对其成绩进行评价
6	正确书写患者及利用者记录，并妥善保管
7	进行恰当的牙科诊疗辅助
8	基于社会福祉援助技术进行适当活动
序号	**通用技能**
1	独自发现问题，并对必要信息进行收集、分析与总结以解决问题
2	进行恰当的自我评价
3	使用统计技能进行数据处理
4	能进行时间管理，决定先后顺序，在规定期限内完成任务
5	使用日语或英语以口头或书面形式进行交流
6	能够与小组成员进行合作，发挥领导力
7	在需要的时候向专家寻求支持及建议
8	灵活使用信息通信技术（Information and Communication Technology，ICT）
序号	**态度及价值观**
1	决策要符合伦理，遵守道德，有科学依据，且对结果承担责任
2	接受各种各样的文化及价值，尊重个性
3	对所有的患者及利用者都亲切对待，尊重对方的权利
4	尽最大努力对个人信息及医疗信息进行保密
5	坚持以患者、利用者及公共利益先于自己的利益

注：这是口腔生命福祉学科的要求，其中的"通用技能"、"态度及价值观"与牙科专业是共通的。

新潟大学口腔学院的 PBL 来源于瑞典的马尔默（Malmö）大学口腔学院的做法（Rohlin et al., 1998）。在课堂中，学生在引导员的指导下七八个人一组进行合作学习。首先要从被称为"脚本"的案例中抽出事件主体，大家围绕事件中的疑问和观点进行讨论。接着，学生以解决疑问和验证自己的猜想为目标，查找自己缺少的必要知识并设定学习课题，在课外围绕各个学习课题进行独立调查研究。一周之后，学生再次集结到教室，小组探讨调查结果，检验自己的假设是否妥当，以求问题得到最终解决。像这样，学生在 PBL 中，按照课内"小组学习"、课外"独立学习"、课内"小组学习"3 个步骤学习（见图 8-1）。在案例分析的基础上与小组成员进行研讨，新获取的知识在解决问题的过程中得到了综合的、深度的学习和理解，培养了学生分析和解决问题的能力、人际交往的能力以及持续学习的积极性（Barrows，1998）。

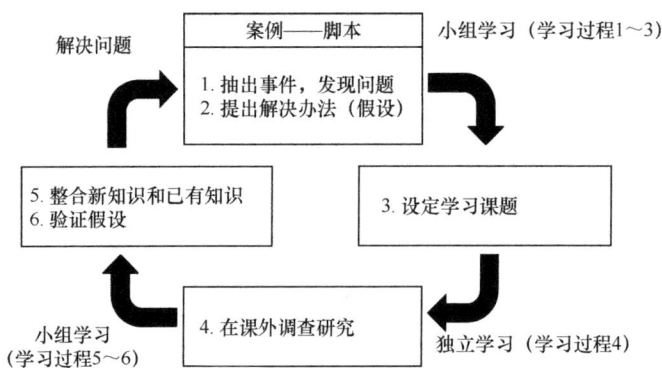

图 8-1　PBL 的开展方法

8.2.2　口腔生命福祉学科的 PBL 课程

笔者在写本书时，是 PBL 应用于牙科专业的第五个学年，应用于口腔生命福祉学科的第二至四个学年。下文以口腔生命福祉学科的 PBL 课程为例进行阐述。

一学年由上、下两个学期构成，每学期为 15 ～ 16 周。每学期的核心学习内容由学校设定，开设相关的 5 ～ 16 门课程。各学期的学习内容，多以现代社会状况为背景，从简单到复杂，或者从口腔到个人以及与个人相关的社会（见表 8-2）。此外，在各学期内，各教学科目的开课顺序由学习内容决定，除第一学年的课程每周授课一次外，其他学年采用的均是模块制（module course）。

表 8-2 各学期的主要学习内容

	上学期	下学期
第一学年	**大学学习方法及个人成长** • 学习技能的修习及主体性学习态度 • 养成深度教养 • 与患者及利用者等各种人群的接触	
第二学年	**口腔的健康推进以及作为牙科医疗从业者的自觉** • 理解口腔的构造及机能 • 理解整体健康的重要性 • 习得预防感染的对策 • 作为牙科医疗从业者的自觉	**轻度牙科疾病的诊疗、处理及预防** • 以普通成年人为对象的轻度蛀牙与牙周病的诊疗、处理及预防的理论与实践 • 以个人为对象的牙科保健指导的理论与实践 • 习得牙科诊疗辅助的基本技能
第三学年	**稍严重的牙科疾病的诊疗、处理及预防** **对社会福祉及社会保障的基本理解** • 以普通成年人为对象的，稍严重的蛀牙与牙周病的诊疗、处理及预防的理论与实践 • 集体牙科保健指导的理论与实践 • 习得小儿牙科、牙齿矫正科的诊疗辅助的基本技能 • 理解社会福祉与社会保障的整体情况	**对老年人及残疾人的理解与应对** • 对老年人及残疾人的身体及心理特征的理解与应对 • 习得口腔外科、牙齿修复等诊疗辅助的基本技能 • 对儿童福祉、老年人福祉及残疾福祉的理解
第四学年	**从个人及社会角度看到的整体健康推进的实践** • 统合通过牙科卫生士临床实习和社会福祉士临床实习获得的知识、技能及态度 • 地区牙科保健活动的理论与实践 • 理解医疗提供体制与医疗保险体制 • 作为牙科医疗从业者的意识提升	

  在教学中，除采用 PBL 外，教师还可以将讲授、实习、讨论等授课形式相结合。首先，第一学年上学期以讨论课方式开设的"大学学习法"，着重培养学生的逻辑思考能力和学习技能。之后，从第二学年到毕业，在让学生通过 PBL 习得综合性知识的同时，着重提升他们的问题解决能力和人际交往能力。此外，学生入学不久，学校就可以给他们提供持续与患者接触的机会，培养其作为牙科医疗从业者的觉悟与态度。这样，PBL、讲授型教学、实习

及讨论等课堂教学形式被有机地结合起来，并确保内容间的联系，试图让学生能使用模型马上练习在教室中学到的内容，或者能够实际体验医疗和福祉。总之，教学内容不拘泥于形式，并应尽量在同时期内开展。

下面，具体以第二学年为例，来看一下整个学年 PBL 课程的设置（见图 8-2）。

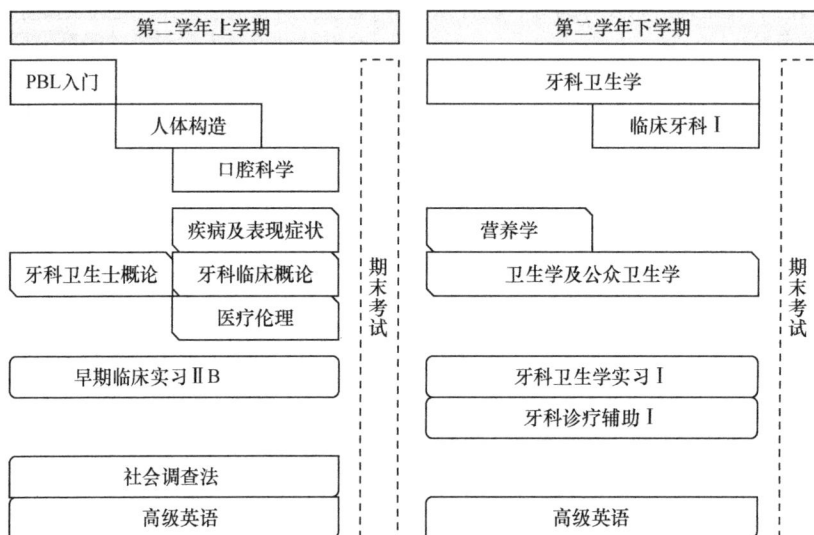

图 8-2　第二学年 PBL 课程的设置

整个学年采用的是双学期制，但各教学科目是为学生的学习能够顺利展开而设置的，所以也可以说是宽松的 4 学期制。

第二学年上学期是真正开始专业教育的学期，该学期学生培养的重点事项包括：理解 PBL 并进行实践；把握口腔卫生士和社会福祉士的职责及工作内容的真实情况；理解口腔的构造和机能；理解口腔疾病的病因和病态；掌握感染的预防对策等。上学期设有"PBL 入门"这门课，学生可以借此掌握 PBL 的学习方法，以便之后在"人体构造""口腔科学"等科目中通过 PBL 方式进行学习。而"早期临床实习Ⅱ B"这门课，要求学生去综合医院、保健所、福祉咨询中心或养老院等校外机构，与当地的患者、咨询者以及工作人员进行探访、交流。下学期，在上学期所学的知识和技能的基础上，通过PBL课程"牙科卫生学"和"牙科卫生学实习I"，学习简单的牙科疾病的诊疗、处理和预防等。

接下来，以第二学年上学期为例，来看一下一周的PBL课程表（见图8-3）。

图8-3 一周的PBL课程表

星期一下午第四节为PBL形式的"口腔科学"课程。在课堂上，学生发现问题、提出假设并设定学习课题；接着，利用课外时间通过书籍和网络进行有关课题的调研，自己学习；然后，在星期三下午的"口腔科学"课上，进行学习课题相关内容的讨论。学生在获得新知识的基础上，将在下一周星期一第三节的"口腔科学"课上解决问题，并在第四节课上导入新的脚本。然后以此方式，循环进行。

1. 脚本的制作

脚本是教师团队参照实际病历自己制作的。脚本内容包括"脚本的目的""达成目标""预期的学习课题"（desired learning tasks）等。其重点在于学习课题的设置以及这些课题的配置顺序，期待学生通过一个个脚本学习的积累，最终达到该科目的学习目标。例如，为了让学生理解某疾患，教师首先会将其做成概念图，考虑好每个脚本要学习概念图中的哪个部分、按照什么顺序学习，借助脚本让学生把新知识整合进自身已有的知识结构中，随着学习的展开，使这些疾患的概念自然地浮现在学生的脑海中。

此外，教师在制作脚本时还应着重关注以下几点：脚本内容是否符合一般牙科诊疗时经常遇到的现实情境；是否能够综合基础及临床学科的学习内容；是否使用了图像、音频等手段来激发学生的学习兴趣；脚本难度是否适合本科教育；学生是否能够在自习时间内完成学习课题等。

2. 引导员的培养

由于 PBL 是以小组学习方式进行的，需要比较多的教师引导、辅助学生学习，所以不分学科、职称，所有口腔学院的教师和研究生都可以担任引导员，每人承担相等的工作量。这样一来就减轻了个体的工作负担，同时营造了一个方便大家合作、交流的学习和工作环境。虽然每个教师的研究方向不同，有的重视理论研究，有的重视临床实践，但作为引导员的教学活动都被视为对口腔学院最基本的贡献。而且在教师续聘的审查中，这项工作作为教育业绩的重点来考查。但与此同时，这种任命引导员的办法会导致小组引导员频繁更换，有学生对此表达了不满。

因而，引导员的培养以及对学生指导的连续性成为重要课题。为此，学院在每学年伊始举办引导员说明会，对引导员的职责、PBL 的开展方式、学生指导的要点进行解说，配以引导指南手册，手册中还记录了每次小组的学习内容。这样一来，下一任引导员就能清晰地了解上次小组学习的讨论内容。另外，有的脚本，如口腔生命福祉学科的脚本，对于非此专业的引导员有一定难度，因而将"脚本的解说"一并收录在手册里，为指导学生提供参考。

在 2004 年最初应用 PBL 教学方法时，学院曾对所有教师进行了连续几天的培训，结果发现，引导员的能力只有在实际教学中才能得到培养、提高，仅靠理论培训是无法实现的。相对而言，让新手教师和有教导经验的教师搭档参与学生的小组学习，或在学生小组学习完成后组织有关指导方式的讨论会等基于实践的培养更有效。再如，在应用 PBL 教学方法 10 年后，以 PBL 方式培养出来的研究生担任引导员时，他们会基于自己学生时代的经验和反思对学生进行指导。

8.3 │ 学生对 PBL 的看法

为了解学生对 PBL 的看法，我们对口腔生命福祉学科的毕业生进行了问卷调查（小野和宏 等，2011）。

调查对象共计 56 人，包括 2007 届第一期毕业生，17 人；2008 届第二期毕业生，20 人；2009 届第三期毕业生，19 人。在毕业当年的 3 月[1]，我们向他们分发了关于课程及教学的问卷。问卷题型包括 4 项选择题和开放性问答题。除了调查学生对课程的满意度之外，也征集了大家对于 PBL 的看法和意见。

调查前，我们向学生阐明了调查目的和自愿原则，最终得到了第一期毕业生 17 名（100%），第二期毕业生 18 名（90%），第三期毕业生 15 名（78.9%），共计 50 名（89.3%）学生的配合，收集了相关数据。

调查结果显示，对于课程，学生的满意度大致是良好，多是"满意""还算满意"这样的肯定意见，且 3 期的平均满意度为 70%，他们在开放性问答题中给出以下理由，"因为是 PBL 的课程设计""因为是课堂人数少、规模小的教育""能够同时学到'口腔保健牙科医疗'和福祉两方面的知识和技能""课程设置在时间上较为宽裕，能有自己学习的时间""课程目标设置并不单是为了应对国家考试"。同时，也有学生对该课程表示不满，认为 PBL 课程"讲授型教学很少""学年不同，繁忙程度不同""并没有涉及如何应对有关国家考试"等。

---

❶ 4 月是日本新学年的开始，因而 3 月已经能够确定学生当年是否能够毕业。——译者注

平均有 82.0% 的学生认为，PBL 作为课程设置的"核心"，是有意义的、主动的、综合的体验式学习。其中，第一期 88.3% 的毕业生，第二期 77.8% 的毕业生和第三期 80.0% 的毕业生在问卷相关的选择题中选择了"有意义"或"比较有意义"，认为 PBL 应用于教学对学生的自主学习能力、问题解决能力和人际交往能力的培养有很大帮助，具体如"养成了独立调查研究的学习习惯""掌握了应对问题的能力""能牢固记忆学习的概念知识""在与同学合作、研讨中增强了学习的积极性"等。

牙科专业在第五学年应用了 PBL 进行教学。2004 年度及 2005 年度五年级学生的教学评价结果显示，83.7% 的学生认为该类课程"有意义"，84.6% 的学生认为"比较有意义"（小野和宏 等，2006）。而在 2005 年度五年级学生毕业一年、结束牙科医师临床实习时，对他们进行的调查中，79.1% 的人仍对 PBL 课程持积极态度，认为"在该课程中学会了自主调查、研究的学习方法，这对解决在临床实践中遇到的问题很有帮助""因为是通过自主能动、合作探究的方式，而不是被动接受的方式学习概念知识，所以记忆极为牢固，并且能够在具体实践中学以致用""在课程学习中逐渐学会了如何与他人合作"（小野和宏 等，2006）。

一直以来，许多学者担心高校学生已经习惯于中小学教育的讲授型教学模式，会使他们在小组合作和表达个人观点等方面存在困难（前田健康 等，2003）。但事实证明，大多数学生能够接受 PBL 的教学方式。关于 PBL 的文献综述中，也看到比起讲授型教学，学生更倾向于 PBL（Albanese et al., 1993）。

8.4 对 PBL 中学习成果的评价

8.4.1 关于学习成果的评价

为考查前文提及的口腔生命福祉学科的 56 名毕业生对毕业时应取得的目

标成果的达成情况，即"知识及理解""专业能力""通用技能""态度及价值观"4个维度下的29项目标（见表8-1）的完成度，我们采用了利克特四点量表（"理解／会""基本理解／算会""理解一点儿／不太会""完全没理解／不会"）进行问卷调查。虽然有毕业年份的差异，但整体上，认为自己"理解／会"或者"基本理解／算会"的毕业生比例较高。"能自己发现问题，对必要的信息进行收集、分析和整理，并解决问题"的学生和"一定程度上能够自己解决问题"的学生占80%以上（小野和宏 等，2011）。

像下面这种对学习成果的评价，即让学生自己回答"你认为你能做到什么"，属于间接评价（indirect assessment）。为充分而全面地反映和评价学生能力，还需要结合直接评价（direct assessment），即让学生直接展示"自己能做到什么"[1]。新潟大学口腔学院通过期末笔试对学生的"知识及理解"能力进行评价；而"问题解决能力"和"人际交往能力"，则通过在小组学习中担任引导员的教师来评价。也就是说，每个引导员在辅助、指导学习小组学习的同时还要观察、评价每组7～8名学生的学习状态。此外，在小组学习中，部分学生不愿意或不擅长发言，在此情况下，引导员能否对每个学生做出准确、恰当的评价是一个值得商榷的问题。而且，如果在教学中导入了PBL，但学生通过PBL收获的学习能力和成果得不到恰当评价，就他们的学习积极性可能会降低。所以，为了实现能力目标和评价结果的一致性，开发与PBL课程模式相匹配的新的评价方法成为亟须研讨的重要课题。

另外，56名毕业生参加口腔卫生士国家考试的合格率为第一期94.1%，第二期100%，第三期100%；社会福祉士国家考试的合格率为第一期70.6%，第二期95.0%，第三期89.5%。从国家考试的结果来看，学生基本达到了国家对口腔卫生士和社会福祉士掌握基本专业知识的要求。

---

❶ 直接评价和间接评价是松下佳代和一些学者对现有评价方法分类时所用的术语，比如测验是针对学生对某方面内容的掌握情况的测试，属于直接评价；问卷调查是对学生主观认识的调查，属于间接评价。——译者注

8.4.2 改良版"三级跳评价法"的开发

所谓"三级跳评价法"（modified triple jump），是 1975 年加拿大麦克马斯特大学（McMaster University）医学院为了评价用 PBL 所培养的学生问题解决能力和自主学习能力，而设计的教学评价方法（Blake et al., 1995）。该评价方法基于教师对学生进行一对一的 PBL 教学辅导。与上文所述的一般的 PBL 学习过程一致，一对一的 PBL 也分为 3 个步骤（见图 8-1）。不同的是，通常情况下小组学习的第一步和第三步中与教师的沟通和探讨，转变为教师对学生的评价。具体步骤如下：第一步，学生阅读脚本，从脚本的事件描述中发现问题，并拟定解决方案，此时，学生能够向教师追问自己所需的附加信息；第二步，为了验证解决方案，学生会去图书馆收集、筛选和整理资料，进行自主学习；第三步，学生回到教室，综合自己已掌握的知识与新学习的知识，向教师陈述最终解决方案。

因该评价方法的实施过程与一般的 PBL 基本一致，因而其评价效度，尤其是表面效度（face validity）较高。并且，脚本的撰写与修订由多位专家合作完成，保障了脚本内容的效度。但是该评价方法缺少第三方评价者独立于师生交谈之外的监测和评价；在口头交谈的过程中，教师有可能漏听学生的陈述，评价结果受主观因素影响较大；又受到评价材料的质量、学生性格及评价者的熟练程度等因素的影响，所以该评价方法信度较低（Mtshali et al., 2011）。此外，三级跳评价法还存在其他诸多问题，如学生除自主学习外，要花费时间应对教师的评价；评价工作加重了教师的负担等（Newman, 2005）。这也导致使用该评价方法的大学不多，但又没有能够替代"三级跳评价法"的，拥有高信度、高效度且具有可行性的评价方法。因此，为了开发出更适合 PBL 的评价方法，我们于 2012 年起着手改良三级跳评价法，致力于设计出一种对学生自身学习有意义、有帮助的表现性评价方法。

改良版的三级跳评价法，第一步同样要求学生从脚本中找出问题，拟定解决方案，设定学习课题，整个过程需在60分钟内完成，并记录在工作表中。第二步，从调研学习课题（包括小组在此基础上讨论解决方案），到提交最终解决方案的时长为1周，也要用工作表进行记录。第三步，学生和教师一起以角色扮演的形式再现脚本内容，同时使用量规评价所实施的解决方案，并对评价结果进行反馈，时间控制在15分钟以内（见图8-4）。与原版相比，改良版的评价方法在第一、二步用书面工作表替代了口头汇报，而教师进行评价时则使用具体的评价量规，这是新方法的重要特征。在第一、二步，由于工作表的导入，多名学生可以同时参与评价，从而大大缩短了教师用于评价的时间。每一步都导入了量规，这有利于提高评价的信度。后面的实践也确实证明，量规的使用得到了较高的评价者间的信度，可以说改良版三级跳评价法解决了原版一直以来存在的评价信度较低的问题（小野和宏 等，2014）。

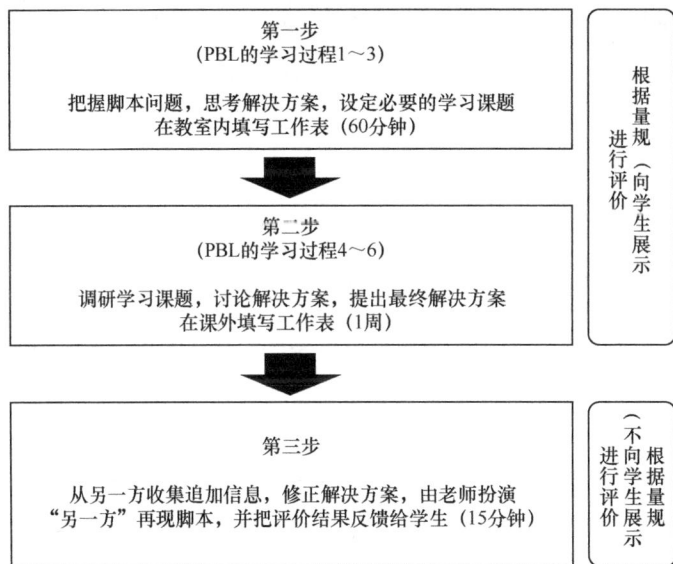

图8-4　改良版"三级跳评级法"应用步骤

8.4.3　改良版"三级跳评价法"在课程中的应用

2013学年上学期，我们以口腔生命福祉学科二年级的24名学生为实验对象，在"人体构造"和"口腔科学"两门课中应用了改良版"三级跳评价法"。为此，我们重新制作了相关教学内容的脚本（见图8-5），在评价的第一、二步使用的工作表（见图8-6）和量规（见表8-3），以及第三步评价角色扮演的量规（见表8-4）。为应对第三步学生追问解决问题所需的附加信息，我们事先也做了充分准备。

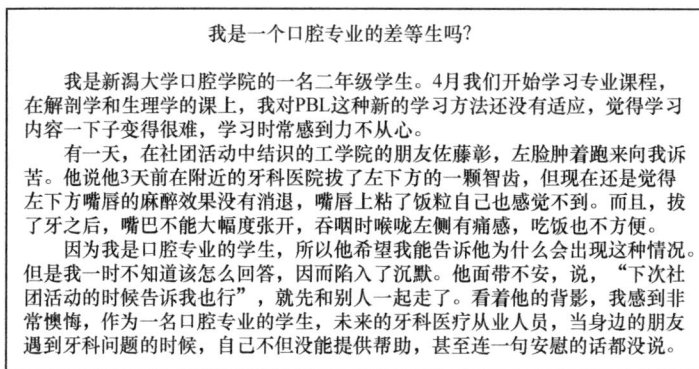

我是一个口腔专业的差等生吗？

　　我是新潟大学口腔学院的一名二年级学生。4月我们开始学习专业课程，在解剖学和生理学的课上，我对PBL这种新的学习方法还没有适应，觉得学习内容一下子变得很难，学习时常感到力不从心。

　　有一天，在社团活动中结识的工学院的朋友佐藤彰，左脸肿着跑来向我诉苦。他说他3天前在附近的牙科医院拔了左下方的一颗智齿，但现在还是觉得左下方嘴唇的麻醉效果没有消退，嘴唇上粘了饭粒自己也感觉不到。而且，拔了牙之后，嘴巴不能大幅度张开，吞咽时喉咙左侧有痛感，吃饭也不方便。

　　因为我是口腔专业的学生，所以他希望我能告诉他为什么会出现这种情况。但是我一时不知道该怎么回答，因而陷入了沉默。他面带不安，说，"下次社团活动的时候告诉我也行"，就先和别人一起走了。看着他的背影，我感到非常懊悔，作为一名口腔专业的学生，未来的牙科医疗从业人员，当身边的朋友遇到牙科问题的时候，自己不但没能提供帮助，甚至连一句安慰的话都没说。

图8-5　改良版"三级跳评价法"使用的脚本

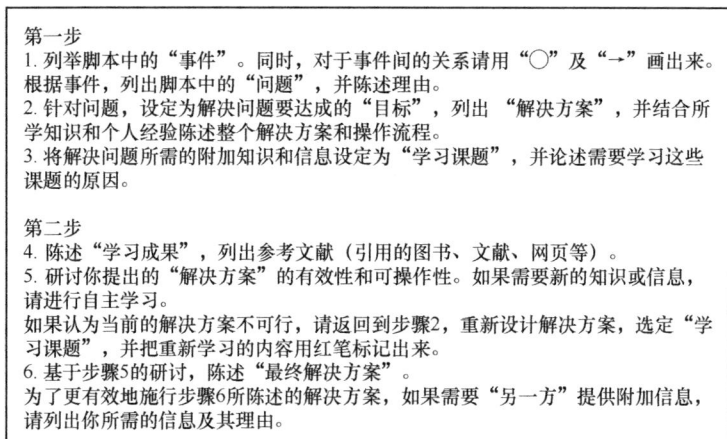

第一步
1. 列举脚本中的"事件"。同时，对于事件间的关系请用"○"及"→"画出来。根据事件，列出脚本中的"问题"，并陈述理由。
2. 针对问题，设定为解决问题要达成的"目标"，列出"解决方案"，并结合所学知识和个人经验陈述整个解决方案和操作流程。
3. 将解决问题所需的附加知识和信息设定为"学习课题"，并论述需要学习这些课题的原因。

第二步
4. 陈述"学习成果"，列出参考文献（引用的图书、文献、网页等）。
5. 研讨你提出的"解决方案"的有效性和可操作性。如果需要新的知识或信息，请进行自主学习。
如果认为当前的解决方案不可行，请返回到步骤2，重新设计解决方案，选定"学习课题"，并重新学习的内容用红笔标记出来。
6. 基于步骤5的研讨，陈述"最终解决方案"。
为了更有效地施行步骤6所陈述的解决方案，如果需要"另一方"提供附加信息，请列出你所需的信息及其理由。

图8-6　改良版"三级跳评价法"第一、二步使用的工作表

表 8-3 改良版 "三级跳评价法" 第一、二步使用的量规

评价角度	1. 发现问题	2. 构思解决方案	发现问题——提出最终解决方案			
			3. 设定学习课题	4. 整理学习资料	5. 探讨解决方案	6. 提出最终解决方案
角度说明	从脚本的事件中发现问题	确定解决目标，提出几套解决方案	设定解决问题所需要的学习课题	根据可信赖的信息源，对学习课题进行调研	探讨解决方案的有效性以及可施行性	针对问题提出最终解决方案
级别3	发现问题，并可以将陈述将其视为问题的理由，可以涵盖从脚本事实中推导出的原因	设立几套解决方案，结合至今为止的学习及经验，陈述从解决方案的角度提出解决方案的过程	设立合适的学习课题，从解决方案和学习课题的相关性的角度将其视为必要性	利用所有可能的信息源，在留意可信度的同时，学习正确的内容	对几套解决方案进行比较，分别对各自的有效性及可操作性进行探讨同时，也要顾及解决方案的不足	提出适合本脚本状况的、恰当的最终解决方案，并意识到了更好地推行解决方案有必要追加信息
级别2	从脚本所列的事实中发现问题，陈述将其视为问题的原因	设立几套解决方案，陈述提出解决方案的过程	设定学习课题，虽然能够从解决方案和学习课题的相关性将其陈述为必要性，但是缺少部分重要的学习课题	留意信息源的可信度，学习的内容大致是正确的	对几套方案进行比较，分别对各自的有效性及可施行性进行探讨	提出适合本脚本状况的、恰当的最终解决方案
级别1	发现了问题，但是对解决方案的原因陈述得不够充分	设立了解决方案，但是对解决方案的说明不够充分；或者说，仅提出了一套解决方案	对学习课题感到很含糊，不清楚该学什么；或者说，对必要性的解说不够	对于信息源可信度的留意不够，学习内容中有错误	对解决方案的探讨不够；或者说，没有对多套解决方案进行比较性探讨	没有提出最终解决方案；或者说，在解决方案、没有学习成果及结论之间前后矛盾或出现逻辑上的跳跃
级别0	达不到级别1的候视作0					

续表

	评价工作表 1	评价工作表 2	评价工作表 3	评价工作表 4	评价工作表 5	评价工作表 6
注意事项	这个脚本中的问题在于，没有领会到对方不安的心情，也没能好好回答回应。其原因在于对PBL并不了解，虽然学了生理学，但对所学知识没能深刻领悟（参照了脚本解说的内容）	这个解决方案为使用解剖学知识对拔智齿后或者由下颌孔传达麻醉引起的下嘴唇的知觉钝麻的机理进行说明；对拔智齿后，炎症会引起口不便以及咽喉痛的机理进行说明；对对方的不安的状态表示共情（参照了脚本解说的内容）	所谓重要的学习课题，是指以下4项内容：拔掉下颌智齿（含麻醉）的方法及并发症；下牙槽神经的运行及支配领域；炎症的发生及局部解剖（筋与筋之间）；共情的态度（参照了脚本解说的内容）	所谓各种信息源，指的是学术论文、专业书、教科书、专家、互联网等	当发现所有的解决方案都不合适时，要重新开始学习，参考第二次（红笔标记的地方）的内容进行评价	这个脚本中，作为最终解决方案，针对对方的不安心情，首先表明自己共情的态度，同时，对于拔智齿后产生的"下嘴唇""开口不便""咽喉痛"的原因，从专业的角度进行说明，设想会追问智齿的状态，设想使用传导麻醉、拔牙过程等的推移（参照了脚本解说的内容）

表 8-4 改良版 "三级跳评价法" 第三步使用的量规

评价角度	实施解决方案			
	1. 收集追加信息（收集追加信息，并再次把握问题）	2. 统合信息（统合追加信息，并对解决方案进行内容修正）	3. 共情的态度（共情）	4. 交流（使用适合对方的语言表达）
角度说明	在和朋友的交流中收集解释症状产生的原因时所需的追加信息，必要时对问题进行再次把握	把解释追加信息与追加信息进行统合，必要时对解决方案进行内容修正	理解朋友不安的心情以及不能自由进食的状况，表达对朋友的共情	用容易理解的语言解释产生此些症状的原因
级别3	智齿的状态，是否使用传导麻醉，拔牙过程，症状推移等，准确收集了在解释症状产生的原因方面需要的全部追加信息	通过对朋友的追加信息的统合，对拔智齿导致的症状产生的原因，从拔智齿与下齿槽神经的距离，拔智齿导致的炎症与咀嚼肌的关系角度，有深刻且灵活的理解	理解朋友不安的心情以及不能自由进食的状况，在示以同情、鼓励的同时，回答朋友的问题，以后如果并且表示不仅是这次，有自己可以帮忙的地方也会乐于伸出援手	考虑到与内容的关联，说话的顺序以及构造，对专业术语的基础上，使用容易理解的语言进行说明
级别2	智齿的状态，是否使用传导麻醉，拔牙过程，症状推移等，收集了一定的在解释症状产生的原因方面需要的追加信息	通过对朋友的追加信息的部分统合，对拔智齿导致的症状的产生原因，从拔智齿与下齿槽神经的距离，拔智齿导致的炎症与咀嚼肌的关系角等，有恰当的理解	理解朋友不安的心情以及不能自由进食的状况，在示以同情、鼓励的同时，回答朋友的问题	说话的顺序以及构造大致还行，但在让对方理解方面，对专业术语的使用及表达方式上稍有问题
级别1	智齿的状态，是否使用传导麻醉，拔牙过程，症状推移等，收集了一小部分在解释症状产生的原因方面需要的追加信息	不能对朋友的追加信息进行统合，对拔智齿导致的症状的产生原因，从拔智齿与下齿槽神经的距离，拔智齿导致的炎症与咀嚼肌的关系等仅作为文字信息被收集	认识到了朋友不安的心情以及不能自由进食的状况，但是仅限于对朋友提问的回答	说话的顺序及构造混乱，解释说明难以让对方理解，或者仅具备背诵准备的内容
级别0	达不到级别1的时候视作0			
注意事项	不仅是对话，在进行所有目的的提问	对解释内容进行判定	从语言及非语言两方面进行判断	口头标准、普调和语速不纳入评价范围

第一、二步的量规，将 PBL 的学习过程分为"发现问题""构思解决方案""设定学习课题""整理学习资料""探讨解决方案""提出最终解决方案"这 6 个部分。量规分为 0 ~ 3 这 4 个级别，级别越高，对学生能力的要求也越高。其中级别 1 ~ 3 配有相应能力要求的文字叙述，达不到级别 1 的视作级别 0，也就是评价实际分为 4 个级别。级别 3 设定了修完口腔生命福祉学科的教育课程的要求，这是学生在 4 年级时需要达到的水平。可以说，该量规的设计面向各类评价课题，具有普遍适用性，且与学生本科学习的能力目标要求相关，可以长期使用（松下佳代，2012）。

第三步的量规针对角色扮演这一环节"实施解决方案"的评价，依托于脚本内容衍生出的具体的课题任务（task-specific），包括"收集追加信息（收集追加信息，并再次把握问题）""统合信息（统合追加信息，并对解决方案进行内容修正）""共情的态度（共情）""交流（使用适合对方的语言表达）"4 个部分（松下佳代，2012）。其中，"收集追加信息"与"统合信息"两部分，是在学生收集到对方的附加信息并再次讨论解决方案的过程中进行的，重点是评价学生在此过程中为修正、完善解决方案而进行的思考，整个评价过程基本与第一、二步一致。但"角色扮演"的形式使得整个讨论过程更贴近现实、随机变化，需要评价者临场应变，评价的难度系数也相应增大。

我们首先向学生说明了改良版"三级跳评价法"的应用目的和顺序，然后在 PBL 课程开始 3 个月后，即学期中间，利用课外教学时间发放了脚本和工作表，要求学生进行自主学习并告知学生提交工作表的时间和方式。在工作表提交截止一周后实施第三步，由学生联系教师并与其预约"角色扮演"时间，每天 6 名学生，分 4 天完成。对工作表和角色扮演的评价，都由口腔生命福祉学科第二学年上学期承担教学工作的 3 名教师承担。而在角色扮演环节，与学生一起完成模拟解决方案实施过程的角色，则由本章作者轮流担任。虽然改良版"三级跳评价法"在形式上属于表现性评价，但是其评价结果也会纳入总结性评价——期末考试的成绩计算项目。

8.4.4 改良版"三级跳评价法"的学习效果

为了解改良版"三级跳评价法"对学生学习效果的影响，我们在结束后对所有学生进行了问卷调查，同样在调查前阐明了调查目的和自愿原则。我们最终收到 23 份有效问卷，问卷回收率为 95.8%。

该问卷设置了 8 个选择题，每题设"同意""一定程度上同意""不太同意""完全不同意"4 个选项，具体题目包括：①脚本激发了好奇心；②工作表是学习的指南；③量规对于第一、二步的学习和复习有帮助；④通过第三步的角色扮演，深化了学习；⑤通过角色扮演中教师的反馈，深化了学习；⑥"三级跳评价法"是有意义的学习体验；⑦通过"三级跳评价法"更加了解自己的问题解决能力；⑧本次"三级跳评价法"的体验对今后的 PBL 课程有帮助。问卷末尾还设置了一个开放性问答题，请学生简单描述参与本次"三级跳评价法"应用实践的感想并提出自己的意见或建议。

对于选择题部分所呈现的观点，学生中持积极认可态度的人较多，尤其是第四题和第五题两个题目，80% 以上的学生选择"同意"，没有人选择"不太同意"或"完全不同意"。60% 以上的学生对第六题、第七题和第八题的内容持"同意"的态度，加上选择"一定程度上同意"的人，学生的选择比率高达 90%（见图 8-7）。

在开放性问答题部分，共有 16 名学生填写。根据填写内容，可大致分为以下 5 个类属，"紧张感与成就感""现实场景的联想与学习的深化""对 PBL 方法及现阶段个人学习能力的认识""今后参与 PBL 的意愿""'三级跳评价法'是有意义的学习体验"（见表 8-5）。具体而言，学生对于"三级跳评价法"的应用同时存在学习的紧张焦虑感和目标达成的成就感，并在具体的学习过程中联想到知识如何应用于现实生活的场景，从而深化了自己的学习；学生对 PBL 方法和自身在当下的学习能力有了更全面的认识，强化了今后积极参与 PBL 课程的意愿，认为"三级跳评价法"的应用过程是有意义的体验（小野和宏 等，2014）。

表 8-5　学生对改良版"三级跳评价法"的感想和意见（开放性问答题）

类属	学生的感想和意见
类属1：紧张感与成就感	"上课时有很多老师在，好久没有这么紧张了" "有很多老师在，上课很紧张，但是我尽力地去完成每项任务" "多亏各位老师，我才能够轻松地完成课题任务"
类属2：现实场景的联想与学习的深化	"为了被佐藤理解，我自己进行了充分而扎实的调研，对脚本内容和知识的理解也更加深入了，总之是一次很棒的学习体验"
类属3：对PBL方法及现阶段个人学习能力的认识	"'三级跳评价法'帮助我审视自己的PBL方法" "调研很辛苦，但是在此过程中我重新审视了自己在学习能力上的不足" "通过'三级跳评价法'，发现了自己在沟通能力等方面的不足" "很高兴很多自己没有注意的错误都被指正了，很难得"
类属4：今后参与PBL的意愿	"以后不要依赖他人，自己认真做" "以后也要认真参与PBL的学习"
类属5："三级跳评价法"是有意义的学习体验	"以前由小组合作完成的任务，现在一个人独立自主完成很辛苦，但是因此提升了PBL的学习能力" "老师给出了很多意见，是很好的学习体验" "非常有意义" "初次尝试这种学习方式，开始有些困惑，但完成整个学习任务以后觉得受益匪浅" "学习过程比想象中的要开心"

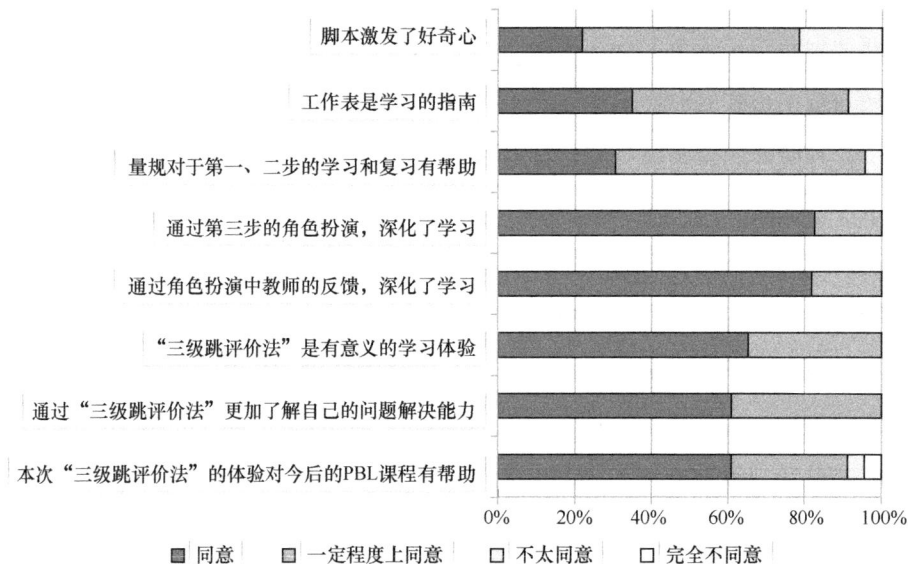

图 8-7　学生对改良版"三级跳评价法"的感想和意见（选择题）

8.5 走向深度主动学习

前文提到的《构建本科课程教育》中提出了"学士力"的概念，即完成本科课程时所应取得的学习成果，并要求对其进行评价，这引发了日本的大学教育界对于学习成果的关注。同时，这一咨询报告也是正式把"基于成果的教育"——比起教师教什么，学生学什么更为重要这一理念，正式引入日本的大学教育界（松下佳代，2012）。

以 PBL 为代表的主动学习，在促进学生理解知识和培养学生解决问题、人际交往等综合能力方面是卓有成效的，但对这些能力进行评价却并不容易。即使心怀对学生成长的美好期待而导入了主动学习这种教学方式，最后也一定会面临怎么评价学习成果这一难题。使用怎样的评价方法，其实体现了教师到底重视什么样的信息（松下佳代，2009）。在提高学生对主动学习的积极性上，我们不能满足于一般的、简单的评价方法，而应努力实现教学评价和学生能力目标设置的一致性。

而且，评价不仅是针对学习的评价，评价能够转化为学生自身的学习体验——"作为学习的评价"（assessment as learning）才是理想的。例如，在改良版"三级跳评价法"的第三步中，教师和学生一起进行角色表演，通过再现脚本情境，实际施行解决方案，有利于促进学生将脚本中出现的问题设定为自己未来在社会工作中需要实际解决的问题，从而加深理解和记忆，实现"深度学习"。

在把主动学习进一步发展为深度主动学习的过程中，除了课程设置、教材选择和学习环境等因素，"作为学习的评价"也是需要重点关注的要素。本章中介绍的改良版"三级跳评价法"，是为了评价使用 PBL 的学生的学习成果而开发的评价方法。该评价方法融合了使用工作表的书写课题以及进行角色扮演的演练课题，并使用了两组不同种类的量规进行了表现性评价，希望该实践探索对读者有一定的参考和借鉴意义。

本章小结

■ 为了在实际情境中培养学生的问题解决能力，自 2004 年起，新潟大学口腔学院在课程设置中应用了 PBL。PBL 与讲授、实习、讨论等教学方式的恰当结合，使学生能够在 PBL 中整合通过讲授型教学掌握的知识。为了实现学生对学习内容深度理解的目标，教师应编排整学期的课程和每周的课程。

■ PBL 的成功运用，除了课程环节设置得当外，制作贴近实际、难易适中的脚本和面向全体教学工作者培养合格的引导员也需要重点关注。

■ 依据毕业生问卷调查结果，学生普遍接受了以 PBL 为核心的课程设置，认为自己取得了期待的学习成果。但是，如果在 PBL 中学生的学习能力没有得到适当评价，他们的学习积极性可能会降低。为了达成学生能力目标设置和教学评价的一致性，亟须开发适应 PBL 的新的评价方法。

■ 为了能够准确、直接地评价 PBL 中学生的问题解决能力，我们改良了"三级跳评价法"。改良版"三级跳评价法"将工作表的书写课题和角色扮演的演练课题相结合，并使用了两组不同种类的量规，是一种表现性评价，评价的信度和效度有一定保障，并且工作表的使用减轻了教师的评价负担。

■ 学生问卷调查结果显示，改良版"三级跳评价法"不仅是对学生学习的评价，评价本身也转换为学生自身的学习经验，即"作为学习的评价"，从而引导学生实现深度学习。可以说，该评价方法在将主动学习发展为深度主动学习的过程中发挥了重要作用。

参考文献

❶ Albanese, M. A., & Mitchell, S. (1993). Problem-based learning: A review of literature on its outcomes and implementation issues. *Academic Medicine*, 68, 52-81.

❷ Barrows, H. S. (1998). The essentials of problem-based learning. *Journal of Dental Education*, 62, 630-633.

❸ Blake, J. M., Norman, G. R., & Smith, E. K. (1995). Report card from McMaster: Student evaluation at a problem-based medical school. *The Lancet*, 345, 899-902.

❹ 河合塾編著（2013）『「深い学び」につながるアクティブラーニング　全国大学の学科調査報告とカリキュラム設計の課題』東信堂.

❺ 前田健康・千田彰・松久保隆・村上俊樹・吉山昌宏（2003）「問題発見・解決型（Problem-based Learning: PBL）教育法に関する研究―歯学教育の国際化を目指して―」『日本歯科医学教育学会雑誌』19巻, 212-219.

❻ 松下佳代（2007）『パフォーマンス評価―子どもの思考と表現を評価する―』日本標準.

❼ 松下佳代（2012）「パフォーマンス評価における学習の質の評価―学習評価の構図の分析にもとづいて―」,『京都大学高等教育研究』18号, 75-114.

❽ Mtshali, N. G., & Middleton, L. (2011). The triple jump assessment: Aligning learning and assessment. In T. Barrett, & S. Moore (Eds.). *New approaches to problem-based learning: Revitalising your practice in higher education*. New York: Routledge, p.187-200.

❾ Newman, M. J. (2005). Problem based learning: An introduction and overview of the key features of the approach. *Journal of Veterinary Medical Education*, 32, 12-20.

❿ 小野和宏・松下佳代・斎藤有吾（2014）「PBLにおける問題解決能力の直接評価―改良版トリプルジャンプの試み―」『大学教育学会誌』36巻1号, 123-132.

⓫ 小野和宏・大内章嗣・前田健康（2011）「学習者主体PBLカリキュラムの構築―新潟大学歯学部口腔生命福祉学科7年のあゆみ―」『新潟歯学会雑誌』41巻, 1-12.

⓬ 小野和宏・大内章嗣・魚島勝美・林孝文・西山秀昌・安島久雄・小林正治・瀬尾憲司・齋藤功・程珺・山田好秋・前田健康（2006）「歯科医学教育へのPBLチュートリアルの導入―新潟大学歯学部の試み―」『日本歯科医学教育学会雑誌』22巻, 58-71.

⓭ 小野和宏・八木稔・大内章嗣・魚島勝美・林孝文・齋藤功・興地隆史・前田健康・山田好秋（2009）「新潟大学歯学部歯学科の新教育課程とその評価」『新潟歯学会雑誌』39巻, 29-40.

⓮ Rohlin, M., Peterson K., & Svensäter, G. (1998). The Malmö model: A problem-based learning curriculum in undergraduate dental education. *European Journal of Dental Education*, 2, 103-114.

⓯ 湯浅且敏・大島純・大島律子（2011）「PBLデザインの特徴とその効果の検証」『静岡大学情報学研究』16巻, 15-22.

第9章

领导力教育——新的领导力教育和深度主动学习 [1]

作者：日向野干也　译者：蒋妍

笔者从 2006 年开始，在日本进行了领导力教育的新尝试 [2]。它属于文科必修科目，具备产学合作和在多个班级同时开展的特征，是一种项目型教育方式。而关于"深度学习""主动学习"的概念，实际上直到 2009 年笔者才有所了解。但回顾起来，当年的尝试，可以说都是对学生主动学习的服务和支持。本章将基于笔者的领导力教育实践探讨以下内容：新的领导力教育是支持主动学习的范例（good example）；几乎所有对主动学习的支持实际上都类似于领导力教育；从"学生的领导力"角度出发，能够重新对"深度学习"和"主动学习"进行更清晰而有条理的定义；所谓"深度学习""主动学习"，实际上是指在没有教师辅助、引导的情况下，学生无论何时何地都能够应用学习成果。通过对以上内容的探讨，本章进一步阐释新的领导力教育论，使之成为推动学生深度学习、主动学习的强有力工具。

9.1 什么是"领导力"

"听到'领导'这个词，你会想到什么人呢？"这是 MBA 课程及经营系本科课程教学第一节课中一个非常典型的导入问题。学生会举出织田信

长 [1]、高中的恩师、马丁·路德·金等各种例子，也有同学会说是父母。对这些例子可以从几个维度（有无职权、有无愿景等）进行分类，以此强化学生对领导形象的认识。接着教师会把话题引向领导力与领导的区别。但是，在很多日本企业的领导力培训中，并不需要这样的开场。一般认为，所谓"领导"，是指老板或掌权者，"领导力"则是指这些人应具备的知识和技能。

事实上，这些企业、机构的高层"领导"所展现出的"领导力"，非但不能适应当下日益激烈的竞争环境，反而逐渐呈现出阻碍创新和进步的趋势。因此，一些企业，特别是外资企业，开始逐渐转变对"领导力"的认识和培训策略，倡导不仅有职权的人需要培养领导力，全体员工都应在工作中发挥领导力 [3]。这一观念与日本大众普遍认知的"领导力"概念不同，但在经济全球化的背景下，多国籍团队所营造的工作环境必然对普通员工的"领导力"提出更高的要求，"没有职权也能够在团队工作中自然发挥的领导力"必然会成为企业选聘员工的世界性标准。因此，笔者认为，关于"领导力"的定义，不应局限于日本本国的理解，更要适应世界的潮流和趋势。

9.1.1 自然发生的领导力

没有职权的人应如何发挥领导力呢？一般而言，无职权背景下的领导力的发挥是指有些人意识到组织的需求，主动动员周围的人一起开展行动，并做出一定成果。这里的"组织"可以是公司、町内会 [2]，也可以是亲朋好友，甚至是一群陌生人（例如，大街上有人突然晕倒了，为了救人，大家分头行动，有的叫救护车，有的进行人工呼吸）。与通过有权威的人任命而产生的领导力（appointed leadership）及通过选举而产生的领导力（elected leadership）不同，这种没有职权也能发挥的领导力被称为自然发生的领导力（emergent leadership）。此外，由于这种领导力一般由多人共同发挥，所以从成果的角度而言，它很容易形成共享领导力（shared leadership）。

---

❶ 日本的著名历史人物，为统一日本做出过杰出贡献，在日本的知名度非常高。——译者注

❷ 居住区域内的组织，相当于我国的居委会、村委会。——译者著

9.1.2 多设船长

当听到"多几个领导也不错"这样的话时，年长的日本人马上会联想到"船长多，登高山"这句谚语，意思是如果船长多，指令就多，容易造成混乱，使船触礁。但也有人认为，船不能顺利航行不是因为船长太多，而是因为船长们没有发挥好领导力（伊贺泰代，2012，p.68-70）。也就是说，真正有领导力的船长会发号施令、统一所有人的目标，使船安全迅速地驶向目的地，而不是将顺利航行的责任感放在掌权施令的快感之后。这一任务的完成与由谁发号施令无关，重要的是号令一出，每位船员都能各尽其责。因而，我们不能简单断言如果组织内的全体人员都发挥领导力，就会对团体工作产生负面影响；相反，一个组织中真正掌握和发挥领导力的成员越多，他们就越容易做出成果。

9.1.3 与职权无关的领导力

有人说与职权无关的"领导力"，与社会上一般理解的具有感召力或权威色彩的领导力不同，不如换一个词语为其命名。而笔者认为，目前这种领导力要求正逐渐成为世界性标准，无须更换词语概括，与职权无关的特征可以说是现代对"领导力"概念的拓展和补充。此外，不想将此种能力称为领导力的人，大多认为在日本领导力带有感召力或权威色彩。

领导力这个词不仅代表自然产生的领导力，这点跟美国的语境是一样的。但是，在美国，相对于感召力，领导力这个词更多地用于表达基于职权的领导力（一个间接的例证是，英语单词"leadership"常被用作集合名词，意思是"领导们"或"政权担当者们"）。也就是说，领导力这个词，无论在美国还是在日本，都常常被误解为是因职权而产生的，但在日本又多了一层领袖（感召力）的意思，所以容易被混用。

那么在企业中，与职位、职权无关，不标榜权威也能发挥的领导力会出现在什么场景中呢？在这里，暂且把"展示结果性目标并带动他人"的行动定义为领导力。

首先，在企业内职位相同的员工之间产生的领导力，可以称为没有职权也能够发挥的领导力（leadership without authority）。同样，下属向上司和前辈提出方案并获得其配合，以此方式展现的领导力也属于与职权无关的领导力。依此类推，在企业跨部门的项目小组里，职场新人面对其他部门的领导和员工所发挥的领导力也属于这一类别。而员工在企业外与客户的关系，则可能类似于与上司的关系、与部下的关系，或者同事之间的对等关系，但无论何种情况，都可以展示领导力。也就是说，领导力在企业内外都可以展现。需要注意的是，发挥领导力所面临的风险会因组织对领导力态度的不同而变化。如果组织并没有正式倡导普通员工发挥领导力，那么即便员工取得成果，也有可能被指责"做些无关紧要的事"；如果没有做出成果，则会面临更糟糕的境遇。相反，如果企业倡导员工在工作中发挥领导力，并对年轻员工进行领导力培训，在招聘新人[1]时也更加重视领导力，那么员工的积极性和创造性就会得到极大鼓舞和提高。

9.1.4 领导力的 3 个基本要素

在没有职权、职务及感召力的情况下，具备哪些特点才能称得上是有领导力呢？关于领导力的定义目前学界还没有定论。为了在理论的指导下顺利展开领导力教育，笔者在教学中先向学生教授了一个相对简单易懂的定义，让学生据此回顾、反思自己的相关经验，并在讨论中交流、反馈。作为入门内容，笔者选择了三隅（1966）提出的绩效与维持（Performance-Maintenance，PM）理论。PM 理论包含两个要素，在对领导力行为进行归类时，常会出现很难单独归类于 P（成果达成能力）或 M（团体维持能力），或者同时可归类于二者的情况[4]。所以，为便于学生理解、记忆和讨论，在 PM 理论的基础上，笔者又参考了库泽斯与波斯纳（Kouzes & Posner, 1988）对领导力要素的分析，提出了领导力的 3 个基本要素[2]。这不是新的领导力理论，只是基于特

---

❶ 日本企业有喜欢招聘应届毕业生即新人的企业文化，在进入企业后会对其进行统一的企业培训。——译者注

❷ 日向野老师后来将这 3 个要素总结为 12 个字——目标设定，率先垂范，同僚支援。——译者注

定的教育目的而借鉴原有的部分理论形成的。笔者深知领导力的特征有很多，笔者所概括的这 3 个基本要素可能并不适用于其他情境和目的。

领导力的第一个要素是：设定明确的结果性目标。这是发挥领导力的基础。这个目标可以是自己的想法，也可以引用别人的观点。在小组活动中，可以以时间为标准设定多阶段目标，如 1 小时的会议目标，截至明天的短期目标，截至下周的目标等。

第二个要素：以身作则，率先为实现目标而努力（set the example）。当然，如果仅停留在这个层面，就只是一个人的行动，谈不上领导力。

第三个要素：带动其他成员排除阻碍因素，一致行动，为达成预设目标而努力（enable others to act）。

要使领导力得以发挥，这 3 个要素缺一不可，只有具备了这 3 个要素，才可以说是发挥了某种形式的领导力[5]。在学生小组活动中，要素 1 和要素 2 通常能够顺利执行，但是要素 3 很难达成，常会出现一人唱独角戏，其他人搭便车的现象。这种现象的出现，多是因为独自包揽任务的人没能为其他成员分配目标任务，或缺少对他人行动的支持。

9.2 新领导力教育能够引发广义上的主动学习

"领导力"这门课是 MBA 的常规课程，很少在本科阶段开设。但即使作为 MBA 课程，其教学过程也未必实现了学生的主动学习。原因是，当以伟大的政治家及成功的经营者所拥有的领导力为前提，进行老旧形式的领导力教育的时候，讲授型课堂教学形式就足以应付。而当采用讲授型教学这种形式的时候，学生并不产生主动学习，这和一般的专业课是一样的。

与此相对的是，为了优化领导力教育课程的教学效果，需要以主动学习的形式进行教学。领导力教育成功的关键是在教师的指导下，学生主动地进行以下学习环，即"学生自己试行领导力行动→获取同学与教师的反馈→参照反馈反思自己的领导力行为→制订自己的领导力行为改善计划→自己试行领导力行动（如此反复）。此循环符合"与教师单方向的讲授形式教学不同，主动学习是能促进学习者主动参与学习的教授及学习方法的总称"文部科学省的定义，即广义的主动学习法。

9.3 新领导力教育能够引发深度学习

9.3.1 与专业科目的合作

在专业学院中开设新的领导力科目，并实现其与专业科目的衔接的一个方法是，在领导力科目中采用项目式学习，而问题的设定则要综合专业科目所教授的知识。以经营学院为例，领导力科目的项目式学习可设定为学习与市场营销和会计学相关的专业知识。换句话说，将专业科目的学习定位成学生"知识输入"的过程，领导力科目则是"知识输出"。另外，在领导力科目中设置问题解决项目，并不单纯是为了回顾、复习已经输入的知识，更重要的是帮助学生积累在领导力实践方面的经验。总之，通过这种合作，可以有效整合专业科目的知识，进一步刺激、深化学生学习专业科目的积极性，从而引发深度主动学习。

9.3.2 作为职业生涯教育的意义

领导力教育能够引导学生进行深度学习，这并不局限于与专业科目的合作。例如，学生在小组合作中，即使与其他成员产生摩擦、矛盾，自身也能够认识到这种情况与对方及自己的领导力不足有关。即便两人在性格、处事方式等方面存在差别，但就合作项目本身而言，如果两人能在完成任务的目标上达成一致，还是能够创造出一定的成果。而这种经历不仅对学生当下的合作学习任务有益，还可能改变学生步入社会以后的生活方式。从这个层面上看，领导力教育也是一种职业生涯教育，具有改变过去的经验认知及今后生活方式的意义（松下佳代，2009；沟上慎一，2013）。

因而，领导力科目不仅可以设置在相关专业学院中，还可以跨学院设置。无论是各学院、学科的修习科目，还是学生部及学生咨询中心开设的课外科目，只要成功培养并提升了学生的领导力，就能引发深度学习。

9.3.3　与体育等活动的合作

接下来谈一下在与此相关的体育会[1]等体育组织中进行的领导力教育。需要再次强调的是，领导力教育中，在设定较高的结果性目标、进行领导力行动的反思及反馈之后，对自身的领导力进行改善和提升非常重要。体育会及校乐团[6]常会设定一个非常清晰的参加比赛并获得胜利的结果性目标。这与领导力教学的项目小组合作相似，学生需要在小组合作中付出个人努力，即在比赛和练习过程中，需要发挥"与职权无关的领导力"。

此外，体育会的运营在两方面与企业相似。如上所述，一是有明确的结果性目标，企业要提高收益，体育会要取得比赛胜利；二是有清晰的上下级关系。在体育会严格的上下级关系中，没有职权的学生如果要发挥领导力，与在企业组织中下属对上司发挥领导力面临同样的风险——"领导力"常被误解为越级发号施令。更尴尬的是，如果高年级学生或上司发出了不当的指令并且固守己见，此时，低年级学生或下属等没有职权的人如若发挥领导力，就会被认为是针对领导个人，甚至是与整个组织、团体对抗。为了防止这种情况出现，在日常活动中就要进行与活动相符的全方位反馈（来自周围人群的、以问答的方式得到的反馈）[7]。

在体育会严格的上下级关系中，即便没有职权也能发挥领导力的经历、经验，是没有参加体育会的学生难以体会且值得学习的，将这些经验加以总结并以文字形式呈现出来，对职业生涯教育具有极大的意义。企业的人事招聘者倾向于录取曾加入体育会的应聘者，并不是大家一般认为的看重其体力，

---

❶ 体育会是日本大学里的一种学生组织，类似于中国大学里的校篮球队、校足球队等组织。—— 译者注

而是因为其对上下级关系的适应能力或忍耐能力极强[1]。从领导力角度来看，这些人拥有更多的"没有职权也发挥了领导力"的经验，符合国际发展趋势下的员工标准要求，更有潜力成为好下属、好上司。这一点笔者希望能得到大家更多的重视。

此外，笔者认为在全日本的大学体育会和高中的课外活动中，应当引入这样的领导力教育。当前有很多体育会都在以"文武双全"的口号吸引学生加入，而这一口号本身就包含了"体育会的活动是武，课堂中的学习是文"的认识，但笔者认为这种认识本身就是肤浅的。只要进行合理的设计，融入体力、技能培养（武）及国际标准下的领导力技能的涵养（文）等要素，体育会本身的活动就能实现"文武双全"。

9.4 | 主动学习是以学生的新领导力为前提的

学生如果拥有"没有职权也能发挥的领导力"，在其他科目中就更容易实现主动学习。"没有职权（也能发挥的领导力）"是教室里的所有人都可以实现的。例如，最先有疑问或想法的学生无所顾忌地发言，逐渐带动其他学生开始发言，教室成为"学习共同体"，实现了课堂学习效益最大化。最开始发挥这种领导力的可以是任何一个学生，他发挥的是"没有职权、自然发生的领导力"。那么，发挥"基于职权和职位的领导力"的学生可能就是被教师任命或选拔出来的学生干部。而从提高学习效益的最终目的出发，这两种领导力同时存在是没有问题的。如果有学生干部因此感到自己的威信受损而产生抵触情绪，就说明他们的领导力有待提高。

这样的例子可以推而广之。在课堂上，如果有一两个自己主动学习并带动其他同学学习的学生，其产生的积极影响可能比教师还大。如果您是一位

---

❶ 在日本，有体育会经历的人比较容易就业，类似于在中国有学生会工作经历的人比较容易就业。—— 译者注

教师,阅读至此是否想起了班里的某个学生呢? 他也许不是成绩最好的学生,但即使其对其他同学的影响很有限,如果班级内能不断涌现出这样的学生,慢慢地整个班就能成为最好的班级。这就是学生发挥领导力的力量,是有益的"同伴学习(peer learning)"。

如上所述,只有当学生的领导力得以发挥时,才能带动更多学生进行主动学习。从这个意义上讲,主动学习是以学生一方的领导力为前提的。即使教师想要在教学中组织、引导学生主动学习,并进行了周密的准备,如果学生没有一定的领导力,也无法收到学生间互相影响的积极效果。

这样说来,领导力教育对于大学、初高中的课程设计也具有重要意义。学校如果想通过主动学习或同伴学习激活课堂,首先应该让学生掌握入门级的领导力技能。当然,教职员工的领导力培养也不容忽视,同时还需要创造易于发挥领导力的教学环境。

但是,如果学生只能在教室或课堂内发挥领导力,还不能算实现了主动学习。只有把课堂内掌握的领导力技能带到课堂外,应用于自己的生活才算实现了主动学习。所以,学生如果处于"只有在某位教师的课堂上发言"的状态,依然不能算达成目的。当学生在校内外都能够发挥领导力,那时才能够说完成了引发主动学习的领导力教育。

9.5 作为主动学习支持的领导力教育——主动学习的新定义

主动学习支持和领导力教育的相关度很高这一点,到此已经解释清楚。再进一步,要在课堂内引发主动学习,教师所做的准备和让学生在课堂内发挥领导力所进行的准备几乎是相同的。教师需要掌握行动学习(action learning)[8]、咨询或教练的技能,这些都包含在领导力里,与同伴教学法[1]的各种设置是一样的,学生只有自己发挥领导力进行学习,才会产生学习热情,

---

❶ 同伴教学法是美国哈佛大学马祖尔教授提倡的教学法中的一种,详见本书第5章。 ——译者注

学有所得。

在这里，可以对于主动学习进行新的、容易执行的定义，即"所谓主动学习，是指借助学生的领导力进行的学习"。具体来讲，一个学生把"课堂学习效能最大化"设定为结果性目标，勇敢地发言、提问，这样一来，他对知识的理解就会更加深入，周围的学生会受到感染，被这个学生带动，也开始发言、提问，班级整体的学习都能进步。这个过程难道不是发挥了领导力（参见 9.1.4 节）吗？这种对主动学习的定义，并不是"融入小组学习、讨论、报告等活动的教学形态"的形态论，而且与"学生主动参与学习的教授及学习方法的总称"这一概念不同，这一定义在本质上进一步强调了"学生间相互作用"的学习的重要性。如果不加入这一"学生间相互作用"的要素，会导致大教室中的单方向传授的课堂教学固态依旧，在下课后或答疑时间（office hour）里"积极""主动"去找教师提问的学生个体在进行所谓的"主动学习"，而教室中学生之间互相影响、互相学习的部分就会被忽略，甚至被从定义中舍去。

此外，说这个定义"容易执行"是因为，如果教师在课堂内依据领导力的 3 个基本要素对课堂的状况进行对比、确认，就比较容易把握学生在哪些方面达到了目标而哪些方面还有所欠缺。例如，可以通过以下问题进行确认：①大家对课堂学习效益最大化这一结果性目标（以及与之相随的子目标）是否达成共识？②有没有学生最先进行发言或提问？③除了②以外的学生，还有谁发言或提问了？教师需要对此进行怎样的支持、引导？这样，教师能够及时采取相应的对策查漏补缺。再次重申，这种对策与领导力教育本身非常接近。也就是说，在课堂学习效益最大化这个目标的基础上，对学生进行发挥领导力的支持，就是对他们进行主动学习的激发。进行主动学习的科目的学习目标不止领导力这一项，如果在那个科目的课堂内能够引发主动学习，教师对此提供的学生支持就必然含有领导力教育的要素。

9.6 "辅助轮"的比喻——深度学习的意义

那么，领导力教育与深度学习有怎样的联系呢？假设这门课和第 5 章中埃里克·马祖尔教授负责的课程一样，都是物理学入门课程。为了在课堂内引导学生主动学习，让学生共同理解物理学的学习目标并一起发挥领导力，教师需要提供支持和帮助。假设教师的准备和教学设计奏效了，引发了主动学习，那么可以用后续的几个指标来评价这门课有没有进一步激发学生进行深度学习。例如，在课外看到球从空中飞过来的轨道，联想到抛物线，看到球落下来思考为什么月亮不掉下来，等等。这样一来，学生对于世界的感知是否会变化呢？也就是说，是否实现深度学习的分界线在于，该学习对学生在课外的思考及行动是否有影响。

那么，如果这堂课是以培养领导力为第一目标的领导力教育科目，又是怎样的情境呢？在物理学入门课程中，要实现主动学习，教师会有意识地在课堂内要求学生发挥领导力。但当学生走出教室，既没有鼓励、促进发言的教师，也没有互相竞争的同学，在这种情境下学生能否发挥领导力，就是这门领导力教育科目是否引发了深度学习的分界线。即使达不到在课外也发挥领导力的目标，换个情境，这个学生在单方向的讲授型课堂中会有怎样的表现呢？在课堂内，他能成为最先举手发言的学生吗？在课堂外，在朋友中间、打工实习的地方、家里，又会怎样呢？如果在这些情境中都能发挥领导力，就是实现了之前的领导力教育科目中的"在与他人交往的同时，深刻理解世界，联接已有知识、经验与今后的人生"这一目标，即引发了深度主动学习。

不论是在物理学入门科目中，还是在领导力科目中，如果仅仅在课堂内理解了知识、做出了成果，那是在教师的帮助下得以实现的，可以说是骑着带有辅助轮（with training wheels attached）的自行车 [9]。在课堂外或在别的科目中如果能够灵活运用物理学的知识、发挥领导力，那就意味着没有辅助轮也能骑自行车，这才算是真正的会骑车。9.3 节从"与专业科目的合作""作为职业生涯教育""与体育等活动的合作"3 个角度阐述了新的领导力教育能够引发深度主动学习，这些例证都相当于在没有辅助轮的情况下一个人骑车。尤其是在上下级关系严格的体育会中，低年级学生如果能够发挥领导力，就不仅是卸掉辅助轮后还能够骑车，更相当于能自由地在羊肠小道穿行，这可以算作进阶了。

掌握了没有辅助轮也能骑车的技能之后，人生会有怎样的不同呢？如果单纯就领导力本身来说，面对陌生人或有职权的上级，此时就能够发挥领导力了。此外，在物理学入门科目或其他科目的课堂内，体验了主动学习，并能从这种有效的经验中获得新知识和新技能；同时，找到同伴，通过合作学习提高学习的参与度，从而进一步学会更有效地学习；必要时，还能承担组织主动学习的引导员的角色。这也是深度主动学习的一个成果。

为了引发这样的学习，辅助轮的调整就变得很重要。对于刚开始使用辅助轮的小孩子，因为他们不能很好地掌握平衡，所以辅助轮的触地频率会很高。慢慢适应后，辅助轮的触地频率降低，父母等旁观者就会慢慢地调高辅助轮的支撑轴，使自行车本身倾斜到一定程度后辅助轮才会触地。虽然使用辅助轮的频率很低，但孩子始终有不容易跌倒的安全感。直到有一天，孩子能够在卸掉辅助轮后，单独骑行。

教学中的辅助轮就是，教师为了让学生在课堂内发挥领导力而营造的安全的学习环境及对学生的鼓励。如果这样的做法发挥作用，学生肯发言了，教师就需要慢慢调高辅助轮的支撑轴，即减少鼓励的次数，降低环境的安全级别。

领导力教育中知名的哈佛大学肯尼迪学院的罗纳德·海菲兹（Ronald Heifetz）教授提出了"沉默的教室"（silent class）（Heifetz et al., 2002；Parks, 2005）[1]，笔者觉得可以用它来判定课堂内的学生是否达到了卸掉辅助轮的状态。在学习领导力的学期后半段，在教师妥善营造的环境中，某一天，

---

❶ 日文版中引用年份使用的是日文译书的出版年份，本处采用了英文原版的出版年份。——译者注

教师来到教室什么也不说，仅仅是坐下观摩。这时，如果之前的课堂教学有效，就会有学生不借助教师的力量而在教室内组织学生进行学习活动，这就是达到了卸掉辅助轮的状态。如此，即便教师离开教室，学生也有继续发挥领导力的可能性。相反，如果教室里一片混乱，或者有学生要求老师"请您讲点什么吧"，那就意味着学生的学习仍处于需要辅助轮的状态。作为教师，通过这样的"沉默的教室"，可以传达给学生一个信息：你们毕业后，每天也多处在这种沉默的教室的状态，为了维持学习，你们自己必须发挥领导力。当然，教师也可以在学期的最初开设"沉默的教室"，让学生自己意识到自己的初始状态——没有教师的引导和帮助，就无法开展学习。

不把深度主动学习局限在课堂内，而将其延伸至课堂外、毕业后。教师和学生都能意识到课堂内已有的辅助轮，即教师为支持、帮助学生发挥领导力而做的准备和安排，接着一起慢慢地降低对辅助轮的依赖程度——"沉默的教室"就是实现这一目标的方式[10]。

9.7 "内向的人"和深度主动学习

最后，谈谈深度主动学习是否是实现深度学习的唯一途径。单看深度学习的定义，其中并未包含领导力、与同伴一起学习或社会性学习的要素。擅长并喜欢一个人静静地学习和思考（知性且内向）[11]的人，也许在单方向的课堂教学中更容易实现深度学习。这样看来，"主动学习是实现深度学习的最佳途径"这一说法并不一定适合所有人。即使对大多数学生而言，主动学习很有效，但对少部分学生来说可能并不适用。这有时也许会让学生感到痛苦，如牛顿和爱因斯坦都是内向型的学习者。如果教学设计理念中原本就包含支持主动学习和领导力教育的目标那倒还好；如果没有，那么为了实现深度学习而强制要求掌握原本不属于学习目标的领导力技能，对某些学生来说反而是绕了路。

　　但是，从领导力教育本身的观点来看，一个人意识到团体中的成员的性格有差异，并在活动中灵活利用外向型和内向型性格的多样性，其领导力也会提升。有篇报告就指出，内向型性格的上司和外向型性格的下属很合拍 [12]。内向型性格的人常会听到"稍微变得外向一点吧"的建议，但是内向并不是异常或必须要医治的疾病。而且内向的人对于重要的事，也能做出和外向的人同样的决策和行动 [13]。所以，接受领导力教育对内向型性格的人同样具有很高的价值。这也是今后值得期待的研究课题。

本章小结

　　■ 本章所提到的领导力，是与职位、职权及感召力无关的领导力。如果有"展示结果性目标并带动他人"这样的行动，就是发挥了领导力。这样的领导力，包含基本的 3 个要素：①设定明确的结果性目标；②以身作则，率先为实现目标而努力；③带动其他成员排除阻碍因素，一致行动，为达成预设目标而努力。

　　■ 培养新领导力的科目，自然地会成为促进主动学习的科目。不仅如此，一般的主动学习的科目，也多多少少会以学生在课堂内发挥领导力为前提，如此，对学生进行主动学习的支持，就与培养领导力的科目内容相近了。

　　■ 基于上述内容，我们可以认为主动学习的新定义，即"发挥学生领导力的学习"是有效的。这个定义包含了学习的社会性，有助于明确支持学生主动学习需要提供哪些层面的帮助。

　　■ 主动学习能变得多深，取决于学生在卸掉主动学习支持这个辅助轮后，在课堂外或毕业后能否在没有教师帮助的情况下顺利进行学习。

　　■ 对于内向型学生，如果不在学习目标中加入领导力培育就强行让其进行主动学习，有绕路的危险。相反，如果在明确学习目标的基础上对内向型学生进行领导力教育，则会更有效、更有价值。

■ 可以说，新领导力教育对促进主动学习或深度学习，都是有力工具。

注：

1）在撰写本章的时候，从以下人士那里得到了许多有益的建议，在此表示感谢：长谷川元洋（金城学院大学）、泉谷道子（松山大学）、友野伸一郎、谷口哲也（河合塾教育研究部）、山本启一（九州岛国际大学）、石川淳、松元茂（立教大学）以及编者松下佳代（京都大学）。

2）详细内容请参见日向野（2013）以及日向野［河合塾编著（2014）所收］。

3）立教大学经营学院在 2010 年进行了关于企业领导力开发的调查（调查对象为日本的 500 家上市企业、500 家未上市企业、200 家外资企业等），《关于企业领导力开发的调查报告书》中显示需要拥有领导力的员工阶层比例如下：经营层（86.1%），管理层（94.1%），中坚层及青年骨干（79.2%）。此外，34.7% 的企业对新员工的领导力有标准和要求。

4）PM 理论，如金井（2005）所指出的，概括性地整理了众多理论。但是，若将其用于判定实际的领导力行动属于 P 类还是 M 类，会出现同属于 PM 的情况。虽然其作为二元论（dualism）很优秀，但其作为二分法或二分类使用时，则较为牵强。

5）为了便于记忆，将 Kouzes & Posner（1988）所列举的"5 项实践指南"总结为 3 项。

6）日本的初中、高中的文化部类的社团活动中，吹奏乐团参与的比赛很多。日本吹奏乐联盟每年都会举办系列大会，参赛者都以拿到东京及普门馆的全国大会的比赛入场券并胜出为终极目标，他们会参加地区大会、府县大会及支部大会的层层选拔赛。个人、家庭、学校对比赛的重视和参与热情程度堪比热门的高中棒球项目。吹奏乐的乐器编排与古典乐团完全不同，但曲目却以古典管弦乐为主。

7）关于 360 度反馈的详细信息，请参见南云和相原（2009）；领导力开发的 360 度反馈请参见 McCauley（2003）的第 1 章。

8）常常与主动学习混淆的是"行动学习"（Marquardt，2004；清宫，2008），它也具有"学生便于发挥领导力的环境及支持"这一因素。作为高校推进主动学习的准备，让全校的教师体验行动学习的运动，正在小林昭文（原越谷高校的教师）的带领下全力推进。行动学习与主动学习是完全不同的，前者是为了增强提问能力、教练能力及建导能力的一种小组教练的模式。

如果把小林所做的事情换个方式来表达，就是"行动学习对主动学习的导入有帮助"，也就是说，如果仅作为教师的技法，知道行动学习，会认为主动学习的学习环境容易设计，而笔者更加关注学生的角度。从结论来讲，行动学习有助于主动学习，是因为学生容易发挥领导力。如果意识到如果自己作为行动学习的教练，教师对于传授知识的态度会变得消极，从而不断给出让学生思考、展示观点、提出行动的问题。这样能够引发学生的领导力（共有结果性目标，自己行动，带动周围）。如果学生仅仅是个人行动，课堂就活跃不起来。只有当一个学生的行动能对其他学生产生影响时，课堂才能够活跃起来。也就是说，学生的领导力很重要。像这样，教师设计并组织的行动学习能通过学生的领导力与整体的主动学习联系起来。换句话说，主动学习和行动学习的连接点实际上是学生的领导力。作为教育技法的行动学习能够带动学生的主动学习，是因为行动学习能够支持学生发挥领导力，即从行动学习出发的列车到达主动学习这一终点，中间要经过领导力这一站。

9）所谓"辅助轮"的比喻，与认知心理学上的"支架理论"非常相似。但是，在这里主要基于以下两个理由使用辅助轮概念：第一，自行车是自己不蹬就不动的，与领导力的动向契合；第二，解释领导力与专业知识、业务知识的关系时，会使用自行车（前轮与后轮）的比喻。

10）与没有事先通知的"沉默的教室"的极端做法不同，在领导力教育中慢慢地调高辅助轮的支撑轴有以下做法：① 把班级管理的运营正式交给学生。这类似于向班级宣告，下周要进行"沉默的教室"并预先决定引导员。②制作领导力日记。如果学生自己能够在课堂内的讨论小组或班级中发挥领导力，为了激励自己下次在课堂外甚至校外也能发挥领导力，记录过去一周里发挥领导力的具体行为，并与同伴共享，接受反馈。开始也许会出现为了写日记而不得不做出领导力行为的看似本末倒置的现象，但这对培养领导力行为的习惯有很好的效果。

11）Cain（2012）。

12）Cain（2012）第 2 章《外向的领导和内向的领导》。

13）Cain (2012)，翻译 p.263。

参考文献

① 相原孝夫・南雲道朋（2009）『組織を活性化し人材を育てる360度フィードバック』日本経済新聞社.

② Cain, S. (2012). *Quiet: The power of introverts in a world that can't stop talking*. New York: Broadway Books. ケイン，S. (2013)『内向型人間の時代』（古草秀予訳）講談社.

③ 日向野幹也（2013）『大学教育アントレプレナーシップ―新時代のリーダーシップの涵養―』ナカニシヤ出版.

④ Heifetz, R., & Linsky, M. (2002). *Leadership on the Line*. Boston, MA: Harvard Business Review Press. R. ハイフェッツ 他（2007）『最前線のリーダーシップ』（竹中平蔵訳）ファーストプレス.

⑤ 伊賀泰代（2012）『採用基準』ダイヤモンド社.

⑥ 金井壽宏（2005）『リーダーシップ入門』日本経済新聞社.

⑦ 河合塾（編著）（2014）『「学び」の質を保証するアクティブラーニング―3年間の全国大学調査から―』東信堂.

⑧ Kouzes, J. M., & Posner, B. Z. (1988). *Leadership Challenge*. San Francisco, CA: Jossey-Bass. J. M. クーゼス・B. Z. ポズナー（2010）『リーダーシップ・チャレンジ』（金井壽宏監訳・伊東奈美子訳）海と月社.

⑨ Marquardt, M. J. (2004). *Optimizing the power of action learning*. Palo Alto, CA: Davies-Black Press. M. J. マーコード（2004）『実践アクション・ラーニング入門』（清宮普美代・堀本麻由子訳）ダイヤモンド社.

⑩ 松下佳代（2009）「主体的な学び」の原点―学習論の視座から―」『大学教育学会誌』31(1), 14-18.

⑪ 溝上慎一（2013）「何をもってディープ・ラーニングとなるのか? ―アクティブ・ラーニングと評価―」河合塾（編）『「深い学び」につながるアクティブ・ラーニング―全国大学の学科調査報告とカリキュラム設計の課題―』（p.277-298）東信堂.

⑫ 二隅二不一（1966）『新しいリーダーシップ 集団指導の行動科学』ダイヤモンド社.

⑬ Parks, S. D. (2005). *Leadership can be taught: A bold approach to a complex world.* Boston, MA: Harvard Business Review Press. S. D. パークス（2007）『リーダーシップは教えられる』（中瀬英樹訳）武田ランダムハウス.

⑭ 清宮普美代（2008）『質問会議』PHP 研究所.

⑮ 鈴木雅則（2012）『リーダーは弱みを見せろ―GE、グーグル最強のリーダーシップ―』光文社新書.

译者后记

　　京都大学高等教育研究开发推进中心是日文原书编著者松下老师工作的地方，也是日本最早开始教师发展活动（Faculty Development，FD）的中心之一，还是集中了日本大学教育研究专家的中心之一。该中心与教育学研究生院合作的一个专业是"高等教育学课程"，也就是进行高等教育研究的专业。与东京大学和广岛大学的高等教育不同，该中心或专业甚少有人知道，一个原因是该中心的教师的著书甚少在国内翻译出版，另一个原因是中国留学生很少。我是目前为止该专业的第三位博士，并且是第一位留学生博士。

　　我在 2009 年开始硕士课程学习，2015 年 9 月获得博士学位，在该中心共待了 6 年半的时间。期间经历了 2011 年的日本大地震，见证了中国经济的崛起与大学教育的迅猛发展，也曾经和许多海外留学的博士一样，无数次怀疑和反思自己留学和研究的意义。但还是坚持了下来，其中支撑我的一个信念就是：中心的老师们有那么多好的理论和学说，我好不容易才有机会接触和学习，我想让更多的中国教育者知道这些理论和学说，所以我不能放弃。回头想想，虽然这个想法有些幼稚和可笑，但就是这看似可笑的坚持，支撑我走到了现在。

　　非常感谢促成本书出版并承担本书所有版权费用的松下老师，感谢在清权方面给予我很多指导和帮助的林路子女士以及中心其他工作人员的大力协助。感谢原书作者，也是我的指导老师沟上老师、田口老师在我翻译本书的过程中对我的不解之处的细心解答，感谢大力促成此书出版的北京师范大学的李芒老师、魏红老师、张金老师。也感谢实际参与本书翻译的北京师范大学的林杰老师以及林杰老师的学生龚国钦与冯庚祥。与林杰老师相识于 2009 年暑假的京都，多年以来在学术与个人成长方面受到林杰老师的鼓励和帮助，在本书的翻译中更是多受帮助，甚是感激。此外，还要感谢京都大学的师妹周静，感谢北京师范大学的学生段冬新、复旦大学日语系刘佳琦老师在本书校译过程中的协助，没有您们的努力和支持，就没有本书的付梓。

本书的审校工作是由李芒老师和我负责的，除了频繁的邮件及微信交流外，他甚至为此在百忙之中专程跑到日本，和我面对面把全书的中文译文梳理了一遍。一位国内名校的教授在难得的假期，放弃休息时间，这么认真地对待学术，让作为后辈的我更生崇敬之情。纸稿上的红笔批注也会成为我宝贵的学习资料，相信各位在序里也领略到了李老师对书中精髓内容的把握。

本书的翻译虽然经过几轮的审校与核对，仍不免有难以理解或词不达意的地方。我相信凭着此书本身较高的理论性与实用性，一定能够再版。另外，此书的英文版 *Deep Active Learning* 于 2018 年 9 月由德国施普林格出版社出版，也欢迎读者去读一读英文版（因版权及英语写作习惯等原因，英文版相对于日文版有较大改动），对本书的语言表述进行纠正和探讨。

从 2015 年博士毕业开始着手翻译此书，已经过去 4 年。虽一心想要回国却因时机未到而未能如愿，但我依然心念国内大学的发展变化，尤其是与大学生们的成长息息相关的教师教学与教师发展。真的非常高兴这本书能够出版面世。我真诚地希望以此书为契机，在国内掀起一场真正的"深度主动学习"的浪潮。

蒋妍

2019 年 9 月于东京

松下佳代（Matsushita Kayo）［绪论，第 6、8 章］

日本京都大学教育学博士，京都大学高等教育研究开发推进中心教授，专业领域为教育方法学、大学教育学，专注于能力、学习和评价为主题的研究和实践。

沟上慎一（Mizokami Shinichi）［第 1 章］

日本京都大学教育学博士，日文书出版时为京都大学高等教育研究开发推进中心教授，2018 年 9 月迄今担任桐荫学院理事长及桐荫横滨大学校长，专业领域为青年心理学、大学教育学，专注于学生的学习与成长、主动学习等方面的研究和实践。

森朋子（Mori Tomoko）［第 1 章中的专栏“翻转课堂”］

日本大阪大学语言文化学博士，关西大学教育推进部教授，专业领域为学习研究，专注于针对合作学习过程的实践与研究。

伊丽莎白·巴克利（Elizabeth F. Barkley）［第 2 章］

美国加州伯克利大学博士，山麓学院（Foothill College）艺术与交流学院教授，专业为美国音乐、音乐教育，专注于主动学习、合作学习的研究、实践和咨询活动。

马飞龙（Ference Marton）［第 3 章］

瑞典哥德堡大学博士，瑞典哥德堡大学教育学院荣誉教授，曾任该学院教授，专业领域为教育心理学、课堂研究。

安永悟（Yasunaga Satoru）［第 4 章］

日本九州大学教育心理学博士，久留米大学文学部教授，专业领域为教育心理学、合作学习教育，专注于以 LTD 讨论学习法为基础的合作产生的高活动性的课堂教学设计为主题的研究及实践。

埃里克·马祖尔（Eric Mazur）［第 5 章］

荷兰莱顿大学（Leiden University）博士，美国哈佛大学物理学教授。在从事物理学研究的同时，其在教育领域的贡献也相当卓著，他提倡的同伴教学法在国际上尤为知名。

田口真奈（Taguchi Mana）［第 6 章］

日本大阪大学人类科学博士，京都大学高等教育研究开发推进中心副教授，专业领域为教育技术学、大学教育学，专注于大学教师发展及有效使用信息技术的研究和实践。

关田一彦（Sekita Kzuhiko）［第 7 章］

美国伊利诺伊大学教育学博士，创价大学教育学院教授，专业领域为教育心理学，专注于教学活动中的学习动机、教学方法、合作学习的实践和研究。

三津村正和（Mitsumura Masakazu）［第 7 章］

美国亚利桑那大学教育学博士，创价大学研究生院教职研究科副教授，专业领域为多文化教育、霸凌预防教育和戏剧教育。

小野和宏（Ono Kazuhiro）［第 8 章］

日本新潟大学牙科博士，新潟泻大学研究生院口腔保健学教授。专业领域为口腔外科学、牙科教育学。

日向野干也（Higano Mikinari）［第 9 章］

日本东京大学经济学博士，日文书出版时为立教大学经营学院教授，领导力研究所所长，现为早稻田大学教授。

李芒［序言；全书审校］

北京师范大学教育学博士，北京师范大学教育学部副部长、教授，北京师范大学教师发展中心原主任，专业领域为教育技术学、教师发展学，专注于教师教学的设计与实施、教育技术基本理论等方面的研究和实践。

龚国钦［第 2 章］

北京师范大学教育学硕士，专业方向为比较高等教育，主要致力于大学教师利益冲突、质性研究等领域的研究。

冯庚祥［第 3 章］

北京师范大学教育学硕士，专业方向为比较高等教育，主要致力于大学教学设计、大学师生关系等领域的研究。

周静［第 4 章］

日本京都大学教育学硕士，硕士期间的研究方向为教育方法学，尤其关注合作学习在日语教育中的应用效果。

林杰［第 3 章；第 2、5 章审校］

北京大学教育学博士，北京师范大学国际与比较教育研究院教授，专业领域为比较教育学、高等教育学，专注于大学教师发展、高等教育组织理论等领域的研究和实践。

蒋妍［绪论；第 1、6～9 章及各章审校］

日本京都大学教育学博士，早稻田大学大学综合研究中心讲师，专业领域为大学教育学、教育技术学，专注于教师的课堂教学设计、大学教师发展及助教培训等方面的研究和实践。